Kirche im Dorf

Herausgegeben von
Doris Schmied und der Wüstenrot Stiftung

Inhalt

Vorwort der Wüstenrot Stiftung

Einführung: Kirche im Dorf – mehr als ein Gebäude
   Doris SCHMIED   1

„Kirche und Dorf" aus Sicht von Theologie und Kirche
   Thomas SCHLEGEL   9

Herausforderungen und Neuansätze kirchlicher Arbeit auf dem Land – Die „Kirche im Dorf" aus der Perspektive der Landeskirche Hannover
   Ricarda RABE   35

Alltag eines Pfarrers auf dem Land. Erfahrungen eines Pfarrers aus der Evangelisch-Lutherischen Kirche in Norddeutschland
   Kai FELLER   43

Die Verwaltung kirchlicher Flächen in der Evangelisch-Lutherischen Kirche in Norddeutschland
   Bernd STEINHÄUSER   51

Kloster im Wandel. Aus Verantwortung für die Schöpfung. Auf dem Weg zu einer nachhaltigen Kreislaufwirtschaft in und mit der Region
   Andreas SCHMIDT   59

Diakonie im ländlichen Raum
   Volker AMRHEIN   75

Kirche als sozialer und spiritueller Akteur im Dorf
   Wolfgang SCHARL   89

Verantwortung – Tradition – Entfremdung. Bedeutung von Kirche in ländlichen Räumen am Beispiel dreier Dörfer der Kirchenbezirke Leipziger Land und Leisnig-Oschatz
   Juliane STÜCKRAD   103

Glaube, Liebe, Hoffnung: Eine raumwissenschaftliche Auseinandersetzung des Beziehungsgefüges von Tugenden, Kirche und Gemeindeentwicklung
    Tatjana FISCHER   121

Gemeinde ohne Haus? Die Bedeutung des Pfarrhauses für das kirchgemeindliche Leben
    Henning BOMBECK   149

Die Kirche im Dorf – Chancen und Herausforderungen einer Transformation
    Stefan KRÄMER   179

Autoren und Herausgeber dieses Bandes   189

Stefan Krämer

Vorwort der Wüstenrot Stiftung

Dörfer werden in Deutschland in der öffentlichen Wahrnehmung ambivalent eingeschätzt. Auf der einen Seite werden sie oft verklärend als Orte eingestuft, in denen im Unterschied zu den großen Städten und Agglomerationen die Welt noch „in Ordnung" ist – oder die Gesellschaft oder das Zusammenleben oder die Umgebung. Die Dörfer dienen dabei als Projektionsebene für Orte und Lebensweisen, die besser im Einklang mit der Natur und den sozialen Bedürfnissen der Menschen zu sein scheinen. Auf der anderen Seite steht ebenso häufig ein Szenario aus sich entleerenden ländlichen Regionen, aus einer überalterten Bevölkerung und aus Orten, die ihre Infrastruktur verlieren und die ihren immer weniger werdenden Bewohnern immer mehr Verzicht abverlangen.

Gute Entwicklungschancen und attraktive Zukunftspotentiale werden Dörfern eher selten zugeschrieben. Stattdessen werden sie in beiden Betrachtungsweisen mit einer Lebensweise verbunden, die in einer sich dynamisch verändernden Welt an Bedeutung verliert und nicht mehr als zeitgemäß betrachtet wird. So ziehen viele Jüngere anlässlich ihrer Ausbildung oder für den Start ins Berufsleben in größere Städte und bleiben anschließend dort; und in den Dörfern verändern differenzierte Lebensentwürfe, wachsende Pendlerdistanzen und gewandelte Erwerbsstrukturen den Alltag und die Formen des Zusammenlebens.

Ein weiterer Aspekt ist, dass in modernen Gesellschaften die in der Regel freie Wählbarkeit des Lebensortes die Merkmale von Heimat verändert. Eigentlich eine Domäne vertrauter Gemeinschaften und Lebenswelten wird Heimat nun nicht mehr dominant und unveränderbar von Herkunft oder Schicksal bestimmt. Sie ist heute zu wesentlichen Teilen gestaltbar oder kann durch einen neuen Lebensmittelpunkt sogar neu gewonnen werden, weil sie von der räumlich-sozialen Umgebung des Individuums geprägt wird. Das identitätsstiftende Gefühl von Vertrautheit entsteht dabei aus der Erfahrung einer überschaubaren Lebenswelt, die von anderen Individuen geteilt wird. Einen signifikanten Anteil an dieser Vertrautheit und am Erleben von Zugehörigkeit trägt die gebaute Umwelt.

Kirchen sind Symbole eines gemeinsamen europäischen Erbes, unabhängig davon, ob es sich um evangelische oder katholische Kirchengebäude handelt. In vielen Dörfern stehen sie an zentralen Standorten und prägen das Ortsbild. Ihre allgegenwärtige Präsenz macht sie zu einem besonderen Teil unserer Baukultur. Ungeachtet des Rückgangs an religiöser Bindung, vor allem gegenüber kirchlichen Institutionen und Riten stehen die Kirchengebäude mit ihrer unverwechselbaren äußeren Gestalt für eine gemeinsame Herkunft und eine verbindende Kulturgeschichte.

Damit sind Kirchen weit mehr als materielle Zeugnisse des religiösen Lebens in unserer Gesellschaft. Sie sind gebaute Zeichen einer geteilten Identität und werden auch in Zukunft als gebaute Symbole zum Leben und zur Orientierung in unserer Gesellschaft gehören. Aus ihrer Transformation, aus ihrer zukünftigen Bedeutung, Funktion und Nutzung können sich deshalb neue Chancen und Optionen für die Zukunft der Dorfgemeinschaften ergeben.

Die Beiträge in dieser Publikation greifen die aktuelle Bedeutung der Kirchen in Dörfern ebenso auf wie die Perspektiven, die mit ihnen potentiell oder tatsächlich verbunden sind. Die Wüstenrot Stiftung freut sich, die daraus entstehenden Impulse der Öffentlichkeit zur Verfügung stellen zu können.

Stefan Krämer, Wüstenrot Stiftung

Doris Schmied [Bayreuth]

Einführung:
Kirche im Dorf – mehr als ein Gebäude

Die beiden großen Amtskirchen in Deutschland müssen sich derzeit mit tiefgreifenden Veränderungen auseinandersetzen. Aufgrund der abnehmenden Bedeutung des Christentums bzw. des Stellenwerts der Frömmigkeit in der modernen pluralistischen Gesellschaft verlieren sie immer mehr an Mitgliedern. Zudem trifft sie der „demographische Wandel", das „Weniger, Älter und Bunter" der Bevölkerung in besonderem Maße. Gehörten 1990 noch 28,525 Mio. Einwohner Deutschlands bzw. 35,4 % der römisch-katholischen Kirche an, so waren es 2018 nur noch 23,002 Mio. bzw. 27,7 % (Angaben der Kirchlichen Statistik der DEUTSCHEN BISCHOFSKONFERENZ aus den Jahren 2011 und 2019). Bei der Evangelischen Kirche Deutschlands (EKD) sank die Mitgliederzahl von 29,422 Mio. auf 21,141 Mio. und ihr Anteil damit von 36,9 % auf 25,5 % (FOWID 2016 und EKD 2019).

Die Schrumpfung und Alterung der Kirchen und Gemeinden ist nicht länger nur ein städtisches Phänomen, auch ländliche Räume sind mittlerweile durch Kirchenaustritte, rückläufige Taufzahlen sowie die in vielen Gebieten negativen natürlichen Bevölkerungs- und Migrationssalden von diesem Wandel betroffen. Dies stellt die katholische und die 20 evangelischen (lutherischen, reformierten und unierten) Gliedkirchen vor große Herausforderungen, sowohl inhaltlich in Bezug auf ihr Selbstverständnis und ihre theologischen Ausrichtung, als auch organisatorisch in Bezug auf Verwaltung, Management und praktischem Umgang mit den Menschen „vor Ort", ob Kirchenmitglied oder nicht.

Dieser Transformationsprozess hat auch weitreichende Folgen für die ländlichen Räume, allerdings noch mit regional sehr unterschiedlicher Dringlichkeit. Denn die Kirchen sind nicht nur in Form von markanten Gebäuden in den meisten Dörfern Deutschlands präsent, die nun immer weniger oder gar nicht mehr genutzt werden. Kirchen sind mehr als Andachtsorte, sie haben vielmehr vielfältige Funktionen, wie beim 21. Dorfsymposium des interdisziplinären Arbeitskreises Dorfentwicklung deutlich wurde, das vom 10. bis 12. Juni 2018 in Luisenthal/Thüringen stattfand. Es beschäftigte sich mit den gravierenden Veränderungen der Kirche in ländlichen Räumen und versuchte eine kritische Bestandsaufnahme aus sehr unterschiedlichen Perspektiven, der von Theologen, Juristen, Raumwissenschaftlern, Soziologen, Ethnologen und Architekten, aber auch von Praktikern in verschiedenen Funktionen. Dieser Band enthält die wichtigsten Ergebnisse der Tagung und wurde durch zwei zusätzliche Beiträge ergänzt.

In einem einleitenden Beitrag zu „Kirche und Dorf' aus Sicht von Theologie und Kirche" setzt sich Kirchenrat Thomas SCHLEGEL von der Evangelischen Kirche in Mitteldeutschland mit dem nicht immer unproblematischen **Verhältnis von Kirche und Dorf in Vergangenheit und Gegenwart** auseinander. Er zeigt auf, dass nach der Reformation ländliche Themen in der theologischen und gesamtkirchlichen Debatte lange Zeit weitgehend ignoriert wurden und erstmals Ende des 19./Anfang des 20. Jahrhunderts in der „Dorfkirchenbewegung" vorübergehend im Fokus standen. Selbst nach dem Zweiten Weltkrieg dominierten in der evangelischen Kirche der Bundesrepublik Deutschland erneut Fragen der Urbanisierung und Modernisierung, während die evangelische Kirche in der Deutschen Demokratischen Republik bereits Erfahrungen mit Schrumpfungsprozessen machen musste. Erst seit etwa der Jahrtausendwende setzen (inspiriert durch Beispiele aus der Dritten Welt sowie anglophonen Ländern) katholische und evangelische Kirchen einen deutlichen Fokus auf kirchliche Veränderungen in ländlichen Räumen. Wichtigste Themenbereiche sind nach Ansicht des Autors die Anpassung der Strukturen, die Nutzung von kirchlichen Gebäuden, die Aufgaben und Rolle der Geistlichen und Ehrenamtlichen, die Formate kirchlichen Lebens sowie Fragen des demographischen Wandels, der Säkularisierung und Marginalisierung speziell in peripheren, zurückfallenden Regionen und schließlich die Formen der kirchlichen Präsenz in Dörfern. Thomas SCHLEGEL warnt allerdings eindringlich vor einer Funktionalisierung „des Landes" als Metapher für den Umgang mit „dem Wenigen" bzw. davor, dass der ländliche Raum als Projektionsfläche für eine mehrheitliche urbane Kirche „missbraucht" wird.

In dem ersten Themenblock setzen sich zwei Beiträge mit den **Realitäten kirchlicher Arbeit** auf dem Land und der Suche nach Handlungsansätzen und Zielen für die Zukunft auseinander.

Hier zeigt Ricarda RABE von der Evangelisch-lutherischen Landeskirche Hannovers Veränderungen für die Kirche in ländlichen Räumen auf, die sich durch den demographischen Wandel und die schrumpfenden Mitgliederzahlen ergeben. Um diesen zu begegnen, gilt es, neue Strukturen und innovative Formen von Gemeindearbeit und Gottesdienst zu entwickeln, insbesondere eine ausgewogene Balance der haupt- und ehrenamtlich Tätigen zu finden. Dabei sollten die gegenwärtigen Veränderungen nicht (nur) als Probleme, sondern auch als Chance begriffen werden.

In einem sehr persönlichen Beitrag „Alltag eines Pfarrers auf dem Land. Erfahrungen eines Pfarrers aus der Evangelisch-Lutherischen Kirche in Norddeutschland" berichtet Kai FELLER von seinem Werdegang, beschreibt Impressionen aus seiner Gemeinde in Mecklenburg und definiert sein Verständnis von Kirche als Institution, die selbstverständlich für alle da ist. Vor diesem Hintergrund setzt er sich kritisch mit den gegenwärtigen kirchenpolitischen Verwaltungspraktiken auseinander, deren Folge eine Ungleichbehandlung von Stadt und Land, ja sogar eine „Bevorteilung" ländlicher Gebiete ist, die seiner Meinung dem Land aber nicht wirklich nutzt. Er fordert stattdessen alternative Ansätze ein, in deren Mittelpunkt der Mensch und nicht die Fläche stehen sollte.

Zu der Verantwortung für die Menschen, die die Kirchen haben, kommt die **Verantwortung für ihr Eigentum** – gerade auch in ländlichen Gebieten –, zu dem es leider immer noch kaum aussagekräftige, regional differenzierte Daten gibt. Sicher ist, dass beide großen christlichen Kirchen „gleichzeitig begütert und mittellos" sind, denn trotz ihres Reichtums an Flächen und Objekten (Kirchengebäude, Pfarrgebäude, Schulen, Kindergärten, Friedhöfe, Agrarland u. a.), „rechnet sich" nur ein Teil der Immobilien bzw. erwirtschaftet Gewinne, welche für Gehälter/Renten von kirchlichen Mitarbeitern, karitative Zwecke oder zum Erhalt des Eigentums verwendet werden.

In diesem zweiten Block informiert Bernd STEINHÄUSER zunächst über die Entstehung von Kirchenland und beschreibt die Rechtsgrundlagen und gegenwärtige Verwaltungspraxis kirchlicher Flächen am Beispiel der Evangelisch-Lutherischen Kirche in Norddeutschland. In Mecklenburg-Vorpommern, wo 50 000 ha bzw. mehr als drei Viertel der 65 000 ha verpachtbaren Landes der Landeskirche liegen, macht dies immerhin 4,65 % der 1 074 900 ha an Agrarland in diesem Bundesland aus, auf der Ebene der örtlichen Kirchengemeinden, die über 95 % der kirchlichen Liegenschaften verfügen, kann dieser Anteil noch höher sein. Es ist also von großer Bedeutung, wie die Kirche mit der Spannung von Gewinnerzielung und Verantwortung für andere Menschen bzw. für den Erhalt der Umwelt umgeht.

Ein besonderes Verhältnis von kirchlicher Institution zu (irdischem) Eigentum findet sich bei den christlichen Klöstern. Seit ihrer Entstehung waren sie – allerdings in unterschiedlichem Maße – Landeigentümer und Grundherren. Ordensgemeinschaften führten eigene landwirtschaftliche und handwerkliche Betriebe, waren Innovatoren in der Landnutzung und Pflanzenzüchtung und auf vielfältige, auch ökonomische Weise stark mit ihrer Region „verwoben". Trotz der Einbrüche nach der Reformation und der napoleonischen Säkularisierung spielen die fast 2100 katholischen Klöster und Zweigstellen in Deutschland noch immer eine wichtige, allerdings wenig untersuchte Rolle in ländlichen Räumen. Sie erhalten keinerlei Pauschalzuwendungen aus der in Deutschland erhobenen Kirchensteuer, sondern sind auf ihre eigene wirtschaftliche Tätigkeit angewiesen und dadurch durch eine weitgehende Unabhängigkeit von Staat, Kirche und anderen ausgezeichnet. Benediktiner fühlen sich dem Erhalt der Schöpfung und dem Prinzip *Ora et Labora* besonders verpflichtet, wie Frater Andreas SCHMIDT, Cellerar der Benediktinerabtei Plankstetten in der Oberpfalz/Bayern, darstellt. Seine Kommunität versucht, diesen Ansprüchen gerecht zu werden und konsequent ökologisch zu handeln. Die Umstellung auf ökologischen Landbau, die handwerkliche Verarbeitung von Produkten eigener Herstellung und von Biolandwirten der Umgebung, die Vermarktung der hochwertigen Lebensmittel, die einer strikt „wertschätzenden" Preispolitik folgt, sowie die ökologische Neuausrichtung der Energie- und Wasserwirtschaft mit entsprechender Sanierung von Gebäuden sollen inner- und außerkirchlich zur Nachahmung anregen und haben Plankstetten in den Medien den Spitznamen eines „grünen Klosters" eingebracht.

Der dritte Block beschäftigt sich mit den **sozialen Aufgaben bzw. „Dienstleistungen" der Kirchen bzw. kirchlichen Wohlfahrtsverbände.** Diese werden in ländlichen Räumen aufgrund des tiefgreifenden strukturellen Wandels und der wachsenden Ungleichheit immer bedeutsamer, da auch hier der gesellschaftliche Zusammenhalt nicht mehr selbstverständlich ist.

Besonders in peripheren Regionen sind Kirchen und Wohlfahrtsverbände wichtige, wenn nicht sogar die einzigen verbliebenen Akteure in den Dörfern. Dies macht Volker AMRHEIN am Beispiel der evangelischen „Diakonie in Deutschland" und deren Suche nach neuen Wegen im „Dienst am hilfsbedürftigen Nächsten" deutlich. Dazu gehören neue Methoden zur Analyse der Situation vor Ort (Dorfmoderation, Dorfgespräch), neue Konzepte (Sozialraumorientierung, Soziale-Orte-Konzept, Sorgende Gemeinschaften) und neue Bündnisse zum gemeinsamen Handeln mit staatlichen und zivilgesellschaftlichen Partnern (Koproduktion) in Erprobungsräumen.

Im Mittelpunkt des Interesses von Wolfgang SCHARL steht die „Kirche als sozialer und spiritueller Akteur im Dorf". Als katholischer Landvolkseelsorger interessiert er sich vor allem für die Frage, wie angesichts der gegenwärtigen Transformationsprozesse die kirchliche Gemeinde im Dorf sozial bzw. diakonisch Verantwortung übernehmen kann und gleichzeitig Räume für spirituelle Erfahrungen und menschliche Begegnungen geschaffen werden können. Er berichtet u. a. von den Erfahrungen des Projektes „Land in Sicht – Zukunft der Landpastoral" in der Diözese Würzburg, bei dem es darum ging, kirchliche Landgemeinden dabei zu unterstützen, konkrete lokale Visionen zu entwickeln, die auch zukunftsfähig sind.

Beim vierten Themenblock steht das **Verhältnis Kirche und Menschen** im Fokus. Wie nehmen die Dorfbewohner die Kirche wahr und was tut Kirche für die Dorfbewohner? Diese Fragen werden an zwei regionalen Beispielen aufgeworfen.

Juliane STÜCKRAD führte im Auftrag der Evangelisch-Lutherischen Landeskirche Sachsens eine ethnographische Studie zur Bedeutung von Kirche in drei Dörfern des Regionalkirchenamtes Leipzig durch. Sie zeigt in ihrem Beitrag die – teilweise enttäuschten – Erwartungen der Menschen an und die Erfahrungen mit Kirche auf, die sich nach historischer Prägung der Dörfer deutlich unterscheiden und anhand der Schlagworte „Gabe und Gegengabe", „Tradition" und „Gemeinschaftsstiftung" pointiert dargestellt werden. Gemeinsam war allen untersuchten Dörfern die Frage nach dem Umgang mit der „knappen Ressource" Ehrenamt und die Forderung nach einer größeren Wertschätzung. Aus der Studie leitet die Autorin einige konkrete Anregungen für Handeln in der Kirche ab, die auch in anderen von Schrumpfung und Alterung betroffenen ländlichen Räumen der Resignation entgegenwirken könnten.

Tatjana FISCHER untersucht, ob und wie Kirche versucht, brennende Themen der Menschen vor Ort anzugehen. Dabei interessiert sie besonders die Rolle der Kirche bei der nachhaltigen Gemeindeentwicklung in ländlichen Räumen in Oberösterreich, wo einige so genannte Pfarr-Agenda 21-Prozesse ins Leben gerufen worden sind. Auf der Basis von Leitfadeninterviews mit ExpertInnen zeigt die Autorin die Gründe für das Engagement der Kirche, arbeitet die Gemeinsamkeiten und Unterschiede von Akteuren und Adressaten kirchlicher im Vergleich zu kommunaler Entwicklung heraus und fragt nach den bestehenden Beziehungen von Pfarrei und Kommune. Für eine zukünftige verbesserte Zusammenarbeit von kirchlicher und politischer Gemeinde fordert sie eine größere Nähe zu den Menschen und zu den Problemen der Gesellschaft sowie den Mut, alte Muster aufzugeben. Doch noch scheint eine echte, langfristig erfolgversprechende Kooperation, die auch in Planungs- und Raumentwicklungsstrukturen eingebunden ist, weit entfernt.

Im fünften Themenblock beschäftigen sich zwei Beiträge mit dem schwierigen Umgang mit dem **baulichen Erbe der Kirchen** in den Dörfern. Kirchgebäude sind oft ortsbildprägend, werden allerdings aufgrund der Veränderungen der letzten Jahre mitunter nur noch zeitweise genutzt oder stehen bereits völlig leer. Meist besteht aber eine Identifikation oder emotionale Bindung der Bevölkerung – egal ob Gemeindemitglied oder nicht – zu den kirchlichen Sakralbauten. Dies gilt nicht im gleichen Maße für die nicht mehr benötigten oder finanzierbaren profanen Bauten wie Pfarrhäuser, Pfarrscheunen, Gemeindezentren oder Kindergärten, für die es ebenfalls Lösungen zu finden gilt.

Henning BOMBECK legt in seinem Beitrag den Schwerpunkt auf die – meist wenig beachteten – Pfarrhäuser/Pfarrgemeindehäuser. Traditionell wurden diese Gebäude, mitunter auch Höfe, als Wohnung für die Pfarrer bzw. die Pfarrfamilie, aber zum Teil auch für gemeindliches Leben, z. B. seelsorgerische Gespräche, Treffen von Gruppen oder Veranstaltungen der Kirchgemeinde, genutzt. Mit Aufweichung/Abschaffung der Wohnpflicht für PfarrerInnen und zunehmenden finanziellen Engpässen wird die Frage des Erhalts der baulichen Substanz dieser Gebäude immer dringlicher. Der

Autor berichtet von den Bemühungen des Evangelisch-Lutherischen Kirchenkreises Mecklenburg, mit Hilfe der sog. PfarrGemeindeHaus-Planung basisnahe Kriterien für Förder- und Bauentscheidungen zu finden, anhand derer nachvollziehbar wird, welche der Gebäude finanzierbar bzw. nicht mehr finanzierbar sind.

Abschließend berichtet Stefan Krämer von den Ergebnissen des vierten bundesweiten „Land und Leute"-Wettbewerb, den die Wüstenrot Stiftung zum Thema „Die Kirche in unserem Dorf" 2018/19 durchführte. Der Wettbewerb zeigte, dass mit Hilfe von neuen Ideen und Konzepten sowie dem Engagement der Bevölkerung Kirchen, Klöster und andere kirchliche Gebäude auch in kleinen Gemeinden durch ergänzende Nutzung oder Umnutzung als zentrale Orte bzw. religiöse, kulturelle oder soziale Orte der Begegnung erhalten werden können, die gemeinsame Identität und Nachbarschaft stiften können.

Literatur

Deutsche Bischofskonferenz (2011): Katholische Kirche in Deutschland – Zahlen und Fakten 2010/2011. Bonn
https://www.dbk-shop.de/media/files_public/wsivecikfecx/DBK_5249.pdf (25.10.2019)

Deutsche Bischofskonferenz (2019): Katholische Kirche in Deutschland – Zahlen und Fakten 2018/2019. Bonn
https://www.dbk.de/fileadmin/redaktion/Zahlen%20und%20Fakten/Kirchliche%20Statistik/Allgemein_-_Zahlen_und_Fakten/AH306_DBK_ZuF_2018-19.pdf (25.10.2019)

EKD (Evangelische Kirche in Deutschland) (2019): Gezählt 2019. Zahlen und Fakten zum kirchlichen Leben
https://www.ekd.de/ekd_de/ds_doc/Gezaehlt_zahlen_und_fakten_2019.pdf (25.10.2019)

FOWID (FORSCHUNGSGRUPPE WELTANSCHAUUNG IN DEUTSCHLAND) (2016): Kirchliches Leben - katholische und evangelische Kirche 1990 und 2015
https://fowid.de/meldung/kirchliches-leben-katholische-und-evangelische-kirche-1990-und-2015-node3126 (25.10.2019)

Thomas Schlegel [Erfurt]

„Kirche und Dorf" aus Sicht von Theologie und Kirche

Kurzfassung

„Kirche und Dorf" bilden eine scheinbar selbstverständliche Symbiose, gehören doch der Kirchturm zur Silhouette der meisten ländlichen Siedlungen und der Pfarrer als gesellschaftliche Instanz zu den meisten dörflichen Gemeinschaften. Ein kurzer historischer Rückblick im vorliegenden Aufsatz deckt durchaus problematische Aspekte dieser Liaison auf. Auch die vermehrte Aufmerksamkeit, die „Kirche und Dorf" neuerdings erfahren, unterstreicht ihre Fraglichkeit. Die teilweise dramatischen Schrumpfungsprozesse lassen die Institution Kirche nicht unberührt. Doch kann/muss gefragt werden, ob die sich daran anschließenden Diskurse tatsächlich genuine „Landdiskurse" sind oder nicht vielmehr gesamtkirchliche Entwicklungen stellvertretend verhandeln.

Der Beitrag vermittelt einen Überblick über „Kirche und Dorf" in Geschichte und Gegenwart vorwiegend aus Sicht der evangelischen Kirche. Die kirchliche und theologische Thematisierung wird kurz nachgezeichnet und exemplarisch vertieft. Die daraus resultierenden Herausforderungen werden zusammengefasst und die gegenwärtigen Diskurse in Bezug auf ihre Funktion hinterfragt.

1 Historischer Zugang

Erst seit einigen Jahren ist das Thema „Kirche und Dorf" wieder in den Fokus von Theologie und Kirche gerückt. Lange beachtete man es kaum. Aus der praktisch-theologischen Forschung war es im Verlauf des 20. Jahrhunderts fast völlig verschwunden: Für die Wort-Gottes-Theologie war der Kontext theologischen Arbeitens unerheblich. Auch kirchliche Debatten orientierten sich nicht an den Themen des ländlichen Raumes. Als Inbegriff für das Erdige, Bodenständige und Kleinteilige stand er doch eher für eine rückwärtsgewandte Kirche. Stattdessen schaute man auf die Stadt. Dort schienen sich die ganzen Herausforderungen der Moderne zu bündeln, unter anderem Atheismus, Individualismus und Pluralität. „Stadt ohne Gott" von Harvey Cox (1966) war ein viel beachtetes Buch. Auch heute noch sind die impliziten Leitbilder der Gemeindeaufbauliteratur (nach wie vor) am urbanen Umfeld ausgerichtet. Vorschläge für eine innovative kirchliche Präsenz (City-Kirchen-Arbeit, „Ladenkirche") und neue Strukturen (Regionalisierung mit Profilierung Einzelner) beziehen sich fast selbstverständlich auf die Stadt.

Die starke Aufmerksamkeit für die Stadt besitzt eine lange Tradition in der protestantischen Kirche – die Städte waren die Kristallisationspunkte und Motoren der Reformationsbewegung, die sogar als ein „urban event" bezeichnet worden ist (DICKENS 1977, 182), und zwar nicht nur, weil dort die Theologen und Juristen als Promotoren saßen, sondern auch weil es sich im Wesentlichen um eine von Intellektuellen getragene Erneuerung handelte: Luther argumentierte theologisch und richtete sich so an die gebildeten und damit städtischen Milieus; seine Flugschriften konnten nur bei Lesekundigen ihre enorme Wirkung entfalten. Dies waren Faktoren, die den Protestantismus – zunächst jedenfalls – dem ländlichen Umfeld fremd erscheinen ließen. Nur dann, wenn die Dorfbewohner darum baten, entsandten die Städte recht früh reformatorische Laienprediger und – soweit vorhanden – Gemeindepfarrer auf das Land. Allerdings hatten selbst viele Landgeistliche – bis ins 19. Jahrhundert hinein – kein Theologiestudium absolviert (vgl. KAUFMANN 2006, 308–322). Adligen Patronen war dies bisweilen sogar recht, konnten sie doch ihre Pfarrer so besser in Abhängigkeit halten. Jedoch bemühten sich die Reformatoren recht schnell, ihre Ideen auch auf dem Land durchzusetzen, durch Ämter und Superintendenturen, die Eingliederung in die staatliche Verwaltung und vor allem die Visitationen (Besuche von Kirchenoberen). Was als Sicherung eines reformatorischen Standards gedacht war, wirkte dabei vielfach als Gleichschaltung:

> Begriffe wie Sozialdisziplinierung und Konfessionalisierung umschreiben den Versuch einer nahezu flächendeckenden Vereinheitlichung des geistlichen Lebens und der regional ja sehr vielfältigen Volkskultur. Letztlich kam es dazu, daß Formen lokalen und regionalen Brauchtums überall zurechtgestutzt, umgeformt oder auch gänzlich verboten wurden' [LANG 1994, 50]: Friedhöfe wurden mit einer Mauer umgeben

(‚Friedhofsruhe', erst ab 18. Jh.) und waren keine Weidefläche mehr; Gotteshäuser wurden *nur noch* sakral genutzt und Gottesdienste wurden pünktlich gefeiert und recht still. (HANSEN 2012, 44 f.)

Reformatorische Einsichten setzten sich in vielen Regionen durch. Dabei halfen auch die Musik und die neuen Lieder – und der Katechismus. Dennoch „fremdelten" die Landbewohner vielerorts mit der neuen Lehre. In der Erntezeit besuchte

> kaum jemand den Konfirmandenunterricht oder den Gottesdienst, und *im* Gottesdienst schliefen die Menschen vor Erschöpfung oder wegen der ungewohnten Ruhe oft ein. So antwortete ein stets laut schnarchender Bauer, darauf vom Pfarrer angesprochen: ‚Zu Hause setzen einem die Fliegen so viel zu, daß man nicht zur Ruhe kommt, in der Kirche dagegen ist es so schön kühl; im Winter gehe ich auch nicht in die Kirche' [BÜCHSEL 1861, 17]. Gemeinhin galt: Was von außen kommt und keinen praktischen Nutzwert hat, wird von der Landbevölkerung kaum angenommen, und das ließ viele engagierte Landpfarrer nahezu resignieren. (HANSEN 2012, 45)

Eine Möglichkeit, mit diesem Problem umzugehen, wählten viele Landpfarrer in der Aufklärungszeit. Sie begegneten den praktischen Nöten ihrer Gemeinden, indem sie zu Pionieren des landwirtschaftlichen Fortschritts wurden. Als „Volksaufklärer" versuchten sie, den Bildungsstand in ländlichen Regionen zu heben. Das evangelische Pfarrhaus erwarb sich in dieser Zeit seinen Ruf als Hort umfassender Bildung, was allerdings die beschriebene Entfremdung von Teilen der Landbevölkerung verstärken konnte. Die akademische Bildung und die städtische Prägung ihrer Pfarrer blieb vielen Dorfbewohnern suspekt, gerade wenn diese sich mit Muße in ihrem „Studierstübchen" im Pfarrhaus verkrochen (KAUFMANN 2006, 318).

Zur ersten breiten Aufmerksamkeit für ländliche Themen kam es in der evangelischen Theologie und Kirche gegen Ende des 19. Jahrhunderts und in den ersten Jahrzehnten des 20. Jahrhunderts, als eine „Dorfkirchenbewegung" entstand (vgl. FENNER 1982; KLEIN 2003; TREIBER 2004). Angesichts von Industrialisierung und Verstädterung in der deutschen Gesellschaft wurde der Unterschied zwischen Stadt und Land auch in Sachen Frömmigkeit verstärkt wahrgenommen. Pfarrer seien mit der „Pflege des religiösen

Lebens auf dem Lande in heimatlicher und volkstümlicher Gestalt" vertraut zu machen, so hieß es in der Programmerklärung der Herausgeber zur Zeitschrift „Die Dorfkirche", die seit 1907 erschien, bis sie 1941 kriegsbedingt ihr Erscheinen einstellen musste. Aber auch dem architektonischen Charakter von Dorfkirchen und der „Dorfpredigt" wurde mehr Aufmerksamkeit geschenkt (vgl. UCKELEY 1908; BOEHMER 1909). Die Bewegung hatte einen dominierend romantisch-konservativen Zug und konzentrierte sich auf die überschaubare traditionelle bäuerliche Gemeinschaft. Ab 1914 nahm auch bei ihr das nationale und völkische Denken zu, was allerdings ab 1933 durch Vertreter der dialektischen Theologie zunehmend zurückgedrängt wurde. Nach dem Zweiten Weltkrieg wurde in der BRD zwar versucht, die Ideen der Dorfkirchenbewegung wiederzubeleben (z. B. auch mit Landkirchenkonferenzen), aber ihre Zeiten waren vorbei. Stattdessen betonten kirchliche Akteure nun die Eigenheit der Kirche im Dorf, und es bildeten sich landeskirchliche Werke für den „Dienst auf dem Lande": Landesjugendakademien, Landvolkshochschulen spielten dabei eine prominente Rolle. 1957 entstand die Zusammenarbeit in der „Arbeitsgemeinschaft für den dorfkirchlichen Dienst" der EKD (Evangelischen Kirche in Deutschland), aus der 1978 der „Arbeitsausschuss für den Dienst auf der Lande" der EKD wurde. Dieser übernahm dann auch die Herausgabe der Zeitschrift „Kirche im ländlichen Raum"[1] in Zusammenarbeit mit der Landjugendakademie Altenkirchen.

Wie bereits geschildert, stand das Thema „Kirche auf dem Land" in der alten Bundesrepublik im Schatten der Debatten um Modernisierung und Urbanisierung: es dominierte die Ansicht, dass in den Städten die gesellschaftliche Entwicklung zur Neuausrichtung kirchlicher Arbeit zwinge, es aber wenigstens auf dem Dorf in gewohnten Bahnen weitergehen könne:

> Kirchliche Arbeit auf dem Land hat in Zukunft noch wie bisher den Charakter der Pastorierung zu tragen, während sich die Arbeit in der Stadt mehr auf Missionierung einrichten wird. Deshalb ist es so wichtig, die Pfarrstellen auf dem Dorf zu belassen. (GEIßENDÖRFER 1975, 62)

Im Gegensatz dazu setzt sich der „Bund der evangelischen Kirchen in der DDR" (BEK) bereits seit den 1970er Jahren mit den „Abbruchprozessen" in ländlichen Räumen auseinander. 1971 beschäftigte sich die Gemeindekommission des BEK mit der „Kirche im Dorf", und 1979 stand das Thema auf der

Agenda einer Synodaltagung der Berlin-Brandenburgischen Kirche. Schon damals kam es zu der These, dass auch auf dem Dorf „von Volkskirche [...] in den meisten Fällen nicht mehr geredet werden" kann (BEK 1986, 2). „Weiße Flecken", Zusammenlegungen von Pfarrstellen, Kooperation, also Regionalisierung und Stärkung des Ehrenamtes: alles das sind in den heutigen Neuen Bundesländern bekannte Themen, wie das hier zitierte Papier „Die Kirche und das Dorf" (BUND DER EVANGELISCHEN KIRCHEN IN DER DDR, KOMMISSION FÜR KIRCHLICHE JUGENDARBEIT Hrsg.) vom März 1986 belegt.

2 Aktuelle Entwicklungen – in Kirche und Theologie

2.1 Die kirchliche Thematisierung

Die oben behandelten Themen aus der früheren DDR tauchten spätestens in den 2000er Jahren wieder auf, dieses Mal in der gesamtdeutschen Debatte der EKD. Die EKD-Schrift „Wandeln und gestalten" aus dem Jahre 2007 stellte einen Meilenstein kirchlicher Rezeption von ländlicher Wirklichkeit dar und machte die aktuellen Herausforderungen von Kirche auf dem Lande deutlich. Zum einen fragte sie dezidiert nach „missionarischen Chancen in ländlichen Räumen" und sah sich nicht nur der Tradition und dem Versorgungsdenken verpflichtet. Zum anderen aber differenzierte sie und sprach nicht mehr von „dem Dorf" und „dem ländlichen Raum" im Singular, sondern von „den ländlichen Räumen". In Anlehnung an den Raumordnungsbericht von 2005 identifizierte sie sieben kirchliche Raumtypen – und forderte alle Verantwortungsträger dazu auf, sich in ihren Perspektivplanungen jeweils regional und lokal auf den Kontext einzustellen. Dem kirchlichen „Vollprogramm" in allen Dörfern dieser Republik erteilte man den Abschied. Mancherorts sei es geboten, Lücken zu lassen und nur eine Grundversorgung zu gewährleisten – während in den wachsenden Vororten der größeren Städte die Arbeit sogar noch auszubauen sei.

2009 wurde dann „Kirche in der Fläche" zu einem der Hauptthemen in den Reformbemühungen der EKD; durch Land-Kirchen-Konferenzen bzw. Fachtage sollten Impulse gegeben, Akteure vernetzt und angeregt werden, das Thema in den Gliedkirchen zu bearbeiten[2]. Bei alledem ging man nicht mehr hinter „Wandeln und gestalten" zurück, sondern fragte vor allem nach kirchlichem Handeln dort, wo Brüche und Schrumpfung offensichtlich sind. Dabei suchte die EKD immer wieder das Gespräch mit den Akteuren, die vor ähnlichen Herausforderungen stehen, etwa Experten zur Daseinsvorsorge und Regionalentwicklung (vgl. KIRCHENAMT DER EKD 2011, 2012, 2014, 2015 und 2017).

Überall im Lande widmete man sich nun diesem Thema. Auf Tagungen kirchlicher Akademien, bei Kongressen zu Gemeindeentwicklungen, bei Pastoralkollegs und Konventen (vgl. u. a. SCHLEGEL & ALEX 2012; SCHLEGEL 2013a; GEMEINDE- UND REGIONALENTWICKLUNG IN NORDOSTBAYERN 2014; REFORMBÜRO DER EKBO Hrsg. 2014) konzentrierte man sich verstärkt auf das ländliche Umfeld, das Kirche über Jahrhunderte so selbstverständlich und vertraut zu sein schien. Meist allerdings erfolgte die Diskussion unter dem Vorzeichen der Krise: Wie könne es Kirche angesichts von kleinen Gruppen, Überalterung, Abwanderung, vielen Gebäuden, weniger Personal etc. schaffen, präsent und wirksam zu bleiben? Ergänzt wurden die grundsätzlichen Überlegungen durch spezifischere Beiträge, die die Thematik aus regionalem Zusammenhang oder theologischer Sicht erörterten (vgl. WULZ 2010; CORDES 2013). Infolge des Trends zur Sozialraumorientierung (vgl. auch KÖTTER 2014) legte auch die Diakonie den Fokus auf den ländlichen Raum, wie an zwei Tagungen im Rahmen des das Themenjahres 2015/16 „Wir sind Nachbarn. Alle" deutlich wurde (vgl. DIAKONIE DEUTSCHLAND 2016).

Auch in der katholischen Kirche werden die Themen verstärkt rezipiert. Als besonders einflussreich erwiesen sich hier Impulse aus Entwicklungsländern: Die Ideen der Basiskirchen, wie sie in Südamerika existieren und in der Diözese Poitiers an europäische Verhältnisse angepasst wurden (FEITER & MÜLLER Hrsg. 2014), führte zu einem Neuansatz der ländlichen Seelsorge in verschiedenen deutschen Bistümern (vgl. SCHLEINZER 2013; WRASMANN 2012): So ist katholische Kirche nach diesem Modell nicht mehr an die Präsenz eines Priesters gebunden, sondern daran, dass die Grunddimensionen von Kirche vor Ort gelebt werden. Wo Menschen für *Verkündigung* und *Liturgie, Gemeinschaft* und *Diakonie* in ihrem Dort Verantwortung übernehmen, können sie vom Bischof berufen werden. In ähnliche Richtung gehen die Impulse, die über das philippinische Pastoralinstitut Bukal ng Tipan seit Jahren nach Deutschland kommen und in den Bistümern nachhaltig wirken (vgl. HENNECKE 2013; KRAUSE 2016).

Auch in der evangelischen Kirche werden diese Entwicklungen aufmerksam verfolgt – lösen sie doch verschiedene reformatorische Ansätze ein (z.B. allgemeines Priestertum und Orientierung an der Schrift) und sind zudem noch zeitgemäß (Sozialraumorientierung, maximale Partizipation, Prinzip der Nähe etc.).

Beispielgebend für den deutschsprachigen Raum könnte die Aufmerksamkeit sein, die das Thema „Kirche in ländlichen Räumen" seit Jahrzehnten in Großbritannien findet. Dort hat die „Church of England" ein dichtgespanntes Netz an „rural officers" aufgebaut und verfügt mit dem ökumenischen „Arthur Rank Centre" über ein interdisziplinär arbeitendes Kompetenzzentrum zu allen Fragen rund um Kirche auf dem Land. Dort werden Weiterbildungen angeboten, Zeitschriften herausgegeben und Tagungen organisiert, alles unter dem Motto „Supporting rural communities and churches". Zentral für den Ansatz ist eine Sozialraumorientierung, die zugleich als Teil einer missionarischen Sendung von Gemeinden verstanden wird. In diesem Zusammenhang widmet man sich auch neuen Gemeindeformen auf dem Land, den sogenannten „fresh expressions" der Kirche (vgl. GAZE 2006). Auch in der angelsächsischen praktisch-theologischen Wissenschaft ist das Thema „Kirche in ländlichen Räumen" seit Jahrzehnten etabliert. Es hat sich sogar eine eigene „Rural Theology" ausgebildet, die auch in das Curriculum einzelner Colleges (z.B. in Durham) Aufnahme gefunden hat. Besonders hervorzuheben ist hier sicher die gleichnamige Zeitschrift, die seit 2002 „International, Ecumenical and Interdisciplinary Perspectives" bietet. Ihr Hauptherausgeber, Leslie J. FRANCIS, publiziert seit den 1980er Jahren zu „Church in the countryside" und zählt zu den profiliertesten theologischen Akademikern in diesem Bereich (vgl. z.B. FRANCIS 1985 und 1996; FRANCIS & ROBBINS eds. 2012).

2.2 Die praktisch-theologische Forschung der letzten Jahre

Auch in der deutschen akademischen Theologie lässt sich so etwas wie eine Renaissance des Landes verzeichnen. Am Beginn der neuen Auseinandersetzung standen allerdings nicht die aktuellen Fragen, sondern eher die gründliche Aufarbeitung der Geschichte: Kai HANSENs (2005) „Evangelische Kirche in ländlichen Räumen" ist ein zuverlässiges Kompendium, das dieses Thema aus geographischer, soziologischer und theologischer

Perspektive beleuchtet. Hervorzuheben ist besonders die Auswertung zahlreicher Lebensberichte von Landgeistlichen. Die angespannte kirchliche Situation angesichts von Peripherisierung, demographischer Alterung und Schrumpfung spielte bei Hansen allerdings noch kaum eine Rolle – dieses sollte sich in der praktisch-theologischen Diskussion bald ändern. Inzwischen bilden diese Entwicklungen bei der jüngsten Auseinandersetzung mit Kirche in ländlichen Räumen den zentralen Ausgangspunkt – nicht nur in der EKD und ihren Gliedkirchen, sondern auch in akademischen Diskursen.

Hervorzuheben ist hier insbesondere das „Institut zur Erforschung von Evangelisation und Gemeindeentwicklung" der Universität Greifswald, das dazu etliche Symposien veranstaltet, das Thema in Lehre und Forschung verankert und auch einige wichtige Studien durchgeführt hat. Die ausgedünnte, entkirchlichte Situation im schrumpfenden Nordosten wird dabei als besonderes Experimentierfeld verstanden, in dem sich künftiges kirchliches Handeln in einer Minderheitensituation modellhaft voraussahnen lässt (vgl. z. B. Neu & Schlegel 2011; Alex 2013; Dünkel, Herbst & Schlegel 2014; Alex & Schlegel 2014; Herbst, Dünkel & Stahl 2016; Schlegel & Zehelein 2016).

Auch eine Reihe anderer Einzelstudien beschäftigte sich mit peripheren Räumen in den Neuen Bundesländern: Die „Forschungsstelle für religiöse Kommunikations- und Lernprozesse" an der Martin-Luther-Universität in Halle fand in einer qualitativen Studie heraus, dass kirchliche Angebote oft als „Lernorte des Glaubens" hervorstechen, und zwar schon deshalb, weil die Zahl der konfessionslosen Teilnehmer überproportional hoch sei (vgl. Domsgen & Steinhäuser 2015). Susann Jenichen und Wolf von Nordheim – als Vertreter des „Sozialwissenschaftlichen Instituts der EKD" in Hannover – forschen intensiv in der Uckermark/Brandenburg. Sie wollten herausfinden, welche diakonischen Potentiale Landgemeinden besitzen und wie diese geweckt werden können (vgl. Jenichen Hrsg. 2015). Judith Miggelbrink und Frank Meyer vom „Leibniz-Institut für Länderkunde in Leipzig" wendeten sich besonders den Folgen der kirchlichen Strukturausdünnung in ländlichen Räumen zu. Im Kirchenkreis Altenburger Land untersuchten sie das subjektive Erleben von Haupt- und Ehrenamtlichen im Zusammenhang von Schrumpfungsdiskursen (vgl. Meyer & Miggelbrink 2015). Eine ethnographische Skizze aus drei Dörfern Nordsachsens veröffentlichte Juliane Stückrad in der Schriftenreihe der Evangelischen Heimvolkshochschule Kohren-Sahlis (vgl. STÜCKRAD 2017; s. a. Beitrag in diesem Band). Pastoraltheologische Reflexionen zur veränderten Rolle von PfarrerInnen in ländlichen Räumen Ostdeutschlands stellte Kerstin MENZEL in ihrer Dissertation an (vgl. MENZEL 2019).

Von Ausnahmen abgesehen (vgl. FECHTNER 2010 und 2012) bringt den westdeutschen Blick auf die ländliche Situation eher die katholische Seite ein: Vom „Lehrstuhl für Pastoraltheologie und Homiletik" in Fulda wurde das Symposium „Landpastoral" durchgeführt (vgl. HARTMANN 2012). Birgit HOYER (2011) hat mit „Seelsorge auf dem Land" die bisher einzige Habilitation zum Thema vorgelegt: Sie mahnt Verletzbarkeit als Wert pastoralen Handelns an und dekonstruiert dabei Land als Kategorie fast vollständig. Franz SCHREGLE (2009) wagt einen etwas anderen Zugang: Anknüpfend an den „spatial turn" in den Kultur- und Sozialwissenschaften, vor allem Martina Löw (z. B. 2001), gelangt er zu einer fluiden Leitkategorie Land, die eine landschaftliche Seelsorge verlange.

Besonders hervorgehoben werden soll hier die von der EKD herausgegebene Doppelstudie „Freiraum und Innovationsdruck" (vgl. KIRCHENAMT DER EKD Hrsg. 2016). Sie bietet sowohl die ost- als auch westdeutsche Perspektive, führt die kirchliche und akademische Diskussion zusammen und beleuchtet die Entwicklungen aus verschiedenen theologischen „Lagern" heraus.

Die eine der beiden Studien wurde an der Bonner Universität verantwortet. Sie fragte nach den Folgen der Strukturanpassungsprozesse für die „normale" kirchliche Arbeit. Dabei gingen die Autoren deduktiv vor und entwickelten zunächst die zu erwartenden Reaktionsmuster, wenn die Ressourcen Zeit, Raum und Personal verknappt bzw. verändert werden: Was verändert sich z. B. für die Gemeindeglieder, wenn der Pfarrer seltener, aber intensiver kommt? Dazu wurde das Modell des Reisepastorats in Finnland untersucht, wurden Akteure befragt und Ergebnisse formuliert. Es zeigte sich hier, dass das gemeindliche Leben sehr gut in Abwesenheit von Geistlichen organisiert werden kann und offenbar keinen Schaden nimmt. Bei dem Modell der Regionalisierung bzw. Zentralisierung – also der Vergrößerung der Arbeitsbereiche des Pastors – sieht das schon anders aus: „Es gibt einen *erheblichen Anteil an Personen*, der bei einer solchen Veränderung zurückbleibt." (ibid., 141 f.). Dies ist bedauerlich, aber aus kommunalen Gebietsreformen eigentlich schon bekannt. Zudem verschiebt sich das Rollengefüge zwischen Haupt- und Ehrenamtlichen ziemlich stark. In der untersuchten Region „Nördliches Zeitz" in Sachsen-Anhalt gaben die Ehrenamtlichen zu Protokoll: „Wenn wir heute sagen würden, wir hören auf, dann können alle Kirchen hier geschlossen werden. Dann werden nur noch die Kirchengebäude von der evangelischen Kirche verwaltet. Von der Seelsorge mal ganz abgesehen, unsere wesentliche Aufgabe." (ibid., 67). Von den Hauptberuflichen kam die Einschätzung: „[...] was hier im klassischen Pfarrerbild absolut verloren geht, ist, dass man seine Gemeindeglieder im alltäglichen Vollzug kennenlernt und ihnen begegnet" (ibid., 71). Die Ehrenamtlichen werden zum „Gesicht der Kirche", die Hauptamtlichen agieren eher ermöglichend, befähigend – im Hintergrund. So resümieren die beiden Verfasser: „Der Pfarrer kann also nicht mehr, selbst wenn er es wollte, der entscheidende Motor der *Gemeindeentwicklung im Dorf* sein ... , er kann, selbst wenn er es wollte, nicht mehr entscheiden, wer die Gemeinde im Dorf wirklich repräsentiert und leitet [...] *Unwichtig wird die Pfarrerin/der Pfarrer im Dorf durch all diese Entwicklungen aber eben gerade nicht.*" (ibid., 149).

Bei der anderen Teilstudie, die vom schon erwähnten Greifswalder Institut verantwortet wurde, ging es um innovative Neuerungen kirchlicher Arbeit mit dem Ziel, Außenstehende zu erreichen. Besonders interessiert war man hier an der Frage, wie alles begonnen hat. Lässt sich eine Art „Grammatik des Anfangs" von missionarischen Innovationen rekonstruieren? Demgemäß geht die Studie induktiv vor: Nach der Sammlung von ca. 80 solcher Innovationen wurden zwölf Cluster mit vergleichbaren Ideen gebildet, aus denen je ein Beispiel ausgesucht und besucht wurde. Dazu gehörten z. B. die multifunktionale Nutzung von Kirchengebäuden, Gottesdienste ohne Pfarrerinnen und mobile Arbeit (ibid., 210–301). Es zeigte sich bei der Auswertung (ibid., 315–344), dass Menschen und die so genannten weichen Faktoren einen entscheidenden Einfluss darauf haben, ob sich innovative Praktiken einstellen: Es bedurfte immer sogenannter „heroes" oder Pioniere, die meist gute Netzwerker waren, kooperativ mit anderen zusammenarbeiten und einfach etwas verändern wollten. Daneben gab es überall Ehrenamtliche, meist ein Team, die offensichtlich Spaß und Freude hatten, an dem, was sie taten: „Die Begeisterung muss natürlich da sein, wenn alle nur sagen: ‚O, wie furchtbar!' Da wird nichts!" (ibid., 244). Sie wollten etwas bewegen, sahen einen Sinn in ihrem Tun und verkehrten mit den PfarrerInnen auf Augenhöhe. „Wir wollen was Neues machen. Wir wollen nicht was machen, was schon existiert. Wir wollen was machen, was etwas in Gang setzt." (ibid., 324). Interessanterweise standen am Beginn der Initiativen nie üppige Ressourcen. Ohne Geld ging es freilich nie, aber Geld selbst schob nichts an. Im Gegenteil, bei der Mehrheit der Projekte ließ sich sehen, dass ein krisenhaftes Erleben (Kürzung der Pfarrstelle, Flut, Angriff von Neonazis) der Auslöser war, dass sich die Akteure auf den Weg machten. Ein gewisser Innovationsdruck scheint also nötig – ebenso wie ein großer Freiraum. Da war Platz, Offenheit und ein weiter Handlungsspielraum. „Ich probier mich mal aus", sagte der eine; dem anderen traute der Kirchenvorstand viel zu: „Sie haben eine Idee? Machen Sie mal!" Das setzt offenbar frei. Frei-Raum hat aber noch eine andere Komponente. Oft agierten die Pioniere da, wo von der einstigen volkskirchlichen Fülle wenig übrig war. So beschrieb einer der Pfarrer in der Uckermark: „Hier war keine der vier Kirchen benutzbar, das Pfarrhaus nicht bewohnbar"; beim Einzug „ging ein alter Mann vorbei und sagte zu mir: ‚Was wollen Sie denn hier? Nach einem Pastor kräht hier kein Hahn!'"(ibid., 335). Heute lassen sich dort mehrere spannende Projekte in dem Kirchspiel erleben – Millionenprojekte. So bestätigt sich im kirchlichen Raum, was für soziale Innovationen gilt: Sie entstehen „nicht nur aus ‚Dichte', sondern auch ‚in Freiräumen und Brachen' … Solche Nutzungslücken finden sich vor allem dort, wo die Erste Moderne ihre Projekte aufgegeben hat" (BEETZ 2005, 55). Freiraum und Innovationsdruck – diese beiden Komponenten waren schließlich auch titelgebend für das Buch.

3 Derzeitige Herausforderungen

Wenn man die Diskussion in der/den Kirchen und die praktisch-theologische Forschung der letzten zehn Jahre sichtet, kann man einige deutliche Leitthemen identifizieren. Sie wurden zunächst als Fragen formuliert, in Thesen verdichtet und dienen nun als Grundlage für Praxisvorschläge. Unter allen Herausforderungen, vor die kirchliches Leben auf dem Lande gestellt ist, dominieren die Probleme von Schrumpfung, Abwanderung und Überalterung. Es geht meist um den Raumtyp des peripheren, dünn besiedelten Landes, in dem sich nicht nur kirchliche, sondern auch gesellschaftliche Probleme konzentrieren. So sind die jeweiligen Diskurse und Strategien denn auch sehr vergleichbar (vgl. NEU & SCHLEGEL 2011). Im Folgenden werden nur die genuin kirchlichen aufgelistet.

1) Was Pfarrkonvente und Synoden seit Jahren in Atem hält, sind die Fragen nach der richtigen Form der **Anpassung von Strukturen** (vgl. LOHMANN 2018). Angesichts zurückgehender Ressourcen, weniger Mitglieder und gestiegener Gehälter müssen sie permanent geändert werden. In manchen Teilen Deutschlands ist die Dynamik dieser Veränderungen atemberaubend: Waren im Jahre 1993 auf dem Gebiet des Landkreises Altenburger Land noch 58 Pfarrer in drei Kirchenkreisen tätig, so waren es 2013 nur noch 17 PfarrerInnen in einem Kirchenkreis: Das entspricht einem Verlust von ca. 70 % der Pfarrstellen in 20 Jahren (vgl. MEYER & MIGGELBRINK 2015). Wenn auch nicht überall so dramatisch, so wird auch andernorts sichtbar, dass das kleinteilige Parochialsystem mehr und mehr ineffizient wird und mittelfristig nicht mehr finanzierbar ist. Es gibt – wie bei der staatlichen Verwaltung – den Sog hin zu den Zentren bzw. die Tendenz zu größeren Einheiten, den Regionen (vgl. EBERT & POMPE 2014). Dass bei den „zurückbleibenden" Menschen die Beteiligung an und Identifikation mit der Kirchengemeinde sinkt, wurde bereits thematisiert. Wegen der gedehnten Struktur wächst zudem die Anzahl an Kirchengebäuden, Liegenschaften und Friedhöfen, die zu verwalten sind (und die man trotzdem nicht abgibt!), während sie gleichzeitig seltener und von weniger Menschen genutzt werden.

2) Insofern stellt sich immer neu die Frage nach der **Nutzung von Kirchengebäuden**: Kann man ihre Instandhaltung noch finanzieren? Wenn eine Kirche z. B. nur noch viermal im Jahr zu Gottesdiensten genutzt wird, aber aufgrund von Denkmalschutzauflagen teuer saniert werden muss und kaum flexibel umzubauen ist, wird es immer schwieriger, hohe Summen für die Ausgaben zu rechtfertigen. Sicher besitzt die „Kirche im Dorf" symbolische Bedeutung; aber sie war historisch kein rein sakraler Ort. Doch wenn sich die Kirchengemeinde nicht zu einer multifunktionalen Nutzung durchringt – und dies von der Dorfgemeinschaft mitgetragen wird –, kann das Gebäudethema die kirchlichen Akteure über die Maßen beanspruchen. Die Pfarrer in sog. „Vielkirchenpfarrämtern" stöhnen ob der Verwaltung, die damit zusammenhängt. Dennoch: bisher stellten Schließung und Abriss von Kirchen die Ausnahme dar. In der EKM (Evangelischen Kirche in Mitteldeutschland) als einer Landeskirche mit 3 971 meist historischen Kirchengebäuden bzw. Kapellen (ca. ein Fünftel der EKD) gab es von 1990 bis 2016 nur 12 Umnutzungen, 7 Vermietun-

gen, 12 Verkäufe und 6 Abrisse. Dagegen wurden 136 Kirchgebäude neu gebaut oder in Betrieb genommen³. Grund hierfür waren auch die vielen (Förder)gelder, die nach der Wende zur Verfügung standen. Doch wie wird es in 20 Jahren aussehen? In Voraussicht auf das Kommende beteiligte sich die EKM an der „Internationalen Bauausstellung (IBA) Thüringen 2014" und rief das Projekt „Querdenker" ins Leben. In Thüringen gingen etwa 500 Ideen für veränderte Nutzungen ein, die von einer Garten-, Vogel- und Schwimmbadkirche bis hin zur Kirche als Herberge auf dem Rennsteig reichten⁴. Eine multifunktionale Nutzung von Kirchen wurde schon 2011 auf dem EKD-Kirchbautag in Rostock vorgeschlagen⁵.

3) Unter den neuen Rahmenbedingungen verändern sich **Aufgaben und Rolle der Geistlichen**. Sie sind immer seltener Hirte, eher Apostel oder Kleinst-Bischof. Zunehmend werden unternehmerische und organisatorische Fähigkeiten verlangt, das Arbeiten mit Menschen tritt zurück. Eine solche pastoraltheologische Korrektur tangiert das innere Berufsbild und damit die Motivation nachhaltig. Die wenigsten Kollegen verstehen sich als Verwalter – faktisch sind administrative Aufgaben der Arbeitsbereich, der oft als am belastenden angesehen wird. Die Fülle an vielen kleinen Aufgaben, die mehr und nicht weniger werden, tragen maßgeblich zu den berufsbedingten Belastungsstörungen bei⁶.

4) In diesem Kontext überrascht es nicht, wenn **„der Ehrenamtliche"** von der Kirche derzeit „wiederentdeckt" wird – wie der Bürger vom Staat. Besonders da, wo sich die Institution zurückzieht, wird der Ehrenamtliche zum „Gesicht der Kirche vor Ort". So sehr man sich damit einem biblischen Gemeindebild nähert und das Priestertum aller Glaubenden einlöst, so nüchtern muss man die Konsequenzen sehen: von der Unsicherheit bei kirchlichen Angeboten bis hin zum Burnout Freiwilliger: Aufgaben dürfen nicht allein auf den Schultern Ehrenamtlicher liegen. Zudem verlangt die Aufwertung der Ehrenamtlichen ein verbessertes Freiwilligenmanagement – wovon manch kirchliche Akteure noch weit entfernt sind –, vor allem hinreichende Qualifizierung, seelsorgerliche Begleitung, genaue Definition von Rechten bzw. Pflichten. Schließlich bedarf die gestiegene Partizipation einer Relegation, d. h. einem Zurückgeben von Rechten und Freiheiten an die Gemeinden und ihre Vertreter. Vermutlich wird dieser Teilbereich in der kybernetischen (d. h. in der die Kirchen- und

Gemeindeleitung betreffenden) Forschung und pastoralen Praxis noch erheblich an Bedeutung gewinnen.

5) Beobachten lässt sich schon jetzt, dass sich mit den Umbauprozessen auch die **Formate kirchlichen Lebens** wandeln: liturgische Kleinformen sind im Kommen – überall im Land gestalten Ehrenamtliche Andachten bzw. Gottesdienste mit bemerkenswertem Einsatz und zum Teil hohen liturgischem Gespür. Ich erinnere mich an eine ältere Dame, die mir enthusiastisch und detailliert von dem Gottesdienst ihrer Heimatgemeinde erzählte – und ich erst recht spät merkte, dass dabei kein Hauptamtlicher involviert war. Es ist davon auszugehen, dass die herkömmlichen Formen des Gottesdienstes mit frontal agierendem Pfarrer, liturgischem Wechselgesang und Orgelbegleitung in den ländlichen Räumen immer seltener zu finden sein werden.

6) **Peripherisierung und demographischer Wandel, Säkularisierung und Marginalisierung** beschreiben den Kontext, in dem sich Kirche im peripheren ländlichen Raum bewegt. Sie stellen eine immense missionarisch-diakonische Herausforderung dar – und zwar, was beide „Außenseiten" von Kirche angeht, das tröstende Wort und die helfende Hand. Sie sind aber gerade dort – wo sie offenbar am nötigsten sind, nämlich in prekären Situationen – am schwierigsten zu spenden bzw. zu reichen (vgl. Jenichen 2015), und dies trotz aller Konzepte und Bemühungen um eine sozialraumorientierte Ortsgemeinde (vgl. Kötter 2014; Diakonie Deutschland Hrsg. 2016) und obwohl Kirche nach ihrem Selbstverständnis ‚Kirche für Andere' sein will. Das liegt daran, dass die Gemeinden von den Trends selbst betroffen sind.

7) Mit der Frage nach Größe und Rhythmus der gottesdienstlichen Versammlung taucht schließlich ein Thema auf, das lange nicht beachtet wurde, aber nun neu verhandelt werden muss: **Wie ist Kirche in den Dörfern präsent?** Wo wird die *congregatio sanctorum* sichtbar und erlebbar, etwa nur noch bei dem nur noch selten abgehaltenen Gottesdienst? Und wenn selbst der nicht mehr gefeiert werden kann? Bei einer Landkirchenkonferenz der EKD berichtete ein Superintendent aus der Schlesischen Oberlausitz von einem Dorf mit pittoresker, kürzlich sanierter Kirche, in der sich keine Christen mehr treffen. „Was machen wir, wenn es keine Gemeinde mehr gibt?", fragte er weiter. Manche meinten darauf: „Allein das

Gebäude hält Kirche präsent! Es genügt, wenn jeder Ort irgendwo im kirchlichen Versorgungsnetz auftaucht!" Von welcher Kirche ist aber dann eigentlich die Rede, wird sie theologisch definiert oder nach den Gesichtspunkten einer Institution bzw. Organisation? Diese grundsätzlichen Fragen nach dem Selbstverständnis sind die – auch strategisch – bedeutsamen Fragen, vor die die ländlichen Räume die beiden Großkirchen derzeit stellen. Vergleichbare Prozesse in der Gesamtgesellschaft führen übrigens auch zu ähnlichen Fragen bezüglich des Staatsverständnisses: „Der Übergang vom sorgenden zum gewährleistenden Staat, so wie er aktuell diskutiert wird, impliziert die zeitgemäße Verschiebung: Der Staat vermindert den Anspruch, den seine Bürger an seine Leistungskraft stellen dürfen. Er muss aber zugleich Teile seiner allumfassenden Definitionsmacht an die Gesellschaft zurückgeben und so neue Handlungsspielräume schaffen." (NEU 2014, 123). Diese Analyse ließe sich problemlos auch auf Kirche als Akteur umschreiben (vgl. SCHLEGEL 2014).

4 Das Land als Projektionsfläche – von der Funktion ruraler Diskurse

Mit Blick auf die beschriebenen Herausforderungen muss gefragt werden, ob es sich bei ihnen wirklich um Spezifika der ländlichen Räume bzw. der Dörfer handelt. Über pastoraltheologische Grundfragen, Gebäudemanagement und die Gewinnung von Ehrenamtlichem muss die evangelische Kirche heute überall nachdenken. Meist geschieht es an den Schreibtischen der Kirchenämter, der Superintendenturen und der Professoren – also in den Städten. In der Regel werden die Fragen ohne Rekurs auf eine geographische, kulturelle oder lebensweltliche Ruralität angegangen. Es geht letztlich um die Fragen des Selbstverständnisses einer Kirche, die durch anhaltende Schrumpfungs- und Säkularisierungsprozesse **in ihrer bisherigen Form in Frage gestellt wird, und zwar nachhaltig und fundamental**. Solche Prozesse sind keineswegs auf das Land beschränkt. Vielmehr ist das Land in den aktuellen Diskursen zu einer Metapher geworden ist, unter der man kleine Zahlen, gewandelte pastorale Rollen und Fragen rund um eine Beteiligungskirche bzw. Nutzung von Gebäuden thematisiert. Selbst wenn man Kirche auf dem Land dezidiert nicht unter diesem Vorzeichen behandeln mag, zeigt schon die bewusste Absetzung von der Peripherisierungsdebatte, dass man darauf bezogen bleibt (vgl. z. B. Reformbüro der EKBO Hrsg. 2014). Diese betrifft aber die EKD in ihrer ganzen Breite. Der ländliche Raum fungiert eigentlich als Projektionsfläche einer – jedenfalls strukturell – mehrheitlich urbanen Kirche. Sinnenfälliger Ausdruck dafür ist der Ort, an dem das Land zum Thema wird: heute im EKD-Kirchenamt in Hannover, morgen an der Akademie in Berlin und übermorgen an der Universität Greifswald.

> Eingebunden in verschiedene Sinnzusammenhänge wird das ‚Ländliche' zu einer Folie und einem Kommunikationsfeld für Selbstbeschreibung und Selbstverortung gegenwärtiger Gesellschaften. Repräsentationen des Ländlichen bieten letztlich Auskunft über individuelle und kollektive Bedürfnisse, Ansprüche und auch Ängste einer urbanisierten Gesellschaft. (Langner 2016, 43)

Damit bezieht sich Land kaum auf ein bestimmtes geographisches Territorium „da draußen" – sondern ist längst als „Imaginationsraum Bestandteil einer urbanen Realität" (ibid., 43). Solche Art der Funktionalisierung ist offenbar nicht auf theologische und kirchliche Diskurse beschränkt – und sie ist auch hier nicht neu. „Es ist daher zu fragen, welche Funktionen Narrative des Ländlichen in unterschiedlichen Kontexten und Situationen haben. Für was steht das Ländliche als Imaginations-, Projektions- und Handlungsraum innerhalb einer urbanen Welt?" (ibid., 43)

Zu Beginn des 20. Jahrhunderts stand das Dorf in der Dorfkirchenbewegung für das Überschaubare, ein Platzhalter für „Heimat" inmitten der Unwirtlichkeit aufstrebender Industriezentren – und als eine Art Gegenwelt. Dorfvereinen gleich sollten die überdimensionierten Parochien (Amtsbezirke der Pfarrer) in den Großstädten organisiert werden. Das Gemeindehaus war architektonischer Ausdruck einer Gemeindetheologie, die sich mit dem Namen Emil Sulze verbindet. Auch später noch, zu Zeiten eines eigenen katholischen ländlichen Milieus in den 1950ern, wurde „ländlich" als Platzhalter für die heile kirchliche Welt benutzt: mit seinem konservativen Geist galt das Land als Rückhalt der kirchlichen Arbeit – als Basis, von der aus es die Stadt als eher Fremdes zu „erobern" galt.

Aktuell steht – wie schon mehrfach erwähnt – das Land für den Umgang der Kirche mit Mangelsituationen, es wurde zur Metapher für den Umgang mit dem Weniger, das bekanntlich der ganzen Institution bevorsteht. Die ländlichen Räume sind so etwas wie ein Blick in die Zukunft der EKD. Oder, wie es Eberhard Hauschildt und Olliver Heinemann (2016, 164) formulieren: „Die Gesamtkirche kann in der anstehenden Phase der allgemeinen Ressourcenverknappung von den dörflichen Verhältnissen in den peripheren Räumen lernen." Gleichzeitig werden die jeweils präferierten Utopien, die Leitbilder kirchlicher Entwicklung, auf das ländliche Umfeld projiziert und man versucht sie von dorther in der Mitte der Kirche zu platzieren. Das ließe sich sowohl für die sozial-liberalen als auch die missionarischen Konzepte zeigen.

Sich der jeweiligen Funktion ruraler Narrative bewusst zu werden, verhilft zu einer gewissen „Erdung" der Debatten (vgl. Schlegel 2018). Davon ausgehend schlage ich dreierlei vor:

1) Theologie und Kirche sollten die Schrumpfungsdiskurse nicht mehr als rein ländliche Herausforderungen stilisieren, sondern als ureigene generelle Zukunftsthemen akzeptieren. Damit verlören die Diskussionen den spürbaren „Sicherheitsabstand", den man so gegenüber den dringlichen Fragen einzieht und unter einer „Als-Ob-Rhetorik" verbirgt. „Kirche in ländlichen Räumen" könnte so vom Rand in die Mitte geholt werden.
2) Die Behandlung des Themas benötigt einen Perspektivwechsel. Im Sinne eines „Think rural!" sollten immer wieder ländliche Fragen thematisiert – statt urbane auf das Land projiziert – werden. Hier gilt es, eine gewisse Breite zu wahren, auch das Potential ländlicher Räume einzubeziehen und regionale Vielfalt zu berücksichtigen.
3) Von pauschalen Kategorisierungen sollten Theologie und Kirche fast völlig Abstand nehmen. Es kann angesichts der wachsenden Diversität nicht mehr um Perspektiven für kirchliches Arbeiten „in ländlichen Räumen" gehen – sondern nur um Perspektiven für kirchliches Arbeiten „in der Uckermark", „dem Kraichgau", „dem Oldenburger Münsterland" usw. Eine spezifische Situation darf nicht zur Situation der ländlichen Räume stilisiert werden, es sollte nur fallbezogen analysiert und exemplarisch empfohlen werden – in Land und Stadt gleichermaßen. Kirchliche und theologische Kybernetik brauchen eine neue Sensibilität für kontextbezogenes Arbeiten – und damit den Abschied von einheitlichen, gut gemeinten Konzepten aus den Zentren von Politik und Wissen.

Anmerkungen

1. In den Jahren 1950–1978 hieß die Zeitschrift „Kirche im Dorf" und erschien in Himmelspforten/Hasefeld. Seit 1978 wird sie in Altenkirchen unter dem Titel „Kirche im ländlichen Raum" herausgegeben.

2. Hintergründe zum Reformprozess und die Dokumentationen der Tagungen finden sich unter https://www.kirche-im-aufbruch.ekd.de/reformprozess/kirche_in_der_flaeche.html (29.12.2018).

3. https://archiv.ekd.de/download/Bericht_Gebaeude_2016.pdf (20.11.2018)

4. vgl. http://www.querdenker2017.de/ideen (01.01.2019)

5. http://kirchbauinstitut.de/kirchbautag/27-evangelischer-kirchbautag-in-rostock/rostocker-resumee/ (01.01.2019)

6. Dazu ist in Kooperation mit EKD, Hannoverscher Kirche und der EKM vom IEEG der Universität Greifswald eine Studie zu berufsbedingten Belastungsstörungen erarbeitet worden. Die ersten Ergebnisse wurden 2016 in Kassel präsentiert (vgl. Kirchenamt der EKD 2017); eine umfangreiche Publikation ist für 2019 in Planung.

Literatur

ALEX, Martin (2013): Allein auf weiter Flur? Zum Pfarrbild in ländlich-peripheren Räumen. In: HERBST, Michael; CLAUSEN, Matthias; SCHLEGEL, Thomas Hrsg. (2013): Alles auf Anfang. Missionarische Impulse für Kirche in nachkirchlicher Zeit. Neukirchen-Vluyn: Neukirchener Theologie, 42–68

ALEX, Martin; GACK, Hanna; RUPP, Juliane; SCHLEGEL, Thomas (2013): Wer springt in die Bresche? Kirchliches Ehrenamt in ländlichen Räumen. In: Landkirche – Achtung Wanderbaustelle (=Kirche im ländlichen Raum 64 1/2013), 25–32

ALEX, Martin; SCHLEGEL, Thomas (2013): Von ländlicher Idylle und schrumpfender Peripherie – Hintergründe und Ausblicke. In: ELHAUS, Phillip; HENNECKE, Christian; STELTER, Dirk; STOLTMANN-LUKAS, Dagmar Hrsg. (2013): Kirche². Eine ökumenische Vision. Hannover/Würzburg: Lutherisches Verlagshaus/Echter Verlag, 377–396

ALEX, Martin; SCHLEGEL, Thomas Hrsg. (2014): Mittendrin! – Kirche in peripheren ländlichen Regionen. Neukirchen-Vluyn: Neukirchener Theologie

BEETZ, Stefan (2005): Innovationsmilieus und Innovationsdeutungen in ländlich-peripheren Regionen. In: ALTROCK, Uwe; GÜNTNER, Simon; HUNING, Sandra; NUISSL, Henning; PETERS, Deike Hrsg. (2005): Landliebe - Landleben. Ländlicher Raum im Spiegel von Sozialwissenschaften und Planungstheorie. (= Reihe Planungsrundschau 12). Cottbus: BTU, 51–68

BOEHMER, Julius (1909): Dorfpfarrer und Dorfpredigt. Fragestellungen und Antwortversuche. Gießen: Alfred Töpelmann

BUND DER EVANGELISCHEN KIRCHEN IN DER DDR, KOMMISSION FÜR KIRCHLICHE JUGENDARBEIT Hrsg. (1986): Die Kirche und das Dorf. Erkundungen – Erfahrungen – Fragen. Buchholz (unveröffentlichtes Manuskript).

BÜCHSEL, Carl (1861): Erinnerungen aus dem Leben eines Landgeistlichen, Band I. Berlin: Schlawitz

CORDES, Harm (2013): Kirche im Dorf – Glaube im Alltag. Impulse für die kirchliche Arbeit im ländlichen Raum. Leipzig: Evangelische Verlagsanstalt

COX, Harvey (1966): Stadt ohne Gott? Stuttgart/Berlin: Kreuz-Verlag

Diakonie Deutschland Hrsg. (2016): Kirche und Diakonie in der Nachbarschaft. Neue Allianzen im ländlichen Raum. (= Diakonie Texte 05/2016). Berlin
https://www.diakonie.de/fileadmin/user_upload/Diakonie/PDFs/Diakonie-Texte_PDF/05_2016_Kirche_und_Diakonie_in_der_Nachbarschaft_Inernet.pdf (15. 11. 2019)

Dickens, Arthur G. (1976): The German Nation and Martin Luther. London: HarperCollins

Domsgen, Michael; Steinhäuser, Ekkehard Hrsg. (2015): Identitätsraum Dorf. Religiöse Bildung in der Peripherie. Leipzig: Evangelische Verlagsanstalt

Dünkel, Frieder; Herbst, Michael; Schlegel, Thomas Hrsg. (2014): Think rural! Dynamiken des Wandels in peripheren ländlichen Räumen und ihre Implikationen für die Daseinsvorsorge. Wiesbaden: Springer VS

Ebert, Christhard; Pompe, Hans-Hermann (2014): Handbuch Kirche und Regionalentwicklung. Region – Kooperation – Mission. Leipzig: Evangelische Verlagsanstalt

Fechtner, Kristian (2010): Späte Zeit der Volkskirche. Praktisch-theologische Erkundungen. (Praktische Theologie heute 101). Stuttgart: Kohlhammer, 116–128

Fechtner, Kristian (2012): Pfarramt auf dem Lande. Pastoraltheologische Notizen zur „Örtlichkeit" des Ortes. In: Sommer, Regina; Koll, Julia Hrsg. (2012): Schwellenkunde. Einsichten und Aussichten für den Pfarrberuf im 21. Jahrhundert. Stuttgart: Kohlhammer, 205–217

Feiter, Reinhard; Müller, Hadwig Hrsg. (2014): Was wird jetzt aus uns, Herr Bischof? Ermutigende Erfahrungen der Gemeindebildung in Poitiers, 6. Aufl. Ostfildern: Schwaben Verlag

Fenner, Eckhard (1982): Art. Die Dorfkirchenbewegung. In: Theologische Realenzyklopädie Bd. IX. Berlin/New York: De Gruyter, 147–150

FRANCIS, Leslie J. (1985): Rural Anglicanism: A Future for Young Christians? London: Collins

FRANCIS, Leslie J. (1996): Church Watch. Christianity in the Countryside. London: SPCK

FRANCIS, Leslie J.; ROBBINS, Mandy eds. (2012): Rural Life and Rural Church. Theological and Empirical Perspectives. Sheffield: Equinox

GAZE, Sally (2006): Mission-shaped and rural. Growing churches in the countryside. London: Church House Publishing

GEIßENDÖRFER, Paul (1975): Kirche und Dorf. Eine Chance für die Mitgestaltung unserer Gesellschaft. München: Heinrich Delp KG

GUBA, Thomas Hrsg. (2014): „Land in Sicht". Kirche in ländlichen Räumen und ihre Zukunft. Bad Alexandersbad: Evangelisches Bildungszentrum

HANSEN, Kai (2005): Evangelische Kirche in ländlichen Räumen. Ein Rundblick über Geschichte und Gegenwart. Schenefeld: EB-Verlag Dr. Brandt

HANSEN, Kai (2012): Geistliches Zentrum oder weite Fläche – wie regelte man das früher? In: SCHLEGEL, Thomas; ALEX, Martin Hrsg. (2012), 40–49

HARTMANN, Richard Hrsg. (2012): Bilderwechsel. Kirche – herausgefordert durch ländliche Räume (= Fuldaer Hochschulschriften 54). Würzburg: echter

HAUSCHILDT, Eberhard; HEINEMANN, Olliver (2016): Alternative Formen kirchlicher Präsenz in Peripherieräumen. Eine aufsuchende Analyse. Die Bonner Studie. In: KIRCHENAMT DER EKD Hrsg. (2016): Freiraum und Innovationsdruck. Der Beitrag ländlicher Kirchenentwicklung in »peripheren Räumen« zur Zukunft der evangelischen Kirche. (= Kirche im Aufbruch 12). Leipzig: Evangelische Verlagsanstalt, 39–169

Hennecke, Christian (2013): Was meint lokale Kirchenentwicklung? Ein Werkstattbericht. In: Euangel. Magazin für missionarische Pastoral 4, 2. Erfurt: Katholische Arbeitsstelle für missionarische Pastoral, o. S.

Herbst, Michael; Dünkel, Frieder; Stahl, Benjamin Hrsg. (2016): Daseinsvorsorge und Gemeinwesen im ländlichen Raum. Wiesbaden: Springer VS

Hoyer, Birgit (2011): Seelsorge auf dem Land. Räume verletzbarer Theologie. (= Praktische Theologie heute 119). Stuttgart: Kohlhammer

Jenichen, Susann; Sozialwissenschaftliches Institut der EKD Hrsg. (2015): Sensibel für Armut. Kirchengemeinden in der Uckermark. Ergebnisse einer sozialwissenschaftlichen Studie in Brandenburg. 2. Auflage. Leipzig: Evangelische Verlagsanstalt

Kaufmann, Thomas (2006): Konfession und Kultur. Lutherischer Protestantismus in der zweiten Hälfte des Reformationsjahrhunderts. Tübingen: Mohr Siebeck

Kersten, Jens; Neu, Claudia; Vogel Berthold (2012): Demografie und Demokratie. Zur Politisierung des Wohlfahrtstaates. Hamburg: Hamburger Edition HIS Verlagsges. mbH

Kirchenamt der EKD Hrsg. (2007): Wandeln und gestalten. Missionarische Chancen und Aufgaben evangelischer Kirche in ländlichen Räumen. (= EKD-Texte 87). Hannover https://www.ekd.de/ekd_de/ds_doc/ekd_text_87_wandeln_und_gestalten.pdf (14. 08. 2019)

Kirchenamt der EKD Hrsg. (2011): „Auf dem Land daheim". Dokumentation der 1. Land-Kirchen-Konferenz der EKD vom 14. bis 16. Juni 2011 in Gotha. (= epd-Dokumentation 37/2011). Hannover

Kirchenamt der EKD Hrsg. (2012): Du stellst meine Füße auf weiten Raum – Perspektiven für „Kirche in der Fläche". Dokumentation der 1. Fachtagung der Land-Kirchen-Konferenz der EKD am 6. Juni 2012 in Hannover. (= epd-Dokumentation 43/2012). Hannover

KIRCHENAMT DER EKD Hrsg. (2014): Abbrechen hat seine Zeit, bauen hat seine Zeit (Prediger Salomo 3,3). Dokumentation der 2. Land-Kirchen-Konferenz der EKD vom 28. bis 30. Mai 2013 in Northeim. (= epd-Dokumentation 17/2014). Hannover

KIRCHENAMT DER EKD Hrsg. (2015): Kirchenbilder – Lebensräume. Dokumentation der 3. Land-Kirchen-Konferenz der EKD vom 18. bis 20. Juni 2015 in Kohren-Sahlis. Dokumentation von Beiträgen der 2. Fachtagung der Land-Kirchen-Konferenz am 6. Mai 2014 in Kassel. (= epd-Dokumentation 42/2015) Hannover

KIRCHENAMT DER EKD Hrsg. (2016): Freiraum und Innovationsdruck. Der Beitrag ländlicher Kirchenentwicklung in »peripheren Räumen« zur Zukunft der evangelischen Kirche. (= Kirche im Aufbruch 12). Leipzig: Evangelische Verlagsanstalt

KIRCHENAMT DER EKD Hrsg. (2017): Gesegnet und gesendet. Lebensweltliche und empirische Einsichten zur Zukunft des Pfarrberufs. Dokumentation der 3. Fachtagung der Land-Kirchen-Konferenz der EKD am 13. September 2016 in Kassel. (= epd-Dokumentation 15-16/2017) Hannover

KLEIN, Michael (2003): Zwischen Eigenkirchenrecht und Dorfkirchenbewegung. Historische Studien zum Verhältnis von Kirche und Land. Berlin: dissertation.de

KÖTTER, Ralf (2014): Das Land ist hell und weit. Leidenschaftliche Kirche in der Mitte der Gesellschaft. Berlin: EB-Verlag Dr. Brandt

KRAUSE, Vera (2016): Geteilte Vision. Pastoral auf den Philippinen. In: Herder Korrespondenz. Monatsheft für Gesellschaft und Religion 3/2016, 41–43

LANG, Peter Th. (1994). „Ein grobes, unbändiges Volk". Visitationsberichte und Volksfrömmigkeit. In: MOLITOR, Hansgeorg; SMOLINSKY, Heribert Hrsg. (1994): Volksfrömmigkeit in der frühen Neuzeit. (= Katholisches Leben und Kirchenreform im Zeitalter der Glaubensspaltung 54). Münster: Aschendorff, 49–63

LANGNER, Sigrun (2016): Rurbane Landschaften. Landschaftsentwürfe als Projektionen produktiver Stadt-Land-Verschränkungen. In: Aus Politik und Zeitgeschichte 66(46–47) (Themenheft Land und Ländlichkeit), 41–46

Löw, Martina (2001): Raumsoziologie. Frankfurt am Main: Suhrkamp

LOHMANN, Heinz-Joachim (2018): Die Kirche bleibt im Dorf. Die Kirchenkreisreform in Wittstock-Ruppin. Leipzig: Evangelische Verlagsanstalt

MENZEL, Kerstin (2019): Kleine Zahlen, weiter Raum. Pfarrberuf in ländlichen Gemeinden Ostdeutschlands. Stuttgart: Kohlhammer

MEYER, Frank; MIGGELBRINK, Judith Hrsg. (2015): Kirchliche Strukturplanung in schrumpfenden ländlichen Räumen. Das Beispiel des Kirchenkreises Altenburger Land. Leipzig: Leibniz-Institut für Länderkunde

NEU, Claudia (2014): Ländliche Räume und Daseinsvorsorge – Bürgerschaftliches Engagement und Selbstaktivierung. In: DÜNKEL, Frieder; HERBST, Michael; SCHLEGEL, Thomas Hrsg. (2014): Think rural! Dynamiken des Wandels in peripheren ländlichen Räumen und ihre Implikationen für die Daseinsvorsorge. Wiesbaden: Springer VS, 117–124

NEU, Claudia; SCHLEGEL, Thomas (2011): Anders und doch so ähnlich: Kirche und Staat als Akteure im ländlichen Raum. In: kunst und kirche 74(1) (Themenheft Regionen – Orientierung im ländlichen Raum), 9–14

REFORMBÜRO DER EKBO (EVANGELISCHE KIRCHE BERLIN-BRANDENBURG-SCHLESISCHE OBERLAUSITZ) Hrsg. (2014): Stadt und Land – Welche Kirche brauchen wir morgen? (= Schwanenwerder Gespräche). Berlin: Wichern-Verlag

SCHLEGEL, Thomas (2013a): Integration und Partizipation als Herausforderung ländlicher Räume. In: Lebendiges Zeugnis 68(1), 43–51

SCHLEGEL, Thomas (2013b): Strukturell angefragt: Volkskirche in ländlichen Räumen. In: Landkirche – Achtung Wanderbaustelle (= Kirche im ländlichen Raum 64 1/2013), 8–11

SCHLEGEL, Thomas (2014): Von Wohlfahrtsstaat und Versorgungskirche: Das Ende einer Ära? Response zum Beitrag von Claudia Neu. In: DÜNKEL, Frieder; HERBST, Michael; SCHLEGEL, Thomas Hrsg. (2014): Think rural! Dynamiken des Wandels in peripheren ländlichen Räumen und ihre Implikationen für die Daseinsvorsorge. Wiesbaden: Springer VS, 125–130

SCHLEGEL, Thomas (2015): Dreifache Ermutigung. Impulse aus landeskirchlicher Sicht. In: DOMSGEN, Michael; STEINHÄUSER, Ekkehard Hrsg. (2015): Identitätsraum Dorf. Religiöse Bildung in der Peripherie. Leipzig: Evangelische Verlagsanstalt, 155–160

SCHLEGEL, Thomas (2018): Chancen der Digitalisierung für kirchliches Handeln in ländlichen Räumen. In: Digitalisierung und Kirche in ländlichen und städtischen Räumen. (= epd-Doku 5/2018), Frankfurt a. M.: Gemeinschaftswerk der Evangelischen Publizistik

SCHLEGEL, Thomas; ALEX, Martin Hrsg. (2012): Leuchtfeuer oder Lichternetz, Missionarische Perspektiven für ländliche Räume. Neukirchen-Vluyn: Neukirchener Theologie

SCHLEGEL, Thomas; ZEHELEIN, Jörg u. a. (2016): Landaufwärts – Innovative Beispiele missionarischer Praxis in peripheren, ländlichen Räumen. Die Greifswalder Studie. In: KIRCHENAMT DER EKD Hrsg. (2016), 171–344

SCHLEINZER, Annette (2013): „Vor Ort lebt Kirche" – Das VOlK-Projekt im Bistum Magdeburg. In: Euangel. Magazin für missionarische Pastoral 4(2). Erfurt: Katholische Arbeitsstelle für missionarische Pastoral, o. S.

SCHREGLE, Franz (2009): Pastoral in ländlichen Räumen. Wegmarkierungen für eine landschaftliche Seelsorge (= Studien zur Theologie und Praxis der Seelsorge 77). Würzburg: Echter Verlag

STÜCKRAD, Juliane (2017): Verantwortung – Tradition – Entfremdung. In: EVANGELISCHES ZENTRUM LÄNDLICHER RAUM HEIMVOLKSSCHULE KOHREN-SAHLIS; METTE, Kathrin; MÜTZE, Dirk Martin Hrsg. (2017): Verantwortung – Tradition – Entfremdung. Zur Bedeutung von Kirche im ländlichen Raum. Eine ethnographische Studie in drei Dörfern im Gebiet des Regionalkirchenamtes Leipzig. (= Kohrener Schriften 2). Großpösna

TREIBER, Angela (2004): Volkskunde und evangelische Theologie. Die Dorfkirchenbewegung 1907–1945. Köln/Weimar/Wien: Böhlau

UCKELEY, Alfred (1908): Die moderne Dorfpredigt. Eine Studie zur Homiletik. Leipzig: A. Deichertsche Verlagsbuchhandlung Werner Scholl

WRASMANN, Martin (2012): Kirche vor Ort – Land in Sicht. In: SCHLEGEL, Thomas; ALEX, Martin Hrsg. (2012): Leuchtfeuer oder Lichternetz, Missionarische Perspektiven für ländliche Räume. Neukirchen-Vluyn: Neukirchener Theologie, 75–92

WULZ, Gabriele (2010): Bleibt die Kirche im Dorf? Gemeinde im ländlichen Raum: Chancen, Grenzen und Herausforderungen: Giessen: Brunnen Verlag GmbH

Ricarda Rabe [Hannover]

Herausforderungen und Neuansätze kirchlicher Arbeit auf dem Land – Die „Kirche im Dorf" aus der Perspektive der Landeskirche Hannovers

Kurzfassung

Die demographische Entwicklung der Gesellschaft wird für die evangelischen Kirchen in den nächsten Jahren gravierende Veränderungen mit sich bringen. Neue Formen von Gemeindearbeit und Gottesdienst im Zusammenspiel von Haupt- und Ehrenamtlichen werden etabliert werden müssen, wenn die Kirche flächendeckend, gerade auf dem Lande, präsent bleiben will.

Vorbemerkung

Die Evangelisch-Lutherische Landeskirche Hannovers ist eine von 20 evangelischen Kirchen in Deutschland und mit 2 630 125 Mitgliedern die zahlenmäßig größte (Stand 31. 12. 2014, Evangelisch-Lutherische Landeskirche Hannovers o. J.). Die kleinste ist, ebenfalls in Niedersachsen gelegen, Schaumburg-Lippe mit 58 000 Mitgliedern. Die einzelnen Landeskirchen sind rechtlich weithin selbständig, die Evangelische Kirche in Deutschland (EKD) ist der Zusammenschluss dieser Kirchen. Im Bereich der Landeskirche Hannovers liegen die fünf Großstädte Hannover, Osnabrück, Wolfsburg, Göttingen und Hildesheim (Braunschweig/Salzgitter gehören zur Landeskirche Braunschweig, Oldenburg zur gleichnamigen Landeskirche), dennoch sind weite Teile mehr oder weniger stark ländlich geprägt.

Meine Anfrage im Haus kirchlicher Dienste, in der Bischofskanzlei und im Landeskirchenamt der Landeskirche Hannovers zur Frage „Gibt es eine landeskirchliche Planung bzw. Ideen oder Konzeption für die Kirche in den ländlichen Räumen" hat mich mit vielen Menschen ins Gespräch gebracht, aber auch zu der Erkenntnis geführt: Noch gibt es keine explizite Konzeption – wenigstens nicht in Hannover.

Wo liegen die Herausforderungen?

Der demographische Wandel in Deutschland – oft mit dem Schlagwort „Weniger – älter – bunter" beschrieben – hat deutliche Folgen für die Kirche, aber auch für das Bild von Kirche und von Pfarrern. Verstärkt wird die kirchliche Schrumpfung dadurch, dass die Gruppe der Menschen ohne Religionszugehörigkeit bereits 2016 mit 36,2 % der Bevölkerung größer war als jede der beiden großen Kirchen für sich. Die römisch-katholische und die evangelische Kirche vertreten mit 28,5 % bzw. 26,5 % Kirchenmitgliedern nur noch etwas mehr als die Hälfte der Menschen in Deutschland (vgl. FOWID 2017).

Nach Einschätzung des juristischen Vizepräsidenten des Landeskirchenamts, Dr. Rolf KRÄMER, wird sich die Zahl der Kirchenmitglieder der Landeskirche Hannovers bis 2040 etwa halbieren. Das liegt zum Teil an bewussten Kirchenaustritten, vor allem aber an den Sterbefällen und am Nicht-Taufen von Kindern. Die Zahl der PastorInnen wird sich halbieren, wobei die Finanzkraft der Landeskirche 2040 vermutlich noch weniger als die Hälfte des heutigen Niveaus betragen wird.

Wir sind auf dem Weg von einer „Kirche des Volkes" hin zu einer „Kirche für das Volk", in den Städten, aber auch auf dem Lande. Eine „Kirche des Volkes" bedeutet, dass die Mehrheit der Bevölkerung vor Ort Mitglied der Kirchengemeinde ist, und daher alles, was die Kirche betrifft, zugleich die Mehrheit der Einwohner berührt. Das Konzept einer „Kirche für das Volk" dagegen geht davon aus, dass die Kirchengemeinde nur eine lokale Gruppe unter anderen ist, sich aber für die Belange aller Menschen des Ortes engagiert, unabhängig von deren Kirchenmitgliedschaft. Der frühere Ratsvorsitzende der Evangelischen Kirche in Deutschland, Bischof Wolfgang HUBER, formulierte dies einmal so:

> Unsere gegenwärtige Kirche ist nicht Volkskirche in dem Sinn, dass die Gesamtheit des Volkes einer der beiden Kirchen angehört. Kirche ist aber unweigerlich Volkskirche in dem einen Sinn, dass sie Kirche

für das Volk ist, dass sie keinen Menschen außerhalb der christlichen Botschaft stehen lässt. (Interview mit Bernd ULRICH 2006)

Was aber heißt das „für das Dorf"?

Es wird in Zukunft weniger Hauptamtliche geben, die aber für eine immer größere Fläche zuständig sein werden. In den östlichen Landeskirchen ist jetzt schon zu beobachten, was für die westlichen Landeskirchen in Zukunft zu erwarten ist. Vielleicht werden schon in absehbarer Zeit Kirchengemeinden um Pfarrer werben wie Kommunen um die Landärzte. Denn auch die jungen Theologen und Theologinnen legen zunehmend Wert auf Teams, in denen sie nicht – wie in vielen ländlichen Gegenden – rund um die Uhr allein im Einsatz sind.

Konkret bedeutet das: Dem Pfarrer oder der Pfarrerin begegnet man als Dorfbewohner nicht mehr „einfach so", etwa beim Einkaufen, auf der Straße oder beim Schützenfest. Denn wenn er oder sie z. B. für 15 Dörfer mit ebenso vielen Kirchgebäuden zuständig ist, wenn sich die Gemeindeglieder auf einen ganzen Landkreis verteilen, ist der bzw. die Geistliche mehr im Auto unterwegs als vor Ort. Der Kontakt zu den einzelnen Gemeindegliedern und zu den BewohnerInnen des Pfarrbezirks insgesamt muss daher neu organisiert werden. Ein gutes Beispiel dafür, wie das möglich ist, ist die Arbeit von Ulrich KASPARICK in Hetzdorf im Kirchenkreis Uckermark (Evangelischen Kirche Berlin-Brandenburg-schlesische Oberlausitz), der dort bis Ende 2017 seine Gemeindearbeit vorwiegend internetbasiert aufgebaut hat (vgl. EVANGELISCHE KIRCHE IM UCKERLAND .o. J.).

Vielfach wird eine Kirchengemeinde bisher vor allem vom Pfarramt aus gedacht und gelebt. Kirche ist aber nicht gleichzusetzen mit dem bzw. der Ordinierten. Die *Confessio Augustana* Art. VII bekennt dazu grundlegend die „eine heilige, christliche Kirche [...], die die Versammlung aller Gläubigen ist, bei denen das Evangelium rein gepredigt und die heiligen Sakramente laut dem Evangelium gereicht werden." Evangelische Kirche ist von ihrer Verfassung her und ganz konkret vor Ort ein Zusammenspiel von Haupt- und Ehrenamtlichen, die gemeinsam für die Gemeindemitglieder und das kirchliche Leben verantwortlich sind. Sowohl ihre Organisationsform als auch das gemeindliche Leben sind dem Wandel der Zeiten unterworfen. Was banal klingt, kann vor Ort intensive Debatten auslösen und weitreichende Veränderungen hervorrufen.

Das Beispiel Gottesdienst

Jeden Sonntag wird in Gemeinde A Gottesdienst um 10.00 Uhr nach der klassischen Agende[1] gefeiert: Pastor, Organistin, Küster, Kirchenvorsteher, zwei alte Damen und drei Konfirmanden sind anwesend. Danach setzt sich der Pastor ins Auto, um in Gemeinde B, das 3 km entfernt liegt, um 11.00 Uhr eine ähnliche Erfahrung zu machen. Solch ein Gottesdiensterlebnis, das Hannes LEITLEIN, Chefredakteur bei „Christ und Welt" und studierter Theologe, in Berlin-Schöneberg (einer Großstadt!) machte, führte dazu, dass LEITLEIN beim Generalkonvent des Sprengels Hannover 2018 zu einem Wettbewerb um die beste Beerdigung eines zu Tode gerittenen Pferdes aufrief, frei nach dem Motto „Ihr bei der Kirche seid doch Profis in Sachen Beerdigung, und der erste Preis soll an den gehen, der den Sonntagmorgen-Gottesdienst stilvoll zu Grabe trägt". Denn auch in der Hannoverschen Landeskirche mit ihren 1 262 Kirchengemeinden und 1 659 Kirchen bzw. Kapellen (EVANGELISCH-LUTHERISCHE LANDESKIRCHE HANNOVERS o. J.) gibt es in den vielen ländlichen Gemeinden mit mehreren Predigtstätten ähnliches zu erleben.

Vielleicht ist so eine Provokation, die an den Grundfesten evangelischen Gemeindeverständnisses, nämlich dem Gottesdienst als Fokus der Gemeinde, rüttelt, nötig, damit Veränderungen möglich werden. Diese müssen gar nicht so spektakulär sein. Eine mögliches Lösung für das Angebot an Gottesdiensten könnte dann z. B. so aussehen: Verlässlich alle vier Wochen findet in Dorf A ein durch einen Geistlichen verantworteter Gottesdienst statt, einmal in agendarischer (also gemäß der gültigen Gottesdienstordnung), einmal in freier Form. An den anderen Sonntagen ist die Kirche geöffnet, und eine Person aus dem Dorf fühlt sich dafür verantwortlich, dass eine kleine Andacht gefeiert wird. Zeitlich versetzt findet ein ähnliches Programm in Dorf B statt, und einmal im Monat gibt es für beide Gemeinden einen gemeinsamen Gottesdienst.

Derartige organisatorische Anpassungen werden in den Landeskirchen nicht nur diskutiert, sondern bereits praktiziert. Zum Beispiel finden sich auf der Webseite der EVANGELISCH-LUTHERISCHE LANDESKIRCHE HANNOVERS mit dem Titel „einfach.Gottesdienst.feiern" Material und Anregungen für kleine Andachtsformen, die vom Sprengel Hildesheim-Göttingen entwickelt worden sind. Andere kirchliche Aufbrüche – mit neuen Formen des Gottesdienstes, zu anderen Zeiten, an ungewöhnlichen Orten – gibt es bundesweit in vielen Kirchengemeinden, auch in sehr ländlichen Regionen (vgl. KIRCHENAMT DER EKD Hrsg. 2016).

Das Beispiel strukturelle Reformen

Veränderte Formate und Rhythmen im Gottesdienst sind eine Möglichkeit für die Kirche, auch mit weniger Hauptamtlichen in der Fläche präsent zu bleiben. Denn weiße Flecken, Regionen, in denen Kirche nicht mehr vorkommt, versucht die Landeskirche – wenn es irgend geht – zu vermeiden. Je nach Region, nach Dorf, aber auch nach Frömmigkeitstradition wird die Präsenz der Kirche in den ländlichen Räumen in Zukunft sehr unterschiedlich aussehen.

Ein Beispiel dafür, was alles möglich ist, zeigt der Kirchenkreis Lüchow-Dannenberg. Auf Grundlage eines auf sechs Jahre von 2017 bis 2022 angelegten Erprobungsgesetzes werden die einzelnen Pfarrstellen zugunsten eines Kirchenkreispfarramtes aufgehoben. Die Landeskirche ist nur noch für den großen rechtlichen Rahmen verantwortlich, die Einzelheiten legt der Kirchenkreis fest, der auch die Finanzhoheit hat[2].

Bei der Planung und Durchführung dieser Erprobung gilt ein weitreichendes Konsensprinzip. Es gibt nur noch ein Pfarramt mit 16 PastorInnen. Dazu kommt der Propst (das geistliche Oberhaupt des Kirchenkreises, je nach Region auch Superintendent, Dekan, Kreispfarrer genannt). Den Pfarrstellen sind feste Pfarrbezirke zugeordnet. Zusätzlich übernimmt jeder Pastor bzw. jede Pastorin aber einen aufgabenorientierten Dienst in einem anderen Pfarrbezirk, in der regionalen Zusammenarbeit oder im Kirchenkreis. Ein Arbeiten über den eigenen Bereich hinaus ist somit bereits strukturell angelegt. Die Ziele dieser Strukturreform sind es, stabile und attraktive Pfarrstellen im ländlichen Raum zu erhalten, für die Gemeindeglieder verlässliche Pfarrbezirke zu definieren und unter den Hauptamtlichen die

Zusammenarbeit zu fördern. Wie gut das funktioniert und wie sehr das an den gerade agierenden Personen hängt, wird sich noch zeigen müssen.

Zukunftsvisionen?

In einer großen Konferenz der Pfarrerinnen und Pfarrer der Evangelisch-Lutherischen Landeskirche Hannovers 2018 in Hildesheim wurden die wichtigsten Themen für die kommenden Jahre herausgearbeitet, mit denen sich Kirche auseinandersetzen muss, wenn sie für zukünftige Theologinnen und Theologen, aber vor allem für die Menschen vor Ort attraktiv sein will. Demnach sind Fragen nach den notwendigen Strukturen zu klären, ein definiertes Berufsbild aller bei der Kirche Arbeitenden zu entwickeln. Unter den Nägeln brennt die Frage, wie mit immer weniger hauptamtlichem Personal eine so große Flächenkirche erhalten werden kann, und in dem Zusammenhang auch die Frage, wie die Professionalisierung in bestimmen Bereichen (Gebäudemanagement, Finanzen) aussehen soll. Wie kann Kirche als ein Teil des Gemeinwesens agieren, wie kommt sie heraus aus den Kirchen und in die Öffentlichkeit? Landesbischof Ralf MEISTER (2017) bewertete die Herausforderungen positiv: „Kirche in ländlichen Räumen ist kein Problem, sondern die riesige Chance, innovativ und befreit von alten Konzepten Freiräume der Gestaltung zu eröffnen."

Letztlich gilt ein doppelter Satz für die Kirche in ländlichen Räumen:
Die Kirche bleibt im Dorf, wenn das Dorf in der Kirche bleibt.
Das Dorf bleibt in der Kirche, wenn die Kirche im Dorf bleibt.
(Stephan WICHERT-VON HOLTEN, Propst in Lüchow-Dannenberg)

Anmerkungen

[1] Unter Agende wird die gültige Gottesdienstordnung bzw. das Buch, in dem diese aufgezeichnet ist, verstanden.

[2] Zur Erläuterung: In der Hannoverschen Landeskirche richtet sich die Zuweisung der Finanzmittel an den Kirchenkreis zu 70 % nach der Anzahl der Kirchenmitglieder und zu 20 % nach der Zahl der Kirchen- und

Kapellengemeinden. Bei den restlichen 10 % werden besondere regionale Lebensverhältnisse berücksichtigt.

Literatur

EVANGELISCHE KIRCHE IM UCKERLAND (o. J.): Wer die Stille sucht, ist bei uns richtig
https://www.kirche-im-uckerland.de/ (28.12.2018)

EVANGELISCH-LUTHERISCHE LANDESKIRCHE HANNOVERS (o. J.): Die Landeskirche in Zahlen. Kleine Statistik
https://www.landeskirche-hannovers.de/evlka-de/wir-ueber-uns/portraet/zahlen (19.04.2019)

EVANGELISCH-LUTHERISCHE LANDESKIRCHE HANNOVERS, SPRENGEL HILDESHEIM-GÖTTINGEN (o. J.): einfach.Gottesdienst.feiern
https://www.landeskirche-hannovers.de/evlka-de/wir-ueber-uns/sprengel-kirchenkreise/sprengel-hildesheim-goettingen/projekte-subhome/einfach-gottesdienst-feiern (28.12.2018)

FOWID (FORSCHUNGSGRUPPE WELTANSCHAUUNGEN IN DEUTSCHLAND) (2017): Religionszugehörigkeiten in Deutschland 2016
https://fowid.de/meldung/religionszugehoerigkeiten-deutschland-2016 (28.12.2018)

KIRCHENAMT DER EKD Hrsg. (2016): Freiraum und Innovationsdruck. Der Beitrag ländlicher Kirchenentwicklung in „peripheren Räumen" zur Zukunft der evangelischen Kirche. (= Kirche im Aufbruch 12). Leipzig: Evangelische Verlagsanstalt

MEISTER, Ralf (2017): Frei vom Diktat der Zahlen. Kirche 2030: Zwischen neuen gemeindlichen Formen und alten kirchlichen Strukturen. In: Zeitzeichen. Evangelische Kommentare zu Religion und Gesellschaft (7/2017) Themenschwerpunkt „Auf dem Land. Zwischen Resignation und Aufbruch"
https://zeitzeichen.net/archiv/2017_Juli_kirche-auf-dem-dorf (30.07.2019)

Ulrich, Bernd (2016): Eine Kirche für das Volk. Bischof Wolfgang Huber über offene Gemeinden, die Reform der Evangelischen Kirche in Deutschland und die Frage, wie nah ein Kirchenmann der Pornografie kommen darf. In: DIE ZEIT (45/2006)
https://www.zeit.de/2006/45/_Eine_Kirche_fuer_das_Volk_/komplettansicht (22.12.2018)

Kai Feller [Steffenshagen-Retschow]

Alltag eines Pfarrers auf dem Land. Erfahrungen eines Pfarrers aus der Evangelisch-Lutherischen Kirche in Norddeutschland

Kurzfassung

Dieser Beitrag ist biografisch geprägt und bringt die subjektive Sicht eines Pastors auf die gegenwärtigen Veränderungen kirchlicher Strukturen im ländlichen Kontext von Mecklenburg zur Sprache. Der Autor hinterfragt den kirchenpolitischen Versuch, demographische Verluste mit einem erhöhten Personalschlüssel aufzufangen, und interpretiert diese Vorgehensweise als Ausdruck „einer quasi-feudalen Mentalität, die sich mehr an der Größe von räumlichen Einheiten als an der Anzahl von Menschen orientiert." Einem solchen „Paradigma der flächendeckenden Betreuung" setzt er die ihn prägende Erfahrung entgegen, dass die Evangelische Kirche für ihn einstand, als er ihr noch nicht angehörte; diese Erfahrung erzeugte im Autor ein Verständnis von Kirche als einer Institution, die zwar von ihren Mitgliedern getragen wird, aber selbstverständlich für alle da ist. Eine Kirche, die dort präsent ist, wo die Menschen sind, und nicht dort, wo auf der Landkarte die größten Flächen sind, wird auch eine neue Relevanz für die Gesellschaft gewinnen.

Vorwort

„Alltag eines Pfarrers auf dem Land" – das mir gestellte Thema klingt in meinen Ohren eher lyrisch, vielleicht auch ein bisschen hausbacken. Ich habe deshalb vorgeschlagen, es etwas spezifischer zu formulieren, etwa: „Kirche auf dem Land – wo bleibt sie? Am Beispiel der Pfarrgemeindehaus- und Stellenplanung im Kirchenkreis." Dennoch soll dabei hier meine Erfahrung, also die subjektive Wahrnehmung von jemandem, der zugleich Betroffener und Akteur ist, im Fokus stehen. Diese will ich in drei Schritten einbringen.

In einem ersten Schritt möchte ich Sie mit meinen Fragezeichen konfrontieren. Denn zur Konfrontation fordert der derzeit stattfindende demographische Wandel ja geradezu heraus. Dann möchte ich in einem zweiten Schritt in die Retrospektive gehen. Denn Betroffenheit ist ja immer auch durch biografische Erfahrungen geprägt. In einem dritten Schritt möchte ich Sie zu mir in die Ostseekirche einladen, dort bekommen Sie exemplarisch ein paar Impressionen aus meinem Alltag.

Erster Schritt:
Meine Fragezeichen zum strukturellen Wandel

Ich erlebe gerade große Veränderungen in der Welt und natürlich auch in der Kirche. Ich möchte diese Veränderungen nicht ertragen, sondern viel lieber mit anderen gemeinsam gestalten. Und ich glaube, dass mit jedem Verlust immer auch ein Gewinn verbunden sein kann.

Als Regionalpastor von Bad Doberan im Landkreis Rostock trage ich Mitverantwortung dafür, dass Veränderung im Kleinen gelingt. In meiner Heimatgemeinde Steffenshagen-Retschow haben wir schon vor Jahren gute Erfahrungen damit gemacht: Ohne Druck von außen haben sich die beiden Kirchengemeinden bereits 2005 vereinigt. Die Pfarrhäuser haben wir veräußert und den Erlös 2008 in die Kirchen gesteckt. Für die Integration des Gemeindezentrums in die Kirche Steffenshagen erhielten wir von der Stiftung KiBa (Stiftung zur Bewahrung kirchlicher Baudenkmäler in Deutschland) bundesweit den Ersten Preis für Nutzungserweiterung. Entscheidend dafür war die Eigeninitiative der Betroffenen.

Die Herausforderungen, die der demographische Wandel für die Kirchen mit sich bringt, sind von der Nordkirche und ihren Kirchenkreisen erkannt worden. Dabei sind es in meiner Wahrnehmung eher die kirchenleitenden Ebenen, von denen Initiativen ausgehen, den Wandel tatsächlich zu gestalten. An der Basis jedoch, und ich sehe das auch bei mir selbst, überwiegen die Beharrungskräfte (Physiker sprechen von „Trägheit"). Gerade in meinem Kirchenkreis erlebe ich nicht selten ein Denken in „oben" und „unten": „Die da oben" sehen „uns unten" gar nicht; die sehen nur sich und ihre Vorgaben; die wollen uns die Pastorenstelle oder das Gemeindehaus wegnehmen. Ich glaube, ein solches Denken beruht auf zwei Annahmen:

1) Die Maßnahmen, die von der Kirchenleitung ergriffen werden, werden nicht als Antwort auf, sondern als Ursache für die Strukturschwachheit angesehen. Manche würden vielleicht formulieren: „Die sparen uns kaputt."
2) Nicht die Gemeinde vor Ort ist verantwortlich für den Unterhalt ihrer Gebäude und die Finanzierung ihrer Schulden, sondern „natürlich" der Kirchenkreis.

Im Grunde steht dahinter eine Idee, die mir ebenso sympathisch wie gefährlich erscheint: Die Veränderungen, die wir gerade erleben, sind nicht notwendig, sondern von Menschen gemacht. Das bedeutet im Umkehrschluss: Als Menschen können wir uns ihnen auch verweigern. Die Welt bräuchte sich nicht zu verändern, wenn wir es nicht wollten. Wir könnten auch alles beim Alten belassen. Denn bisher ging es ja auch. Und Geld war ja auch immer da.

Übrigens sind Sparzwänge oder knapper werdende Mittel zumindest in meinem Kirchenkreis noch kein gravierendes Thema. In der Strukturdebatte geht es bisher nicht um die Frage „Wo können wir etwas einsparen?", sondern „Wie können wir das Geld so einsetzen, dass wir unserer Verantwortung den Menschen gegenüber *langfristig* gerecht werden?" Und da, würde ich sagen, können wir noch besser werden. Denn bezogen auf seine Mitgliederzahl, hat der Kirchenkreis Mecklenburg das Zehnfache an Baulasten im Vergleich zur Nordkirche. Und dass ich als Dorfpastor mit 700 Kirchenmitgliedern Anspruch auf eine volle Stelle habe, kann nur funktionieren, weil KollegInnen in Hamburg mit 2 000 Mitgliedern das durch ihre Arbeit mitfinanzieren. Gerecht finde ich das nicht, schon gar nicht erscheint es mir effizient.

Selbst innerhalb des Kirchenkreises wird der Personalschlüssel zugunsten nahezu unbesiedelter Gebiete noch einmal gespreizt: Bei unter 50 Einwohnern pro Quadratkilometer – und das gibt es im Nordosten Deutschlands! – gibt es 50 % mehr Personal als in den Städten. Ich brauche dann nur 500 statt 750 Kirchenmitglieder für eine Stelle. Etwas provokativ könnte ich fragen: Machen mir die 500 Dorfbewohner mehr Arbeit als 750 Städter? Zumal in der Stadt zu den 750 noch bis zu 15 000 Einwohner ohne Kirchenzugehörigkeit hinzukommen (bei einer Kirchenmitgliedschaft von 5 % in den Plattenbaugebieten), während es (bei einer Kirchenmitgliedschaft von 20 % im ländlichen Raum) gerade mal 2 500 sind, die ich als Dorfpastor zusätzlich im Blick haben müsste. Warum diese Ungleichbehandlung von Stadt und Land?

Das Hauptargument ist die schiere Größe der Fläche und die damit verbundene Länge der Wege. Der Anspruch einer flächendeckenden Versorgung ohne Abstriche auf höchstem Niveau erscheint in Mecklenburg als geradezu unantastbar. Vielleicht ist es das Erbe der Gutsherrschaft und damit einer quasi-feudalen Mentalität, die sich mehr an der Größe von Territorien als an der Anzahl von Menschen orientiert.

Zumindest auf zwei ideologische Fallen möchte ich aufmerksam machen:

- Die erste lautet: „Die Kirche muss möglichst nah am Menschen sein." Richtig. Nun ziehen die Menschen aber in die Städte. Und wir ziehen Personal aus den Städten ab und gehen dorthin, wo die Menschen wegziehen. Warum? Weil uns die tendenziell älteren Dorfbewohner mit ihrem traditionellen Kirchenverständnis weniger Mühe machen?
- Die andere ideologische Falle heißt „Solidarität". Auf den ersten Blick stärken wir kleinste Dorfgemeinden, wenn wir ihnen sagen, ihr braucht nur 500 Mitglieder zum Überleben. Tatsächlich erweisen wir ihnen damit aber einen Bärendienst. Denn mein Kollege in so einer Kleinstgemeinde findet unter den 500 überwiegend älteren und bildungsferneren Menschen ja kaum genügend kompetente MitstreiterInnen für die Gemeindeleitung, Kirchenmusik, Arbeit mit Kindern, Bauaufgaben und so weiter. Und das kann frustrieren. Ich habe solche Gemeinden besucht.

Nicht die Wege halte ich für das Problem – wir leben im digitalen Zeitalter und ein Bischof hat auch lange Wege in einem größeren Gebiet zurückzulegen. Nicht die Wege, aber schon die vielen Baulasten und Friedhöfe können einem Pastor in einem dünn besiedelten Gebiet zu schaffen machen: Kirchen, die „bespielt werden", obwohl fast keiner hingeht. Friedhöfe, die so klein sind, dass sie sich nicht selbst tragen. Und ständig droht irgendein Ast oder ein Dachziegel herunter zu stürzen, und ich frage mich dann: „Dazu hast du Theologie studiert?"

Zweiter Schritt:
Retrospektive – Ost Berlin vor 30 Jahren

„Kirche im Dorf" – das Grundthema unserer Tagung ist mir im Grunde fremd. Ich war 19, als ich mich taufen ließ, und die ersten 30 Jahre meines Lebens – das ist auch jetzt immer noch mehr als die Hälfte! – habe ich in Berlin verbracht. Hatte also weder mit Kirche noch mit Dorf zu tun. Ich erinnere mich an einen Aufsatz, den wir in der Schule schreiben sollten: „So stelle ich mir das Leben in 30 Jahren vor" – anders formuliert also das Leben in den 2000er Jahren. Da schrieb eine Klassenkameradin einen Satz, der mir damals so nah ging, dass ich ihn bis heute nicht vergessen habe und jetzt wohl auch nicht mehr vergessen werde: „Und an der Ecke, wo früher noch die Kirche stand, steht jetzt ein Hochhaus." Ein kalter Schauer lief mir über den Rücken. Ich mochte die Kirche. Sie lag an meinem Schulweg. Ihre Glocken sagten mir abends, dass es Zeit war nach Hause zu gehen. Diese Kirche war Teil meiner Kindheit, auch wenn ich sie nie besucht habe. Das Bild, das meine Mitschülerin von der Zukunft hatte, blieb zumindest für den Bezirk Pankow, wo wir aufgewachsen waren, Fiktion.

Als Jugendlicher habe ich Ost-Berliner Kirchen gezielt aufgesucht, allerdings nicht zum Gebet: sondern mal war es für ein Punk-Konzert in der Sophienkirche, ein andermal für eine Mahnwache für inhaftierte Regimekritiker in der Zionskirche. 1988, als ich selbst zu einem der politisch verfolgten Schüler wurde, veranstalteten die Evangelischen Kirchen in der DDR einen Aktionstag für uns. Allein in die Lichtenberger Erlöserkirche strömten weit über 1 000 Menschen – das war immer noch ein Jahr vor dem Zusammenbruch der DDR.

Nie vergessen werde ich den Polizeikessel um die Gethsemanekirche ein Jahr später. Es war der 7. Oktober 1989, der 40. Jahrestag der DDR-Staatsgründung, Michail Gorbatschow hatte Ost Berlin gerade mit mahnenden Worten verlassen, als die Polizei gnadenlos auf Menschen einprügelte, die nichts als brennende Kerzen in ihren Händen hielten. So habe ich die Kirche kennengelernt, als Raum der Geborgenheit und der Freiheit für Menschen, die miteinander nachdenken, diskutieren, mitunter auch streiten, dann aber auch wieder gemeinsam singen, beten, Kerzen anzünden.

Für mich war das attraktiv. Umso glücklicher war ich, als ich zu einer Aufnahmeprüfung an das Kirchliche Oberseminar in Potsdam Hermannswerder – einem evangelischen Gymnasium, das nicht so heißen durfte – eingeladen wurde. Es war vor allem die weltoffene, tolerante Seite des Christentums, die mich ansprach, eine für mich neue Kultur des Umgangs und der Auseinandersetzung. Und ich habe tatsächlich Solidarität erlebt: Obwohl ich selbst nicht dazugehörte, sahen Christen meine Not und standen für mich ein. Und zwar ohne zu erwarten, dass ich einer von ihnen werden würde.

Dritter Schritt:
Impressionen aus meiner Gemeinde (ostseekirche.de)

Mit meiner Geschichte war mir die politische Dimension des Religiösen von Anfang an vertraut. Und ich weiß, wie es ist, nicht dazu zu gehören. Vielleicht habe ich als Geistlicher auch deshalb einen besonderen Zugang zu Menschen ohne Religion oder solchen, die ihre Religion selbst gewählt haben. Selbstverständlich gehe ich als Seelsorger im Flüchtlingsheim ein und aus, und das nicht erst seit die Themen Flucht und Migration in der Öffentlichkeit strapaziert werden. Daraus entwickelte sich ein Dialog, der zu interkulturellen Festen mit der Bevölkerung, zur Teilnahme von Muslimen am Konfirmandenunterricht und zu einem interreligiösen Filmprojekt führte, dessen Hauptdarstellerin mit einem Stipendium der Hertie-Stiftung für hervorragende Integration ausgezeichnet wurde. Es entstanden Kontakte zur Schura Hamburg (Rat der islamischen Gemeinden in Hamburg e. V.), die bis heute gepflegt werden: Für jeden Konfirmandenjahrgang organisiere ich eine mehrtägige Begegnung mit in Hamburg lebenden Muslimen, einschließlich Teilnahme am Freitagsgebet in der Imam Ali Moschee, den Besuch einer Koranschule in St. Georg und einem Treffen mit dem Dialogbeauftragten, der seinerseits mit einer Delegation an der Einweihung unseres Gemeindezentrums teilnahm. Außerdem laden wir uns gegenseitig zu Vortrags- und Diskussionsabenden über unsere jeweilige Religion ein. Verfolgten bieten wir, soweit es uns möglich ist, Schutz in unserer Kirche und tun, was wir können, damit die Betroffenen ein faires Verfahren bekommen. Die Auseinandersetzung mit der eigenen Geschichte führen wir in Friedensgebeten, Gedenkgottesdiensten und Zeitzeugencafés. Gemeinsam mit Schülern der Rostocker Nordlichtschule trugen unsere Konfirmanden zur Aufarbeitung eines Kriegsverbrechens bei: Namen und Geschichte von drei Besatzungsmitgliedern eines Bombers, die 1944 in Steffenshagen ermordet wurden, haben wir rekonstruiert und ihnen vor der Kirche ein Denkmal gesetzt, das in einem Gottesdienst mit der Schule und Vertretern der US-Regierung eingeweiht wurde.

Zum regelmäßigen Programm des Konfirmandenunterrichts gehört ein mehrtägiger Aufenthalt in Berlin mit Besuch des Parlaments und – wenn möglich – auch eines Parlamentariers, der Mauergedenkstätte Bernauer Straße mit der Versöhnungskapelle und eines Schabbat-Gottesdienstes in der Synagoge Rykestraße.

Und was mir besonders am Herzen liegt: Jeder Mensch findet in unserer Gemeinde ein Gesprächsangebot in Glaubensfragen vor. Die alte, im Osten Deutschlands durch zwei Diktaturen bedingte Trennung von „drinnen" und „draußen", Kirche und Welt, Religion und Gesellschaft hat nun endlich die Chance überwunden zu werden. Und jedem erneuten Versuch, Religion zur „reinen Privatsache" zu erklären und damit faktisch aus dem öffentlichen Bewusstsein zu verbannen, kann ich mich nur entgegenstellen. Denn hier wird, nicht selten im Namen der Toleranz, genau das Gegenteil dessen praktiziert.

Dabei gerät mein Anspruch, Seelsorger für alle zu sein, mitunter in eine Spannung zu meinen eigenen Befindlichkeiten: Drei Tage vor Weihnachten bekam ich einen anonymen dienstlichen Anruf. So etwas war mir noch nie passiert. Die Anruferin fragte, ob in unserer Kirche „ein Ausländer wohne". Sie wollte Heilig Abend gern in die Kirche kommen, aber nun hätte sie Angst. Da sie nicht bereit war, ihren Namen zu nennen, bekam sie von mir keine Auskunft. Stattdessen schrieb ich an die Adresse ihres Telefonanschlusses einen Brief. Darin äußerte ich meine Irritation über die Art des Umgangs mit mir und kündigte meinen Besuch für den 23.12. um 15.30 Uhr an. Ich hatte nicht damit gerechnet, dass mir die Tür geöffnet würde. Aber man erwartete mich schon. Der Tisch war gedeckt und die ganze Familie anwesend. Eine Stunde haben wir miteinander geredet. „Der Mann in der Kirche ist vor den Leuten geflohen, vor denen Sie Angst haben." Am Ende fand die Schwiegertochter es gut, dass wir ihn aufgenommen haben, ihr Mann war gefühlsmäßig weiterhin ablehnend, die Mutter entschuldigte sich für den anonymen Anruf und kündigte an, Weihnachten nicht in die Kirche zu kommen, aber wegen ihrer Angstzustände einen Arzt aufzusuchen.

Welche Schlüsse darf ich aus dieser Begegnung ziehen? Als Seelsorger konnte ich hier vielleicht einen kleinen Beitrag zu einer großen Aufgabe der Kirchen leisten: nämlich einen möglichst breit angelegten Diskurs zu etablieren und zu moderieren, auch mit solchen Strömungen, die ich nicht mag. Dabei kann ich meine eigenen Positionen durchaus einbringen, ohne sie zu verabsolutieren. Dogmatismus und Ideologie halte ich nicht für geeignet, um andere mit an den Tisch zu holen. Aber wir brauchen eben auch die anderen, wenn wir den Zusammenhalt dieser Gesellschaft erhalten wollen. Ignorieren oder verteufeln – beides würde die Radikalen nur stärken. Argumenten sind sie dagegen weniger gewachsen. Das macht Mühe, aber es lohnt sich.

Für Außenstehende ist es manchmal nicht klar, wofür die Evangelische Kirche steht. Aber das hängt damit zusammen, dass wir eben keine politische Partei sind und schon gar nicht mit einer Stimme sprechen. Und darin sehe ich eine Stärke. Ich bin auch Seelsorger derer, denen ich politisch niemals folgen würde.

Und ich bin lernfähig. Als Anfang des Jahres Glyphosat in aller Munde war und ich mit der Forderung nach einem Verbot auf unseren Gemeindeäckern konfrontiert wurde, habe ich die Beteiligten und Experten verschiedener Couleur zu einem Abendessen eingeladen. In der Kirche von Steffenshagen habe ich sie alle bekocht und miteinander ins Gespräch gebracht: Bio- und konventionelle Landwirte, Umwelt- und Agrarwissenschaftler. In die Einladung hatte ich geschrieben, es ginge mir darum, von den Sorgen der jeweils anderen zu erfahren, und gegenseitiges Verständnis zu fördern. Ich persönlich hätte ein zwar Glyphosat-Verbot befürwortet. Aber an diesem Abend habe ich erst mal verstanden, in welcher Lage sich unsere Landwirte befinden und an welchen Fronten sie ums Überleben ihrer Familienbetriebe kämpfen. Das hat mich nachdenklich gemacht.

„Alltag eines Pfarrers auf dem Land" – einen kleinen Ausschnitt daraus habe ich Ihnen gezeigt, exemplarisch und dabei höchst subjektiv. Aber so oder so ähnlich sieht er für mich aus.

Bernd Steinhäuser [Schwerin]

Die Verwaltung kirchlicher Flächen in der Evangelisch-Lutherischen Kirche in Norddeutschland

Kurzfassung

Dieser Beitrag gibt zunächst eine kurzen Abriss über die Entstehung und Funktion von Kirchenland in Vergangenheit und Gegenwart und geht dann am Beispiel der Evangelisch-Lutherischen Kirche in Norddeutschland der Frage nach, wie protestantische Kirchen heute in der Praxis mit ihrer Flächen- und Objektverantwortung umgehen.

Einführung

„Die Kirchen und ihr Land" ist ein viel diskutiertes Thema, das meist in Zusammenhang mit den Vermögensverhältnissen der Kirchen angesprochen wird. Dabei wird häufig pauschaliert, und die Kirchen werden im Ergebnis als reich dargestellt. Aber woher kommt das Kirchenland und welche Funktion ist ihm zugedacht? Wie ist die Kirche zu ihrem Land und ihren Gebäuden gekommen?

Kirchenland ist in aller Regel gestiftetes Land. Gestiftet wurde es immer wieder durch Herrschende, wohlhabende Privatpersonen, aber auch Kommunen, verbunden mit einer bestimmten Zweckbestimmung. Die Stiftungen gehen zum Teil bis auf die Christianisierung des Landes zurück und sollten dazu dienen, Kirchen zu bauen und zu unterhalten. Diese Funktion erfüllt das bis heute als Kirchenland im engeren Sinne bezeichnete Grundvermögen. Dieses Kirchenland war dafür vorgesehen, dass aus seinen Erträgen heraus Kirchen gebaut und insbesondere auch erhalten werden konnten. Dieses System hat jahrhundertelang funktioniert und funktioniert auch heute noch in Form der Mitfinanzierung der Bauunterhaltung von Kirchen. Daneben dürfen die Erträge aus Kirchenländereien (im engeren Sinne) heute auch für die Gemeindearbeit eingesetzt werden.

Das so genannte Pfarrland dagegen diente und dient mit seinen Erträgen dazu, den Lebensunterhalt des Priesters und nach der Reformation des Gemeindepastors zu finanzieren. Ursprünglich bedeutete das, dass der Pastor das Pfarrland selbst bewirtschaftete und von dessen Erträgen lebte. In reichen Pfarrstellen, die mit viel Pfarrland ausgestattet waren, konnte es sich der Pastor leisten, das Land an einen Pfarrpächter zu verpachten und von den Pachteinnahmen zu leben. Auch wenn sich die Dinge im Laufe der Jahrhunderte verändert haben, ist es auch heute noch so, dass die Einnahmen aus dem Pfarrland dazu dienen, die Pfarrbesoldung sicherzustellen. Nach Einführung der Pfarrbesoldung, die in den meisten Landeskirchen nach dem Ersten Weltkrieg begann, wurde das Pfarrland verpachtet. Die Erlöse wurden und werden in einen Pfarrbesoldungsfonds abgeführt, der dazu dient, die Besoldung der Geistlichen sicherzustellen. Die Zweckbestimmung des Pfarrlandes ist also im Prinzip bis auf den heutigen Tag gleich geblieben.

Das kirchliche Grundvermögen spiegelt auch heute noch die historische Eigentümerstruktur wider, und zwar in dem Sinne, dass sich ungefähr 95 % der kirchlichen Liegenschaften im Eigentum der örtlichen Kirchengemeinden befinden. Die Kirchengemeinden – und in Mecklenburg die örtlichen Kirchen – sind jeweils Körperschaften des öffentlichen Rechts und ordnen und verwalten ihre Angelegenheiten im Rahmen des geltenden Rechts in eigener Verantwortung (vgl. Artikel 20 der Nordkirchenverfassung). Sie sind also im staatlichen Recht vergleichbar mit den Kommunen. Das bedeutet, dass jede Kirchengemeinde die Entscheidung darüber treffen kann, an wen und zu welchem Preis sie die ihr gehörenden kirchlichen Liegenschaften verpachtet.

Die Nordkirche

Die evangelischen Landeskirchen gibt es seit der Reformation. Das Kirchengebiet einiger Landeskirchen deckt sich auch heute noch mit den Herrschaftsgebieten der deutschen Fürsten zur Zeit des Wiener Kongresses. Die Nordkirche (genauer die „Evangelisch-Lutherische Kirche in Norddeutschland") entstand allerdings erst im Jahr 2012 durch die Fusion von drei bis zu diesem Zeitpunkt selbstständigen Landeskirchen, und zwar der ehemaligen Pommerschen Evangelischen Kirche (bestehend aus dem nach dem

Zweiten Weltkrieg in Deutschland verbliebenen Restgebiet der ehemaligen preußischen Provinz Pommern), der Mecklenburgischen Landeskirche (bestehend aus den ehemaligen Herzogtümern Mecklenburg-Schwerin und Mecklenburg-Strelitz) und der Nordelbischen Evangelischen Kirche, die selbst im Jahre 1970 durch die Fusion von Gebieten aus fünf selbstständigen auf dem Gebiet Schleswig-Holsteins und Hamburgs bestehenden Landeskirchen gebildet worden war. Die Nordkirche erstreckt sich entlang der Ostsee von der deutsch-dänischen Grenze im Nordwesten bis hin zur deutsch-polnischen Grenze im Südosten und umfasst vollständig das Gebiet von Schleswig Holstein, Hamburg und Mecklenburg-Vorpommern sowie kleinere Teile von Brandenburg und Niedersachsen und ist damit die einzige Landeskirche, die Teile der Alten und Neuen Bundesländer einschließt. Im Kirchengebiet leben knapp 2 Mio. evangelische Gemeindeglieder, schwerpunktmäßig in Schleswig-Holstein und Hamburg.

Auf dem Gebiet der Nordkirche gibt es knapp 1 000 Kirchengemeinden, die Eigentümer von rund 65 000 ha verpachtbarer landwirtschaftlicher Fläche sind. Davon entfallen ca. 50 000 ha allein auf das Bundesland Mecklenburg-Vorpommern. Daneben gibt es noch ca. 2 000 ha Kirchenwald, der sich ebenfalls schwerpunktmäßig im Bundesland Mecklenburg-Vorpommern befindet und durch eine Kirchliche Forstbetriebsgemeinschaft eigenbewirtschaftet wird.

Die Nordkirche verfügt über einen dreigliedrigen Aufbau.

1) Auf der unteren Ebene gibt es die Kirchengemeinden als kirchliche Selbstverwaltungskörperschaften.
2) Diese werden beaufsichtigt durch 13 Kirchenkreise, die ihrerseits Körperschaften des öffentlichen Rechts sind und jeweils über Kirchenkreisverwaltungen verfügen; sie sind im Liegenschaftsbereich mit Fachpersonal ausgestattet, zu dessen Aufgaben es gehört, die Kirchengemeinden bei der Verwaltung ihrer Liegenschaften zu unterstützen und beraten.
3) Die dritte bildet die landeskirchliche Ebene, die ebenfalls Körperschaft des öffentlichen Rechts ist und auf der das Kirchenparlament, die Landessynode als kirchlicher Gesetzgeber, die Kirchenleitung als Leitungsorgan (gleichzeitig Verordnungsgeber) sowie der Lan-

desbischof und die Bischöfe im Sprengel angesiedelt sind. Oberste Verwaltungsbehörde ist das Landeskirchenamt.

Die Landessynode als kirchlicher Gesetzgeber und die Kirchenleitung als Verordnungsgeber sind befugt, auch auf dem Gebiet der Verwaltung des kirchlichen Grundeigentums Rechtsvorschriften zu erlassen, die jedoch das Selbstbestimmungsrecht der Kirchengemeinden nicht aushebeln dürfen.

Rechtsquellen für die Verwaltung des Kirchlichen Grundeigentums

Aus Artikel 20 der Verfassung der Nordkirche ergibt sich das bereits erwähnte Selbstbestimmungsrecht der Kirchengemeinde und, im Rahmen dessen, das Recht, ihre Angelegenheiten im Rahmen des geltenden Rechts in eigener Verantwortung zu ordnen und zu verwalten.

Leitungsorgan ist, gemäß Artikel 24 der Verfassung, der Kirchengemeinderat. Der Kirchengemeinderat ist das auf 6 Jahre gewählte Leitungsgremium der Kirchengemeinde. Er entscheidet gemäß Artikel 25 Absatz 1 im Rahmen des geltenden Rechts über die Angelegenheiten der Kirchengemeinde. Dies schließt z. B. die Vermögensverwaltung gemäß § 25 Absatz 3 Ziffer 10 ein. Artikel 26 Absatz 1 Ziffer 6 schließlich bestimmt, dass Beschlüsse des Kirchengemeinderates über die Verpachtung von Grundeigentum der Genehmigung des Kirchenkreises bedürfen. Der Kirchenkreis hat die Rechtsaufsicht über die Kirchengemeinden und prüft die Rechtmäßigkeit der gefassten Beschlüsse.

Näher konkretisiert wird die Vermögensverwaltung der Kirchengemeinde durch die Kirchengemeindeordnung. § 62 Kirchengemeindeordnung (KGO) schreibt vor, dass der Kirchengemeinderat für die Verwaltung des Vermögens der Kirchengemeinde verantwortlich ist, er es sorgsam zu bewirtschaften, in seinem Bestand zu erhalten und nach Möglichkeit zu mehren hat. Dabei sind Vermögensteile, die zur Erzielung von Erträgen geeignet sind, im Rahmen ihrer Zweckbestimmung so zu verwalten, dass sie angemessene Erträge erbringen. Das kirchliche Vermögen ist sparsam zu verwalten.

§ 63 Absatz 1 KGO beschreibt noch einmal eindeutig, dass das kirchliche Grundeigentum nach seiner Zweckbestimmung der langfristigen Sicherung kirchlicher Arbeit dient und es grundsätzlich unveräußerlich ist und somit auch nicht zur Deckung laufender Ausgaben verkauft werden darf.

§ 63 KGO gebietet auch, dass, wenn kirchliche Grundstücke tatsächlich veräußert werden müssen (z. B. bei Straßenbaumaßnahmen), sie durch den Erwerb anderen Anlagevermögens, das dauerhaften Ertrag bringt, zu ersetzen sind. Der Regelfall ist die Ersatzlandbeschaffung.

Mit diesen gesetzlichen Vorgaben führt die aktuelle Kirchengemeindeordnung der Nordkirche die althergebrachten Grundsätze der Funktion des Kirchenvermögens fort.

Die Verpachtungspraxis

Nähere Hinweise zum Umgang mit den zuvor vorgestellten Grundvorschriften gibt die Verwaltungsvorschrift zur Bewirtschaftung des kirchlichen Grundvermögens. Bei der Verpachtung kirchlichen Grundeigentums sind wirtschaftliche, ökologische und kirchliche Gesichtspunkte zu beachten. Diese drei Kriterien stehen gleichberechtigt nebeneinander und sollten vom Kirchengemeinderat bei der Verpachtung berücksichtigt werden.

Ein wirtschaftlicher Umgang mit dem Kirchenland bedeutet, dass gemessen an der Marktsituation ein marktgerechter Ertrag erwirtschaftet wird. Das bedeutet aber nicht, dass Höchstpachtpreise erzielt werden sollen, sondern dass zumindest ein sicheres Pachtniveau gewährleistet sein muss.

Neben dem wirtschaftlichen Ziel soll auch das Kriterium Ökologie berücksichtigt werden. Das bedeutet aber keinesfalls, dass – wie häufig von ökologischen Vereinigungen auf der einen Seite gefordert oder von Bauernverbänden auf der anderen Seite unterstellt wird – ausschließlich an ökologische Betriebe verpachtet wird, sondern vielmehr, dass ökologische Gesichtspunkte bei der Beratung der Pachtangelegenheiten im Kirchengemeinderat eine Rolle spielen sollen. Flächen, die bereits auf ökologischen Landbau umgestellt sind, sollen bevorzugt an ökologisch wirtschaftende

Betriebe verpachtet werden, da hier bereits eine entsprechende Investition erfolgt ist.

Die Regelpachtzeit beträgt 12 Jahre, was der Erhaltung der Bodengüte dienen soll. Bei einem solch langen Zeitraum wird zum einen davon ausgegangen, dass der Pächter die Flächen pfleglich behandelt, zum anderen wird ihm aber auch die Sicherheit für Investitionen bis hin zur Aufnahme von Krediten oder dergleichen gegeben.

Schließlich können auch kirchliche Gesichtspunkte eine Rolle spielen. Das bedeutet nicht etwa, dass nur an Kirchenmitglieder verpachtet werden dürfte, obwohl es zulässig wäre, wenn eine Kirchengemeinde durch Beschluss festlegen würde, dies zu tun (Autonomie der Kirchengemeinde). Vielmehr könnte das Kriterium dadurch erfüllt sein, dass ein Pächter Unterstützungsleistungen für die Kirchengemeinde etwa bei der Friedhofspflege anbietet oder in seinem Betrieb Menschen aus der Kirchengemeinde beschäftigt.

Die Absicht zur Verpachtung soll im Regelfall bekannt gegeben werden, damit sich jeder um eine Pachtung bemühen kann (z. B. durch Aushang im Schaukasten, Abkündigung von der Kanzel, Inserat in der Ortspresse, da man gerne regionale Pächter haben möchte). Von einer Bekanntmachung soll nur dann abgewichen werden, wenn der bisherige Pächter die Flächen zur Aufrechterhaltung seines Betriebs benötigt, er sie ordnungsgemäß bewirtschaftet und der ortsübliche Pachtpreis gezahlt wird bzw. eine soziale Härte durch die fehlende Möglichkeit der Weiterpachtung entstünde.

Um Streitigkeiten bei der Vergabe von Pachtland vorzubeugen und das Vergabeverfahren transparent zu gestalten, sollen die kirchlichen Körperschaften vor der Vergabe durch Beschluss die Kriterien festlegen, anhand derer die Vergabe erfolgt. So wird beispielsweise für die Vergleichbarkeit der Pachtangebote die Ausgabe von Pächterfragebogen an die Pachtinteressenten empfohlen, durch die die Kriterien abgefragt werden, die für die Entscheidung der kirchlichen Körperschaften erheblich sind. Bei der Pächterauswahl sind die abgegebenen Pachtangebote miteinander nach den im Vorfeld festgelegten Kriterien zu vergleichen.

Der Kirche ist daran gelegen, ein möglichst partnerschaftliches Verhältnis mit ihren Pächtern zu pflegen und möchte möglichst Kontroversen zwischen ihr und den Pächtern im Dialog lösen. Gerichtliche Auseinandersetzungen mit dem Pächter sind daher höchst selten.

Die Kirchengemeinden können sich, wenn es um fachliche Fragen geht, auch der Beratung der jeweils zuständigen Kirchenkreisverwaltung bedienen.

Kirche in der Verantwortung

Trotz diverser gesetzlicher Vorgaben gibt es bei den Kirchengemeinden immer wieder Probleme bei der Entscheidungsfindung. Gelegentlich fehlt aufgrund der begrenzten Amtszeit der Entscheidenden der Blick für übergreifende Gesichtspunkte und für die Langfristigkeit der Verpachtungsentscheidung. Häufig verstellt Befangenheit den Blick für die richtige Entscheidung. Manchmal wird auch die fachliche Kompetenz der Kirchenkreisverwaltungen nicht genügend in Anspruch genommen und es kommt dadurch zu unguten Entscheidungen für das kirchliche Grundeigentum.

Neben diesen strukturellen Problemen bei der Entscheidungsfindung spielt immer wieder das Spannungsfeld „Gewinnerzielung – Bewahrung der Schöpfung" eine Rolle. Vielfach wird den Kirchen von Außenstehenden die Rolle des Bewahrers der Schöpfung zugewiesen, so dass eine Gewinnerzielungsabsicht bei den kirchlichen Flächen als unmoralisch dargestellt wird.

Die politische Einflussnahme der Kirche auf das (regionale) Pachtgeschehen ist allerdings i. d. R. eher gering. Dennoch kann die Kirche durch ihre Eigenschaft als relativ großer Landeigentümer und politischer Player im Dialog mit Landesregierung, Bauernverbänden und Landesforstbeirat Impulse geben. So bemüht sich die Kirche mit ihrer langfristigen Verpachtungspolitik darum, den aufgeheizten Pachtmarkt zu beruhigen, und sieht sich als Bremser bei der Entwicklung des Pachtpreises, der aufgrund steigender Nachfrage nach Land stetig steigt. Besonders bedenklich ist dabei, dass sich insgesamt immer weniger Land in der Hand von Landwirten befindet, sondern immer stärker als Kapitalanlage und Renditeobjekt, z. B. der Großindustrie, gesehen wird.

Andreas Schmidt
[Benediktinerabtei Plankstetten]

Kloster im Wandel
Aus der Verantwortung für die Schöpfung. Auf dem Weg zu einer nachhaltigen Kreislaufwirtschaft in und mit der Region.

Kurzfassung

Klöster stehen in Verantwortung für den ihnen von Gott anvertrauten „Besitz" in Form von Land und Gebäuden. Das Kloster Plankstetten in der Oberpfalz/ Bayern fühlt sich in benediktinischer Tradition des Betens und Arbeitens dieser Verantwortung besonders verpflichtet. Es hat deshalb seit Mitte der 1990er Jahre auf ökologischen Landbau umgestellt und eine in die Region eingebundene Wertschöpfungskette entwickelt; außerdem wurden weitreichende Maßnahmen in Energie- und Wasserwirtschaft sowie eine Sanierung der Gebäude durchgeführt, was der Abtei in der Presse den Ruf eines „Grünen Klosters" eingebracht hat.

Einleitung

In Anbetracht rascher regionaler wie globaler Veränderungen sind die Verantwortlichen und Entscheidungsträger in Politik, Wirtschaft, aber auch Kirche gefordert, Antworten auf die gegenwärtigen und künftigen Probleme unserer Gesellschaft zu geben. Ländliche Räume stehen oft vor besonders schwierigen demographischen, ökonomischen, sozialen und ökologischen Herausforderungen. Klöster hatten nicht nur im Mittelalter eine zentrale Rolle für die Entwicklung ländlicher Räume, bis heute üben sie einen wichtigen, allerdings oft übersehenen, Einfluss auf ihre Umgebung aus.

Die Benediktinerabtei Plankstetten im Naturpark Altmühltal in der Oberpfalz/Bayern sucht mit ihrem Leitspruch „Leben aus dem Ursprung" seit

Andreas Schmidt

über 20 Jahren Antworten auf die wichtigen Sinn- und Wertefragen des modernen Menschen zu geben. Im Verlauf dieser Zeit haben die Mönche entdeckt, dass neben der Vermittlung des Glaubens und der christlichen Werte Fragen des Umweltschutzes, der gesunden Ernährung, der regenerativen Energieversorgung und des nachhaltigen Bauens von evidenter Bedeutung für die Klostergemeinschaft sind. Dadurch fühlen sie sich in zunehmendem Maße zu einem ganzheitlichen Denken und Handeln verpflichtet, und versuchen, im Rahmen ihrer Möglichkeiten, mit ihrer regionalen und ökologischen Ausrichtung Lösungsansätze zu entwickeln, sie in die Tat umzusetzen und auf verschiedenen Ebenen nach außen zu kommunizieren. Die Klostergemeinschaft bemüht sich mit ihren MitarbeiterInnen ihre Lebens- und Wirtschaftsweise so weit als möglich in Einklang mit der Schöpfung Gottes zu bringen und daraus konkretes umweltgerechtes Handeln abzuleiten. Dabei können die Mönche auf eine fast 900-jährige Geschichte benediktinischen Glaubens und Handelns bauen.

Geschichtliche Entwicklung

Im Jahr 1129 als Hauskloster der Grafen von Hirschberg gegründet, erlebte die Benediktinerabtei Plankstetten (Foto 1) im Laufe ihrer Geschichte gleichermaßen Zeiten der Blüte und des Aufschwungs wie der Zerstörung und des Niedergangs. Erstaunlich ist dabei festzustellen, dass geistlicher und wirtschaftlicher Auf- und Niedergang immer parallel verlaufen sind. 1806 brachte die Säkularisation des Klosters durch das neue Königreich Bayern das klösterliche Leben der Mönche, Gott in Gebet und Arbeit zu dienen, völlig zum Erliegen. Mit der Aufhebung des Klosters durch den Staat endete nicht nur das geistliche und kulturelle Leben in der Region, sondern es wurde damit auch ein funktionierendes regionales Wirtschaftssystem zerstört. Fast 100 Jahre gab es in Plankstetten keine Benediktinermönche. Erst 1904 konnte das Kloster durch die Benediktinerabtei Scheyern wieder gegründet werden.

Im 20. Jahrhundert widmeten sich die Mönche in erster Linie der Bildungsarbeit, indem sie zuerst eine Landwirtschaftsschule und später eine Knabenrealschule mit Internat unterhielten. Nach Schließung von Schule und Internat 1988 wurden die Räumlichkeiten in ein Gäste- und Tagungshaus mit über 100 Betten umgebaut, das mittlerweile pro Jahr ca. 15 000 Übernachtungen und etwa 7000 Tagesgäste aufweisen kann. Es bietet jährlich in einem eigenen Programm über 120 Kurse an. Die Themenbereiche sind Spiritualität, Gesundheit und Lebensführung sowie Kreativität.

Foto 1: **Ostansicht von Kloster Plankstetten**
(© Benediktinerabtei Plankstetten)

Mit der Schließung der Schule und dem Beginn des Gästehausbetriebes änderte sich die wirtschaftliche Situation des Klosters grundlegend. Konnte während der Schulzeit mit monatlichen Einnahmen durch Lehrergehälter und Pensionseinnahmen der Schüler gerechnet werden, mussten sich die Mönche mit einem Wirtschaftsbetrieb plötzlich Gedanken über Organisation und Marketing machen. Schnell wurde klar, dass langfristig der Gästehausbetrieb alleine nicht ausreiche, um der Klostergemeinschaft in Zukunft ein wirtschaftliches Auskommen zu garantieren. Die Mönche besannen sich deshalb ihrer benediktinischen Tradition und setzten in den kommenden Jahren wieder auf ihre klösterlichen Betriebe (Landwirtschaft, Gärtnerei, Metzgerei, Bäckerei), indem sie diese ausbauten, in sie investierten und ein regionales Autarkiekonzept entwickelten. Ziel dieses Konzeptes ist es, zusammen mit der Region einen regionalen Wirtschaftskreislauf aufzubauen, in dem Mensch und Natur – im Gegensatz zur globalen Wirtschaft – nicht auf der Strecke bleiben.

Tabelle 1 zeigt den zeitlichen Ablauf auf dem Weg zu einer nachhaltigen Kreislaufwirtschaft in den vergangenen Jahren.

Jahr	
1989	• Umgestaltung der Internats- und Schulräume zu einem Gäste- und Bildungshaus
1991	• Errichtung der ersten Schule für Dorf- und Landentwicklung in Bayern
1994	• Umstellung der Lanwirtschaft auf ökologischen Landbau • Erstellung eines Verpflegungskonzeptes zur Verwendung eigener und regionaler Bioprodukte in der Klosterküche • Umrüstung der ersten Pkw auf Pflanzenöltauglichkeit
1995	• Beitritt zum Bioland-Verband
1997	• Kooperation mit dem Riedenburger Brauhaus und Wiederbelebung der Plankstettener Brautradition • Wiedereröffnung der Klosterschenke • Umstellung der Klosterbäckerei und -metzgerei auf ökologische Wirtschaftsweise • Eröffnung des ersten provisorischen Öko-Hofladens
1998	• Umstellung der Klostergärtnerei auf ökologischen Anbau • Auslagerung der landwirtschaftlichen Funktionen auf den Staudenhof und Neubau einer Hofstelle • Beginn der Generalsanierung der Klosteranlage (Teil 1) • Kooperation mit der Getreidemühle Hirschmann zur Vermahlung des eigenen Backgetreides
1999	• Inbetriebnahme der Biomasseheizanlage im Kloster (450 kW) • Anschluss sämtlicher Kühlaggregate an dezentrale Wärmerückgewinnungsanlagen
2000	• Eröffnung des neuen Klosterhofladens (150 m^2)
2001	• Aufbau des Sammelschwerpunktes „Ökologie & Region" in der Klosterbibliothek • Installation einer thermischen Solaranlage (60 m^2) zur Warmwasserbereitung
2004	• Installation von zwei Photovoltaikanlagen (70 kW$_p$) zur Stromerzeugung • Einrichtung eines Ökologischen Informationszentrums (Netzwerk Umwelt: „Glauben und Handeln")
2007	• Aufbau eines Kursangebotes über Schöpfung & Ökologie im Gäste- und Bildungshaus
2009	• Fortführung der Generalsanierung der Klosteranlage (Teil 2) unter ökologisch nachhaltigen und energieeffizienten Gesichtspunkten
2010	• Neubau eines Schweinestalls als Pilotstall für artgerechte Tierhaltung
2011	• Installation von drei Photovoltaikanlagen (130 kW$_p$)
2013	• Bau einer Regenwasserzisterne (600 m^3)
2016	• Inbetriebnahme einer Bio-Biogasanlage (75 kW elektr.)

Tabelle 1: **Entwicklung einer nachhaltigen Kreislaufwirtschaft im Kloster Plankstetten**

Das Aktionsprogramm Agenda 21 der Vereinten Nationen wird im Kloster Plankstetten seit 25 Jahren umgesetzt, wobei die Benediktiner ihr Aktionsprogramm Klosteragenda 21 plus nennen. Die von der UN gegebenen Handlungsaufträgen (soziale, ökonomische, ökologische Nachhaltigkeit) ergänzen die Mönche mit dem +, d. h. mit ihrem christlichen Glauben. Die Klosteragenda 21 plus basiert somit auf folgenden Säulen:

- Glauben – ordentliche (Pfarrpastoral) und außerordentliche Seelsorge (Jugend- und Krankenpastoral),
- Ökologie – ökologischer Land- und Gemüsebau, regenerative Strom- und Wärmeerzeugung, Schonung der Trinkwasserreserven,
- Ökonomie – klösterliche Wirtschaftsbetriebe (insbesondere Metzgerei, Bäckerei, Hofladen, Gastronomie) und regionale Vernetzung mit Biobetrieben sowie
- Soziales – Abt-Maurus-Kindergarten, Jugendhaus Schneemühle und Bildungsarbeit im Gästehaus.

Spirituelle Grundlagen

Die Klöster des Mittelalters und der Barockzeit waren als geistliche, kulturelle und wirtschaftliche Zentren angelegt, von denen zahlreiche Impulse in das jeweilige Umfeld der Klöster ausgingen. Letztlich erwuchs diese für das Abendland prägende Kraft der Klöster aus dem Geist der Regel des hl. Benedikt, der auch deshalb als Patron Europas gilt. Er maß dem Handwerk und der Landwirtschaft im Kloster einen hohen Stellenwert zu, woraus sich im Mittelalter eine funktionierende Selbstversorgung entwickeln konnte. Zugleich erhält die Arbeit in der Regel Benedikts durch den Wechsel von Gebet und Arbeit (*Ora et Labora*) im klösterlichen Rhythmus eine geistliche Wertung:

1) Die Arbeit dient dazu, Gott zu verherrlichen; sie ist Fortsetzung des Gottesdienstes im Alltag.
2) Es gilt von der Hände Arbeit zu leben wie die Apostel, nach dem Ideal der Urkirche füreinander zu sorgen, besonders für Schwache und Kranke.
3) Die Arbeit hat für den Einzelnen eine therapeutische Dimension.

Das Einwirken eines Benediktinerklosters auf die Region und seine beachtliche regionale Bedeutung ergeben sich aus der Regel Benedikts: Jedes Kloster ist autonom, die Mönche können nicht versetzt werden, die Klostergemeinschaft (Konvent) bleibt am Ort (äußere *stabilitas*) und wächst somit ganz natürlich mit der Region und dem von ihr zu bewirtschaftenden Grund und Boden zusammen. Überdies lehrte Benedikt einen Lebensstil, der die Mönche ermuntert, bei den notwendigen Dingen des Lebens auf das zurückzugreifen bzw. mit dem zufrieden zu sein, was die betreffende Gegend bietet. „Die Mönche sollen von ihrer Hände Arbeit leben", sie erhalten keine direkten finanziellen Zuweisungen von der Kirchensteuer und sind so auch im 21. Jahrhunderts gefordert, zu wirtschaften und hauszuhalten.

Foto 2: **Frater Richard, der „Klosterbauer" im Kornfeld**
(© Benediktinerabtei Plankstetten)

Foto 3: **Die Mönche beim Chorgebet**
(© Benediktinerabtei Plankstetten)

Die zentrale Aufgabe einer klösterlichen Gemeinschaft liegt gemäß der Regel des hl. Benedikt in der Gottsuche. Der Alltag und die Arbeitswelt der Mönche sind dabei aber in die Gottsuche eingeschlossen. Durch diese Ausrichtung des Lebens soll im Kloster eine Kultur der Achtsamkeit entstehen. Der Beitrag der mittelalterlichen Klöster zur Kultivierung der Landschaft sowie zu Kultur, Kunst, Wissenschaft und Bildung legt davon Zeugnis ab.

Aus diesem Geist heraus sieht sich das Kloster Plankstetten auch heute zur Verantwortung für die Schöpfung Gottes aufgerufen. Durch die ökologische Ausrichtung will es diesem Ziel dienen. Das bedeutet:

- Leben erhalten – *auch auf und im Acker,*
- Leben respektieren – *auch das Leben der Nutztiere, durch artgerechte Tierhaltung und Schlachtung* und
- Leben schaffen – *durch gesunde Lebensmittel aus den Klosterbetrieben.*

Die konkrete Realisierung erfolgt nach dem Modell der regionalen und ökologischen Kreislaufwirtschaft. Benediktinische Prinzipien helfen bei der Umsetzung:

1) **Stabilitas** – Nachhaltigkeit bei der Herstellung der Produkte des Klosters
   Das Prinzip der *stabilitas*, also das *Bleiben* des Mönches in der Gemeinschaft und am Ort, von dem die Regel Benedikts spricht, verlangt im übertragenen Sinne bei der Produktion der Klostererzeugnisse eine nachhaltige Herstellungsweise. Dies erfordert, dass sich die Mönche um ihre Produkte und deren Qualität persönlich kümmern (personifizierte Qualitätssuche). Jeder Schnelllebigkeit bei der Produktherstellung und der Wegwerfmentalität ist eine Absage zu erteilen.
2) **Gastfreundschaft** – die Klosterprodukte als Botschaft
   Der hl. Benedikt fordert seine Mönche zur Gastfreundschaft auf. Die Mönche begegnen im ankommenden Gast Christus selbst; die Gäste wiederum sollen im Kloster Gott spüren können. Nicht nur das geistliche Leben der Mönche ist Botschaft, sondern auch das, was sie arbeiten. In diesem Sinne soll die Herstellung der Nahrungsmittel gut und authentisch sein, denn sie sind Botschafter der Gastfreundschaft.
3) **Gott verherrlichen** – die Klosterlebensmittel für das Wohl der Menschen
   Durch alles Tun im Kloster soll nach Benedikt Gott verherrlicht werden. Für die Mönchsgemeinschaft bedeutet das bei der Herstellung der Lebensmittel, dass die Produkte dem Menschen zum Wohle gereichen sollen. Das Kloster will wirkliche Mittel zum Leben bereitstellen, durch die der kranke Mensch der Neuzeit Heilung und Gesundung erfahren darf.

Der achtsame Umgang mit der Schöpfung ist aber nicht nur in der benediktinischen Spiritualität, sondern bereits in der Bibel begründet. Im Buch Genesis (2. Kap. 15. Vers) heißt es: „Gott der Herr nahm also den Menschen und setzte ihn in den Garten von Eden, damit er ihn bebaue und behüte." Ebenso spiegelt das Buch der Psalmen ein großes Loblied auf Gott den Schöpfer des Himmels und der Erde. Die Mönche beten während ihres täglichen Chorgebetes einmal wöchentlich die gesamten 150 Psalmen aus dem Alten Testament. Dabei erkannten sie bereits vor Jahren immer mehr die Widersprüche in ihrem Verhalten: Auf der einen Seite priesen sie Gott für seine Schöpfung in der Kirche, auf der anderen Seite waren sie dabei, durch ihr Leben (z. B. Konsum von Billigfleischimport aus Südamerika, achtlosem Umgang mit den Energieressourcen usw.) und Wirtschaften (konventioneller Landwirtschaft mit Ausbringung von chemischen Düngern und Spritzmitteln usw.) acht- und gedankenlos Mensch und Natur zu schaden. Das war die „Initialzündung" für den Wandel im Kloster Plankstetten.

Ökologischer Landbau

Gemeinsam erzeugen, verarbeiten und vermarkten aus und in der Region wird in der Benediktinerabtei Plankstetten konsequent gelebt und umgesetzt. Im Betrieb, der rund 275 Hektar landwirtschaftliche Fläche umfasst, wurden mittlerweile alle Bereiche des Klosters – Gärtnerei, Metzgerei, Bäckerei, Brennerei, Imkerei, Küche, Gastronomie, Hofladen – auf Bioland-Richtlinien umgestellt. Das Klostergut erzeugt im Ackerbau Brau- und Backgetreide, Viehfutter und Speisekartoffeln. Artgerechte Tierhaltung wird in der Mutterkuhhaltung, in der Schweinemast und in der Schaf- und Ziegenhaltung umgesetzt. Auch die Forstwirtschaft wurde auf einen überschaubaren Kreislauf umgestellt: Das Holz aus den 75 Hektar Waldbesitz wird im eigenen Haus als Bauholz oder für Schreinerarbeiten verwendet. Schwachholz wird in der Hackschnitzelheizung des Klosters verfeuert.

Die Gemeinschaft erzeugt und verarbeitet aber nicht nur ausschließlich ökologische Lebensmittel, sie versucht auch verloren gegangene ökologische und regionale Kreisläufe zu aktivieren. Aufgrund seiner regionalen Verwurzelung, seiner gewachsenen Strukturen und seiner Ausstrahlungsmöglichkeit bietet das Kloster dafür ideale Voraussetzungen. Bei diesen regionalen Kreisläufen erfolgen Produktion, Verarbeitung und der Kon-

Kloster im Wandel

sum von Lebensmitteln in einem überschaubaren Rahmen. Konkret bedeutet das: Das Klostergut und die umliegenden Biobauern beliefern die Klosterbetriebe mit landwirtschaftlichen Erzeugnissen. Die Verarbeitung erfolgt in klösterlichen und umliegenden Partnerbetrieben. Vermarktet und verkauft werden die eigenen und regionalen Bio-Produkte im Kloster oder bei Biohofläden und Naturkostläden im Gebiet Nürnberg – Regensburg – Ingolstadt.

Das klösterliche Autarkieprinzip des Mittelalters – alles Lebensnotwendige im Raum des Klosters herzustellen – ist unter heutigen Lebensbedingungen zwar nicht mehr verwirklichbar, aber in eingeschränkter Weise wird eine solche Selbstversorgung durch eine konsequent ökologische Ausrichtung wieder lebendig. So kann das Kloster Plankstetten inzwischen 75 % seines Lebensmittelbedarfs aus eigener Herstellung decken und bezieht weitere 20 % aus regionalen Bio-Betrieben. Das bedeutet, dass die Metzgerei das eigene Mastvieh schlachtet, die Bäckerei Getreide aus eigener Herstellung verwendet und die Klosterküche die eigenen Produkte (v. a. Gemüse, Fleisch, Brot) verwendet. Das verlangt von diesen Wirtschaftsabteilungen beachtliche Leistungen, da neben der Gemeinschaft auch die zahlreichen Gäste, die Klosterschenke und die Hofladenkunden zu versorgen sind. Das Autarkieprinzip wird dabei freilich nicht überstrapaziert: So lässt die Gemeinschaft aus ihrem Braugetreide und den klösterlichen Braurezepten „aushäusig" beim Riedenburger Brauhaus ihr Bier herstellen. Hier greift das Prinzip der regionalen Vernetzung, wonach weite Transportwege zu vermeiden sind.

Der erfolgreiche Weg dieses Konzeptes zeigt sich in der wachsenden Zahl von Arbeitsplätzen. Derzeit beschäftigt die Abtei mit seinen Betrieben über 110 Mitarbeiter. 10 Auszubildende lernen im „grünen Kloster" Bäcker, Metzger, Gärtner, Landwirt, Koch, Hauswirtschaft sowie kaufmännische Berufe. Als mittelständisches Unternehmen ist die Benediktinerabtei Plankstetten mittlerweile ein bedeutender Arbeitgeber in der eher strukturschwachen Gegend der westlichen Oberpfalz und beschäftigte Anfang 2018 38 Vollzeit-, 38 Teilzeitarbeitskräfte, 28 Geringfügig Beschäftigte, 6 Auszubildende und 2 Teilnehmer an freiwilligen Diensten.

Die „Echtheit" bei der Herstellung von Lebensmitteln verlangt aber auch Beschränkungen: So können konsequenterweise nur saisonale Produkte angeboten werden. Im Winter bedeutet das den Verzicht auf Tomaten oder Erdbeeren, die mit langfristig beachtlichen Schäden für die Umwelt aus anderen Ländern antransportiert werden müssten. Einige Kunden müssen das Prinzip der Saisonalität allerdings erst (wieder) erlernen.

Auch der Preis für Lebensmittel, die aus ökologischem Landbau kommen, ist höher als der für konventionell produzierte Lebensmittel. Der Grund dafür liegt jedoch weniger in einer „Überteuerung" der ökologischen Produkte als vielmehr darin, dass der von den Discountern und Supermärkten dominierte Lebensmitteleinzelhandel Produkte zu für Erzeuger unfairen Preisen – aber dafür mit klaren Qualitätsverlusten für Verbraucher – anbietet.

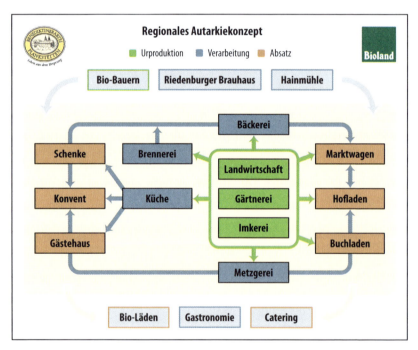

Abbildung 1: **Schema des regionalen Autarkiekonzeptes** (Eigene Darstellung)

Wie erwähnt, sind die klösterlichen Bioprodukte teurer als die industriell hergestellten Lebensmittel. Dabei geht das Kloster offensiv mit dem Thema „Preis" um. In Plankstetten spricht man nicht von einem teuren oder billigen, sondern von einem fairen, ehrlichen bzw. gerechten Preis, der den Mönchen und den Biobauern ein sicheres Einkommen garantiert und der alle Kosten, von der Erzeugung bis zur Entsorgung, ehrlich abbildet. Das hat seinen Preis.

Der faire Klosterpreis

- ist die Voraussetzung für eine ökologische Wirtschaftsweise,
- bietet Menschen abwechslungsreiche und interessante Arbeitsplätze,
- ermöglicht hohe Lebensmittelqualität und bessere Produkte,
- ist notwendig für die Erhaltung der Produktionsanlagen,
- ist ein Beitrag zur Erhaltung der historischen Klosteranlage und
- erlaubt es, die in der Heimat gewachsenen Erzeugnisse in der Region zu verarbeiten und zu vermarkten.

Somit enthalten die Klosterpreise

- den Schutz der Umwelt durch ökologischen Landbau,
- Personalkosten für bäuerliche Handarbeit,
- Personalkosten für traditionelles Ernährungshandwerk,
- Personalkosten für Beratung und Service,
- Kosten für erneuerbare Energien,
- Kosten für die Zeit von Wachstum und Reife,
- Kosten für umfangreiche Qualitätssicherung und Biokontrollen,
- Kosten für den Erhalt des Klosters und seiner Kulturlandschaft und
- die Mehrwertsteuer und alle sonstigen Steuern.

Bei den Klosterlebensmitteln werden dagegen keine Gelder ausgegeben für

- Pestizide, Fungizide und Insektizide,
- chemischen Kunstdünger,
- Antibiotika und Mastbeschleuniger sowie
- Energiekosten auf langen Transportwegen.

Andreas Schmidt

Die Benediktinerabtei Plankstetten will Verantwortung für die Schöpfung übernehmen, indem sie ökologische und handwerkliche Bio-Produkte bester Lebensmittelqualität bietet, auch wenn diese teuer sind. Die Gemeinschaft versteht sich mit ihren Prinzipien als Stachel im Fleisch einer schnelllebigen Gesellschaft und möchte – insbesondere auch im innerkirchlichen Umfeld – Vorbild sein und zum Umdenken/neuen Handeln ermuntern.

Energie- und Wasserwirtschaft im Kloster

Im Bewusstsein, dass es in gelebter Schöpfungsverantwortung nicht reicht, ökologischen Landbau zu betreiben und hochwertige Biolebensmittel herzustellen, gaben die Mönche 1995 ein Energiekonzept in Auftrag. Das Ergebnis dieses Energiekonzeptes wurde in den darauffolgenden Jahren sukzessive umgesetzt. Erklärtes Ziel war es, sowohl bei der Heizungswärme als auch bei der Versorgung mit elektrischem Strom völlig autark zu werden und nicht mehr von atomaren und begrenzten fossilen Energiequellen abhängig zu sein. Die benötigten Energien sollten regenerativ aus dem Klosterbereich erzeugt werden. Dieses Ziel konnte nach 20 Jahren erreicht werden.

Die Beheizung der umfangreichen Klostergebäude übernimmt eine Biomasseheizanlage, in der ausschließlich Waldhackschnitzel als Energieträger zum Einsatz kommen. Der Großteil des dafür verwendeten Schwachholzes stammt aus dem eigenen Klosterforst, der Rest von Waldbauern aus der Umgebung. Damit bleibt die Wertschöpfung in der Region. Eine thermische Solaranlage dient der Warmwasserbereitung. Daneben kann mit der erzeugten Wärme die Bauteiltemperierung betrieben werden, welche die Gebäudefundamente trocken hält und deren permanente Durchfeuchtung verhindert.

Sechs Photovoltaikanlagen auf den Gebäudedächern der landwirtschaftlichen Hofstelle und eine Biogasanlage produzieren elektrischen Strom. Damit kann die Stromversorgung des Klosters und seiner Betriebe zu 100 Prozent aus regenerativer Energie bereitgestellt werden. In der Biogasanlage kommt nur hofeigene Biomasse (Gülle, Strohmist, Getreideabfälle usw.) zum Einsatz, so dass der landwirtschaftliche Betriebskreislauf geschlossen bleiben kann. In Zukunft soll zudem ein Blockheizkraftwerk errichtet werden, das die Möglichkeit bietet, über die derzeitige CO_2-neutrale Energieversorgung des Klosters hinaus, eine Plusenergiebilanz zu erzielen.

Foto 4: **Das Klostergut Plankstetten in Staudenhof**
(© Benediktinerabtei Plankstetten)

Bisher konnten bereits die zur Kühlung notwendigen Kühlaggregate an Wärmerückgewinnungsanlagen angeschlossen werden, so dass die den Kühlräumen entzogene Wärme zur Vorwärmung von Brauchwasser genutzt werden kann.

Um die immer knapper werdenden Trinkwasserreserven zu schonen, wurden umfangreiche Investitionen in ein separates Leitungsnetz für Brauch- bzw. Grauwasser getätigt. So konnten jeweils für das Quell- und Regenwasser große Zisternen geschaffen werden, die auch bei großer Trockenheit die Beregnung der Gemüsefelder sicherstellen. An das Grauwassersystem sind sämtliche Toilettenspülungen angeschlossen. Mit dem kalten Quellwasser können die Kühlaggregate mit energiesparender Wasserkühlung betrieben werden. Das erwärmte Brauchwasser füllt dann wieder die Regenwasserzisterne zu Gartenbewässerung.

Ökologisch nachhaltige und energieeffiziente Sanierung

Unter dem Vorzeichen des konsequent eingeschlagenen ökologischen Weges und im Bemühen, auch im Bereich der Gebäude Vorbild für andere Klöster und kirchliche Einrichtungen zu sein, fanden bereits beim ersten

Teil der Generalsanierung der denkmalgeschützten Klosteranlage ökologische Baustoffe, wie Zellulosedämmung oder die Verwendung der Baumaterialien Holz und Naturstein, Verwendung. Im Zuge der Fortführung der Generalsanierung der Gebäude wurde ein Machbarkeitskonzept erstellt, in dem die technische und kommunikative Umsetzung sowie die Wirtschaftlichkeit der Bereiche Wasser- und Abwassertechnik, Energie, Bauökologie und Kommunikation untersucht wurden. Die Ergebnisse dieser Studie flossen in die Planung des zweiten Bauabschnitts ein, so dass durch die Aufsparrendämmung mit Holzfaserdämmstoff, 4-fach verglasten Holzkastenfenstern, einem mineralischem Dämmputz an den Außenwänden und der Dämmung der erdberührenden Bauwerke mit Glasschaumschotter der Heizenergiebedarf um 70 %, von 160 kWh (m²a) auf 50 kWh (m²a), reduziert werden konnte. Daneben wurde strengstens darauf geachtet, nachhaltige (CO_2-neutrale), ökologische und regionale Baustoffe wie Leinöl- bzw. Kalkfarben, aus dem nur ca. 50 km entfernten Solnhofen, Bauholz aus dem Klosterforst, heimische Eiche für Möbel und Linoleum zu verwenden. Durch die Wiederverwendung von ausgebauten Fußböden (Naturstein und Holz) konnten Ressourcen geschont werden. Die installierte Be- und Entlüftungsanlage wurde mit einer Wärmerückgewinnung ausgestattet, die einen Wirkungsgrad von 80 % aufweist.

Foto 5: **Ostfassade vor der Sanierung**
(© Benediktinerabtei Plankstetten)

Foto 6: **Nord-Ostfassade nach der Sanierung**
(© Benediktinerabtei Plankstetten)

Das Ziel besteht darin, den ökologischen Weg des Klosters, der mittlerweile alle Bereiche prägt und bestimmt, bei der Fortführung der Generalsanierung konsequent weiter zu gehen. So ist u. a. ein Neubau für die baufällige Turnhalle in Holz-Strohbauweise geplant. Dabei findet Biostroh der klösterlichen Landwirtschaft als Dämmstoff Verwendung. Auch darin soll die Verantwortung des Klosters für einen umweltgerechten Umgang mit der Schöpfung verstärkt zum Ausdruck kommen. Die Rahmenbedingungen der Baulichkeiten und des Betriebes eröffnen einen Weg, beispielhaft in Richtung CO_2-Neutralität wegweisend zu sein. Zudem ergibt sich die Möglichkeit, die gewonnenen Erfahrungen und das Fachwissen an Interessierte weiter zu geben. Die Umweltausstellung des Klosters „Glauben & Handeln" wird um das Thema „Ökologisch nachhaltige und energieeffiziente Sanierung der Klostergebäude" erweitert. Die Klosterbibliothek stellt mit seinem neuen Sammelschwerpunkt „Ökologie & Region" einen großen Fundus an Fachliteratur zu diesen Themen bereit.

Fazit

Die Benediktinerabtei Plankstetten stellt mit seiner romanischen Kirche und barocken Klosteranlage ein Baudenkmal von nationaler Bedeutung dar, das es zu erhalten gilt. Das Gästehaus St. Gregor und das Jugendhaus Schneemühle ziehen jährlich tausende Menschen zur geistlichen Einkehr, Bildung und Erholung an. In den vergangenen Jahrzehnten hat die Abtei den Weg ökologischen Wirkens konsequent beschritten und durch sein vorbildhaftes regionales Autarkiekonzept eine überregionale Bedeutung gewonnen. Das Kloster und der Umkreis gelten als Öko-Modellregion, die zum Lernen einlädt. Die steigenden Belegungszahlen im Gästebereich sowie das zunehmende Interesse an Führungen und Vorträgen machen das deutlich.

UT IN OMNIBUS GLORIFICETUR DEUS

Volker Amrhein [Berlin]

Diakonie im ländlichen Raum

Kurzfassung

Der ländliche Raum steht seit einigen Jahren im Blickpunkt des öffentlichen Interesses. Hintergrund sind vor allem Abwanderungs- und Schrumpfungsprozesse in peripheren Räumen, die zu strukturellen Problemen der privaten und öffentlichen Versorgung führen und Dörfer und Gemeinden vor sehr große Herausforderungen stellen. Mobilität, Bildung, Wohnen und Arbeit, Landwirtschaft, Tier-, Natur- und Landschaftsschutz sind Themen der ländlichen Regionalentwicklung und fordern eine erhöhte Achtsamkeit.

Kirchen und Wohlfahrtsverbänden, hier dargestellt am Beispiel der evangelischen „Diakonie Deutschland", kommt als mitunter letzten Ankerpunkten im ländlichen Milieu eine wachsende Bedeutung zu. Das ist zunehmend verbunden mit einer veränderten Form des Zusammenspiels der verbliebenen Akteure. Die Diakonie antwortet darauf einerseits mit einer Reflexion ihres Selbstbildes und andererseits mit dem Erproben neuer Bündnisse und Kooperationen mit verschiedenen Partnern.

Der Beitrag geht auf Formen dieser Ko-Produktion von Gemeinwohl ein und zeigt mit Blick auf das aktuell diskutierte „Soziale-Orte-Konzept" Perspektiven einer künftigen Arbeitsteilung auf.

1 Einleitung

Die „Diakonie Deutschland" ist der Wohlfahrtsverband der Evangelischen Kirche und hat eine etwa 170-jährige Geschichte. Der Begriff „Diakonie" findet sich bereits im Neuen Testament und bezeichnet dort den „Dienst" der Gemeinde am hilfsbedürftigen Nächsten. Die Geburtsstunde der evangelischen Diakonie war das Revolutionsjahr 1848, in einer Zeit, in der Armut und soziale Not infolge wachsender Bevölkerung, beginnender Industrialisierung, Landflucht und gescheiterter Reformen rasant zunahmen. Daher wurde auf dem ersten evangelischen Kirchentag in Wittenberg der „Central-Ausschuss für die Innere Mission der Deutschen Evangelischen Kirche", die Vorläuferorganisation des heutigen Diakonischen Werks der EKD (Evangelischen Kirche Deutschlands), ins Leben gerufen. 2012 erfolgte ein Zusammenschluss der bis dahin an drei Standorten vertretenen zentralen Einrichtungen. Das neu gegründete „Evangelische Werk für Diakonie und Entwicklung e. V." beheimatet unter dem gemeinsamen Dach neben der „Diakonie Deutschland" auch „Brot für die Welt" und die „Diakonie Katastrophenhilfe" (vgl. EVANGELISCHES WERK FÜR DIAKONIE UND ENTWICKLUNG 2018).

Die Diakonie Deutschland umfasst als Dachverband 17 Landesverbände, 69 Fachverbände und 11 in der Diakonischen Arbeitsgemeinschaft zusammengeschlossene Freikirchen. Insgesamt arbeiten hier mehr als 500 000 Mitarbeiterinnen und Mitarbeiter, die von 700 000 Freiwilligen in ihren Aufgabenfeldern unterstützt werden (DIAKONIE IN DEUTSCHLAND 2018, 5). Das Angebot der Diakonie für Menschen, die in einer besonderen Situation Hilfe benötigen, ist sehr vielfältig. Es beinhaltet insgesamt 7 Arbeitsbereiche, wobei die Kinder und Jugendpflege eine herausragende Position einnimmt. Dazu gehören Tageseinrichtungen für Kinder und Jugendliche, Kinderkrippen, Kindergärten und Horteinrichtungen. Mit diesen und weiteren Angeboten der Alten- und Krankenpflege, der Familien- und Behindertenhilfe, erreicht die Diakonie insgesamt 10 Millionen Menschen.

Doch das Klima in unserer Gesellschaft ist rauer geworden. Wohlfahrtsverbänden, Kirchen, zivilgesellschaftlichen Initiativen oder gemeinnützigen Vereinen, die sich für eine Öffnung der Gesellschaft einsetzen, weht ein mitunter eiskalter Wind ins Gesicht.

> Der in den vergangenen Jahrzehnten durchlaufene Transformationsprozess einer kulturell weitgehend homogenen Gesellschaft hin zu einem gesellschaftlichen Konsens, der Unterschiede und Meinungsvielfalt anerkennt und schätzt, ist mit Konflikten verbunden. (DIAKONIE IN DEUTSCHLAND 2017, 5)

Ein Wohlfahrtsverband, der tagtäglich der sozialen Spaltung entgegenwirkt und sich für gleichwertige Lebensverhältnisse in den unterschiedlichen

Regionen unseres Landes einsetzt, entwickelt dafür ein besonderes Sensorium. An den Herausforderungen, die sich speziell in ländlichen Räumen stellen, lässt sich das deutlich ablesen.

2 Herausforderungen und Handlungsfelder in ländlichen Räumen

Kirche und kirchlich geprägte Wohlfahrtsverbände befinden sich in einem Wandlungsprozess, bei dem es um ihre Rolle und ihr Rollenverständnis im Gemeinwesen geht: Von der „Kirche mittendrin", die sich als zentraler Mittelpunkt des (dörflichen) Lebens versteht, zum Partner in „Erprobungsräumen" ländlicher Regionen, wo Bündnisse und Kooperationen mit KommunalvertreterInnen, der lokalen Wirtschaft und Bürgerschaft entstehen.

Das Fachkonzept der Sozialraumorientierung, das den Blick sozialer Arbeit von der Behandlung des Einzelfalls auf die Moderation von Prozessen im Gemeinwesen weitet und einen Perspektivwechsel der MitarbeiterInnen wie der beteiligten Organisationen fordert, bietet dafür eine Grundlage. Ob in der Offenen Altenarbeit, in Familienzentren und Mehrgenerationenhäusern, in der Jugend-, Behinderten- oder Flüchtlingsarbeit – wo immer es um den gesellschaftlichen Zusammenhalt geht und um Fragen der Daseinsvorsorge –, findet das seinen Ausdruck. Kirchen und Wohlfahrtsverbände sind auch aktiv, wo die Leitbilder der „Sorgenden Gemeinschaft" und der „Koproduktion von Gemeinwohl" entwickelt werden – also dort, wo neue Bündnisse für gemeinsame Ziele gefragt und gefordert sind.

Doch sind die Bedingungen und Voraussetzungen dafür nicht überall gleich günstig. Disparitäten und Ungleichzeitigkeit kennzeichnen die Lage insbesondere in peripheren ländlichen Räumen. Schrumpfungs- und Wachstumsprozesse liegen oft eng beieinander und weisen darauf hin, dass es nicht ausschließlich am geographischen Standort liegt, wenn die Dorfentwicklung anders verläuft als erwartet.

Auch die europäische Förderpolitik und die von Bund und Ländern mitfinanzierten Programme zur Entwicklung ländlicher Räume haben daran nicht wirklich etwas ändern können (vgl. KERSTEN, NEU & VOGEL 2015). Wenn die Infrastrukturen marode werden, die Daseinsvorsorgeleistungen zurückgehen, dann erlahmen auch die Antriebskräfte sozialer und räumlicher Integration, dann verschwinden Begegnungsorte und versiegt die Kommunikation.

2.1 Dorfmoderation und Dorfgespräch

Um in dieser unübersichtlichen Lage handlungsfähig zu werden, bedarf es der Sichtung und Analyse von Bedarfen und Problemlagen. Es gilt die möglichen Akteure zu identifizieren, Handlungsfelder zu ordnen, Schwerpunkte und Prioritäten zu setzen. Für all das bietet sich die Methodik der **Dorfmoderation** an.

Kümmerer, Lotsen oder Paten, die Terminologie für die meist ehrenamtlichen „Retter der Dörfer" ist vielfältig. Sie agieren aus der Not oder werden gezielt durch Schulungen und Qualifizierungsprogramme umworben. Bekannt geworden sind besonders die im Kontext der Dorferneuerung in Rheinland-Pfalz erprobten Strategien (vgl. Dorfmoderation – Ein Grundbaustein rheinland-pfälzischer Dorferneuerung 2016), aber auch die Qualifizierungs- und Forschungsvorhaben in Niedersachsen und Mecklenburg Vorpommern.

Sowohl im Landkreis Göttingen als auch auf der Mecklenburgischen Seenplatte wurden erste DorfmoderatorInnen geschult. Im einen Fall war ein Team der Offenen Altenarbeit Göttingen e. V., im anderen ein Forschungsprojekt der Hochschule Neubrandenburg für die Ausbildung verantwortlich. Die dort vermittelten Ansätze unterscheiden sich deutlich von jenen Aufträgen, die von Kommune oder Landkreis an Regionalagenturen u. ä. Einrichtungen vergeben werden. Kommen sie in der politischen Gemeinde eher als Verwaltungsinstrument zum Einsatz, so entfalten sie als Medium der Bildungsarbeit eine stärker emanzipatorische Wirkung und betonen die zivilgesellschaftliche Teilhabe und deren Eigensinn. Die Trainees stammen aus Ökodörfern, *non-profit*-Einrichtungen, Vereinen oder Generationenprojekten, sind oder waren als selbstständige BeraterInnen oder Ehrenamtliche tätig, mitunter auch als PfarrerIn oder Gemeindeschwester (vgl. Dorfmoderation 2017).

Auch bei der Methode des **Dorfgesprächs**, die im Rahmen eines Modellprojektes der Bundeszentrale für politische Bildung gefördert wurde, stehen im Gegensatz zu klassischen sach- und themenorientierten Dorferneuerungsprozessen persönliche Begegnung, Beziehung und Dialoge im Mittelpunkt (vgl. DORFGESPRÄCH 2019). Die Referenten des Projektträgers, des Gesellschaftswissenschaftlichen Instituts München für Zukunftsfragen, sprachen dabei gezielt auch all die Menschen an, die im Dorfleben eher am Rande stehen, durch ihre Randständigkeit aber neue Perspektiven einbringen, die die Dorfgemeinschaft beleben. Grundlage der Arbeit ist der Ansatz der wertschätzenden Erkundung und eine interkulturelle Orientierung, die als eine Folgewirkung der Arbeit mit Flüchtlingen eine gesamtgesellschaftliche Integration für alle im Dorf fördern will.

2.2 Sorgende Gemeinschaften

Unter dem Titel „Sorge und Mitverantwortung in der Kommune – Aufbau und Sicherung zukunftsfähiger Gemeinschaften" wurde Mitte November 2016 der Siebte Altenbericht der Bundesregierung vorgelegt (BMFSFJ 2016), der sich ausführlich mit der Idee von *Caring Communities* oder „Sorgenden Gemeinschaften" auseinandersetzte. Nach einer Begriffsdefinition des Bundesfamilienministeriums ist eine „Sorgende Gemeinschaft" das „gelingende Zusammenspiel von Bürgerinnen und Bürgern, Staat, Organisationen der Zivilgesellschaft und professionellen Dienstleistern in der Bewältigung der mit dem demografischen Wandel verbundenen Aufgaben" (ISS 2013, 4).

Das klingt nach einer einfachen Lösung für eine komplexe Problemlage. Die Altenberichtskommission (BMFSFJ 2016, 25) machte indes deutlich, dass es ihr nicht um die Frage geht,

> inwieweit im Kontext von Hilfe, Unterstützung und Pflege von „Gemeinschaften" gesprochen werden kann, als deren Teil sich die unterstützenden Personen in ihrem Selbstverständnis auch ausdrücklich begreifen. Vielmehr ist entscheidend, wie sich unter sehr verschiedenartigen Bedingungen in den verschiedenen Kommunen, Quartieren, sozialen und kulturellen Milieus tragfähige Sorgestrukturen etablieren können, die auf einem Mix von professionellen, familiären und freiwilligen Hilfeleistungen gründen.

Die das Konzept illustrierenden Best Practice-Beispiele beziehen sich dabei häufig auf Projekt- und Netzwerkstrukturen, deren komfortable Rahmenbedingungen (vgl. NETZWERK SOZIALES NEU GESTALTEN 2009) schwerlich verallgemeinerbar sind.

In ländlichen Gebieten böte sich an, gezielt Akteure zu unterstützen, die auf der Basis gewachsener und vernetzter Vereinsstrukturen oder in die Sozialräume hineinwirkender Kirchengemeinden den Wandel als Chance begreifen und nutzen wollen. Denn zahlreiche Orts- und Verbandsgemeinden leben schon vor, wie sich auch aus Positionen eines resilienten oder prekären Zusammenhalts Kohäsion neu definieren und gestalten lässt (vgl. VERBANDSGEMEINDE DAUN 2017). Sie setzen sich oft gegen widrigste Bedingungen durch und ermöglichen ressort-, themen- und generationsübergreifende Projektansätze, die der Gestaltung nachhaltiger Sorgestrukturen dienlich sind (vgl. SoNO 2018).

Das von Klaus DÖRNER (2007) beschriebene Konzept des Dritten Sozialraums, das die kleinen Kreise der Nachbarschaft und des Quartiers als Umfeld der Sorge mit einbezieht und als Unterstützungsstruktur betrachtet, um das Leben und Sterben alter Menschen dort zu ermöglichen wo sie sich beheimatet fühlen, trifft im ländlichen Raum auf große Resonanz. In Süddeutschland hat sich eine Fülle von Pflege-Mix-Arrangements gebildet, die neue Wege gehen, um einen Verbleib der Senioren in der gewohnten Umgebung zu ermöglichen. Wohlfahrtsverbände und Gemeinden arbeiten dabei eng zusammen. Eine allgemeine Verbesserung der Rahmenbedingungen, unter denen das geschieht, steht jedoch noch aus (vgl. SPES 2015).

2.3 Das digitale Dorf

In den letzten Jahren entstanden erste Modelle und Projekte, die mit Hilfe digitaler Informations- und Kommunikationstechnik einen Beitrag dazu leisten, die zunehmend schwierige Lage älterer Menschen in entlegenen Regionen zu erleichtern und ihnen ein Leben im häuslichen Umfeld weiter zu ermöglichen. Förderprogramme der Landeskirchen, Bundesmittel und Stiftungsgelder kamen dem zugute. Doch über das Stadium der ersten Prototypen ist man noch nicht hinaus. Dabei gäbe es durchaus Interesse an weiteren solcher Initiativen. Hinderlich ist eine zu rigide Programmgestaltung, die Ergebnisse und Teilschritte der geplanten Maßnahme(n) von Anfang an vorgibt und den Selbstgestaltungskräften zu geringen Raum lässt. Es braucht Zeit für Vorbereitung und Anbahnung von Beziehungen und Vertrauen. Wo sie fehlt, schließt das viele eigentlich hochmotivierte Akteure aus. Benötigt würde eine „akteurspolitische Wende in der Förderpolitik" (KERSTEN, NEU & VOGEL 2015, 14).

„Das vernetzte Dorf", ein Projekt im Haus kirchlicher Dienste in Hannover, hatte das Glück mit seinem Anliegen eine renommierte Stiftung zu gewinnen, die das Vorhaben begleitete und mit der nötigen technischen Infrastruktur ausstattete. Es geht um die Teilhabemöglichkeiten älterer Menschen (vgl. EVANGELISCH-LUTHERISCHE LANDESKIRCHE HANNOVERS, HAUS KIRCHLICHER DIENSTE o. J.). Der Projektinitiator, Pastor Ralph-Ruprecht BARTELS, hatte die Idee, ein ganzes Dorf mit Hilfe von Tablet-PCs zu vernetzen. „Das Dorf regelt seine Angelegenheiten selber! Diese Mentalität ist in den Dörfern noch tief verwurzelt" (EVANGELISCH-LUTHERISCHE LANDESKIRCHE HANNOVERS 2016). Dabei ließ sich der Theologe von der Überzeugung leiten, dass viele Menschen eine große Bereitschaft zu gegenseitiger Hilfe haben, was zuletzt die Flüchtlingskrise gezeigt habe. Mit dem Projekt sollen neue Wege für dieses Engagement eingeschlagen werden.

Ziel ist es, die Lebensqualität und das dörfliche Zusammenleben durch die Nutzung digitaler Dienste zu verbessern. Dabei leistet die STIFTUNG DIGITALE CHANCEN einen wesentlichen Beitrag für mehr Medienkompetenz älterer Menschen. Am Modellstandort Bremke wird mit den Bürgerinnen und Bürgern erarbeitet, wie technische Anwendungen dazu beitragen können, infrastrukturelle Herausforderungen im ländlichen Raum zu bewältigen und die betroffenen Gemeinschaften zu stärken.

Die Anschubfinanzierung ist mittlerweile durch eine Förderung des Bundesministeriums für Ernährung und Landwirtschaft (BMEL) gesichert. Erste Bürgerversammlungen fanden statt und die Kommunikationsplattform, die im Internet entstehen wird, stieß auf eine breite Resonanz und die Bereitschaft, sich an Angeboten, Vernetzung und Vermittlungen zu beteiligen. Koordiniert wird das Vorhaben von den örtlichen Kirchengemeinden der Modellstandorte. Ein Dorf wird als Vorreiter mit der Arbeit beginnen, um den Ansatz dann allmählich auf weitere Landkreise auszudehnen (Stand November 2018, vgl. STIFTUNG DIGITALE CHANCEN 2018).

2.4 Erprobungsräume neuer Bündnisse

Seit der dritten Land-Kirchen-Konferenz (vgl. EVANGELISCHE LANDESKIRCHE IN DEUTSCHLAND 2015) ist der Begriff der „Erprobungsräume" im Umlauf. Für seine Attraktivität und Verbreitung ist nicht zuletzt der Vortrag des Mecklenburgischen Bischofs Andreas VON MALTZAHN verantwortlich. Er griff darin den Gedanken auf, die Freiwillige Feuerwehr sei „das Beispiel schlechthin" für ein erfolgreiches Ineinandergreifen von zivilgesellschaftlichem und staatlichem Engagement bei der Daseinsvorsorge. Denn der Brandschutz und die Feuerbekämpfung werden von Freiwilligen erbracht, die Ausstattung aber liefert die Kommune. Dieses Prinzip sei auch übertragbar auf andere Bereiche, von der Kultur und Bildung bis zum Gesundheitswesen und der Mobilität. Die Kirche habe für solidarische Arbeitsteilungen dieser Art andere Formen ausgebildet, insbesondere das Konzept „Kirche für Andere", das von einer Lern-Gemeinschaft ausgeht, die zugleich eine Dienst- und Kommunikations-Gemeinschaft ist. In Mecklenburg wurde versucht, diesen Ansatz weiter zu entwickeln. Dort entstand eine „Kirche mit Anderen", die ihr Gegenüber als Subjekt ernst nimmt – und nicht zum Objekt kirchlicher Bemühungen macht oder als solches missversteht. VON MALTZAHN wirbt dafür, „nicht so sehr in Kategorien von Mitgliedschaft zu denken, sondern von Beteiligung und Weggemeinschaft" (ibid., 22 ff.).

Besonders gemeinwesendiakonische Ansätze, also das Zusammenwirken von Diakonie und Kirche im sozialen Raum, erfahren durch diese veränderte Haltung einen Aufschwung (vgl. GEMEINWESENDIAKONIE 2019).

Inzwischen werden auch von Fachverbänden, in Gemeinde- und Pastoralkollegs neue Formen von Kirche im säkularen Kontext erprobt, bei denen das jeweilige Umfeld stärker berücksichtigt wird: „Erprobungsräume" sind Räume zum Ausprobieren, Fehler Machen, Hinfallen und wieder Aufstehen. So will beispielsweise auch die EVANGELISCHE KIRCHE IN MITTELDEUTSCHLAND (o. J.) für die Kirche der Zukunft lernen. Deshalb fördert sie für einen begrenzten Zeitraum „Erprobungsräume" finanziell, berät die Gründer, Pioniere oder Akteure fachlich oder juristisch und evaluiert Projekte.

3 Zur Rolle von Kirche und Wohlfahrtsverbänden in der postmodernen Gesellschaft

Die Fachkonzepte und Ansätze, die in Kirchen und ihren Wohlfahrtsverbänden aktuell diskutiert werden und Anwendung in ländlichen Räumen finden, weisen einige Schnittmengen mit wissenschaftlichen Forschungs- und Entwicklungsvorhaben auf. Das Team des Soziologischen Forschungsinstituts SOFI der Universität Göttingen arbeitet derzeit gemeinsam mit Prof. Dr. Claudia NEU „zu der Frage, in welcher Weise in ökonomisch und demografisch prekären Regionen soziale Infrastrukturen stabilisiert und hergestellt werden können, die gesellschaftlichen Zusammenhalt in einer offenen und vielfältigen lokalen Gesellschaft ermöglichen" (vgl. SOFI 2018).

Als der Präsident der Diakonie, Ulrich LILIE, zur Präsentation der Zwischenergebnisse eingeladen war, würdigte er die Arbeit der SoziologInnen. Er forderte sie auf, den Beitrag von Kirche und der ihr verbundenen Zivilgesellschaft für die soziale Infrastruktur in peripheren Räumen zu untersuchen. Denn die Diakonie hat sich auf den Weg gemacht, hier Teil neuer Netzwerke zu sein. Dazu benötigt sie die kritisch-konstruktive Begleitung der Forschenden.

Die letzte Synode der Evangelischen Kirche in Deutschland befasste sich mit dem diakonischen Zeugnis von Kirche und ihren Akteuren. Ihr formuliertes Anliegen war es, dass Kirche und Diakonie in der Öffentlichkeit mit ihrem Reden und Handeln künftig stärker „gemeinsam als Kirche" wahrgenommen werden. Ein Kongress in Hamburg wird sich dem im April 2020 unter dem Titel „WIR&HIER – Gemeinsam Lebensräume gestalten" widmen. Kirchengemeinden, Kirchenkreise und regionale diakonische Werke, Unternehmen und Einrichtungen sollen ermutigt werden, stärker in sozialräumlichen Netzwerken mit weiteren Kooperationspartnern zu denken und zu arbeiten.

Darüber hinaus soll gegenüber nichtkirchlichen Akteuren im Sozialraum ein Signal der Kooperationsbereitschaft gesendet werden.

> Insbesondere Kommunen und Organisationen der Zivilgesellschaft werden als Gesprächs- und Kooperationspartner eingeladen. Der zweitägige

Kongress soll durch einen wissenschaftlichen Fachtag und durch Exkursionen zu Beispielen sozialräumlicher Arbeit in der Region des Kongressortes ergänzt werden, so dass es zu einem regen Theorie-Praxis-Austausch kommen kann (vgl. EVANGELISCHE KIRCHE IN DEUTSCHLAND 2018).

Mit diesen Leitmotiven findet eine Öffnung statt, die nicht allein das Verhältnis von Kirche und Diakonie, sondern auch ihr Rollenverständnis in der säkularen Gesellschaft neu formuliert und akzentuiert. Ein Kritiker der kirchlichen Binnenorientierung, Vordenker und Praktiker einer „Leidenschaftlichen Kirche in der Mitte der Gesellschaft" (vgl. KÖTTER 2014) hat es so formuliert: „Eine Kirche, die sich in den Sozialraum begibt, findet zu sich selbst zurück."

Literatur

BMFSFJ (BUNDESMINISTERIUM FÜR FAMILIE, SENIOREN, FRAUEN UND JUGEND) (2016): Siebter Altenbericht. Sorge und Mitverantwortung in der Kommune – Aufbau und Sicherung zukunftsfähiger Gemeinschaften und Stellungnahme der Bundesregierung
https://www.siebter-altenbericht.de/fileadmin/altenbericht/pdf/
Der_Siebte_Altenbericht.pdf (15.04.19)

DIAKONIE (2016): Kirche und Diakonie in der Nachbarschaft. Neue Allianzen im ländlichen Raum. Diakonie Texte 05/2016
https://www.diakonie.de/fileadmin/user_upload/Diakonie/PDFs/
Diakonie-Texte_PDF/05_2016_Kirche_und_Diakonie_in_der_
Nachbarschaft_Inernet.pdf (15.04.2019)

DIAKONIE DEUTSCHLAND (2017): Hinsehen und Zuhören. Jahresbericht 2017
https://www.diakonie.de/fileadmin/user_upload/Diakonie/PDFs/
Ueber_Uns_PDF/_Diakonie_Jahresbericht_gesamt_72dpi.pdf
(15.04.2019)

DIAKONIE DEUTSCHLAND (2018): Auf einen Blick. Selbstdarstellung der Diakonie Deutschland
https://www.diakonie.de/fileadmin/user_upload/Diakonie/PDFs/Ueber_Uns_PDF/2018-05_Diakonie_Auf-einen-Blick.pdf (15.04.2019)

DÖRNER, Klaus (2007): Leben und sterben, wo ich hingehöre. Dritter Sozialraum und neues Hilfesystem. Neumünster: Paranus Verlag

DORFGESPRÄCH (2019): Ein Projekt des Gesellschaftswissenschaftlichen Instituts München (GIM) für Zukunftsfragen in Kooperation mit dem Bildungswerk Rosenheim und der Bildungskoordination des Landratsamts Rosenheim
https://www.dorfgespraech.net/ (16.04.2019)

DORFMODERATION – EIN GRUNDBAUSTEIN RHEINLAND-PFÄLZISCHER DORFERNEUERUNG (2016): 35. Informationsveranstaltung des Landkreistages Rheinland-Pfalz zur Dorferneuerung im Landkreis Bernkastel-Wittlich in Zusammenarbeit mit dem Referat Dorferneuerung im Ministerium des Innern und für Sport Rheinland-Pfalz Landkreistag Rheinland-Pfalz
https://mdi.rlp.de/fileadmin/isim/Unsere_Themen/Staedte_und_Gemeinden/Dokumente/Dorferneuerung/35.Informationsveranstaltung_des_landkreistages_Rheinland-Pfalz_zur_Dorferneuerung_im_Landkreis_Bernkastel-Wittlich.pdf (15.04.2019)

EVANGELISCHE KIRCHE IN DEUTSCHLAND (2015): Kirchenbilder – Lebensräume. Dokumentation der 3. Land-Kirchen-Konferenz der EKD vom 18. bis 20. Juni 2015 in Kohren-Sahlis. Dokumentation von Beiträgen der 2. Fachtagung der Land-Kirchen-Konferenz am 6. Mai 2014 in Kassel. epd-Dokumentation 42/2015
https://www.kirche-im-aufbruch.ekd.de/downloads/3__LKK__2__FT_Sonderdruck_epd-Dokumentation.pdf (19.01.2019)

EVANGELISCHE KIRCHE IN DEUTSCHLAND (2018): Bericht des Rates der EKD - Teil B (schriftlich). 5. Tagung der 12. Synode vom 11. bis 14. November 2018 in Würzburg
https://www.ekd.de/3-diakonisches-zeugnis-von-kirche-und-ihrer-akteure-39696.htm (15.04.2019)

EVANGELISCHE KIRCHE IN MITTELDEUTSCHLAND (o. J.): Erprobungsräume
https://www.erprobungsraeume-ekm.de/ (15.04.2019)

EVANGELISCH-LUTHERISCHE LANDESKIRCHE HANNOVERS (2016): Das vernetzte Dorf. Neue Wege des Gemeinschaftslebens
https://www.landeskirche-hannovers.de/evlka-de/presse-und-medien/frontnews/2016/10/10 (16.04.2019)

EVANGELISCH-LUTHERISCHE LANDESKIRCHE HANNOVERS, HAUS KIRCHLICHER DIENSTE (o.J.): Projekt „Das vernetzte Dorf"
https://www.kirchliche-dienste.de/arbeitsfelder/das_vernetzte_dorf/vernetztes_dorf (15.04.2019)

EVANGELISCHES WERK FÜR DIAKONIE UND ENTWICKLUNG (2018): Organigramm
https://www.diakonie.de/fileadmin/user_upload/Diakonie/PDFs/Ueber_Uns_PDF/EWDE_Organigramm_DE_2019-01-23.pdf (15.04.2019)

GEMEINWESENDIAKONIE (2019): Kiez, Viertel, Quartier – Kirche mittendrin: Gemeinwesendiakonie
https://gemeinwesendiakonie.de/ (16.04.2019)

GRÜTTERS, Monika (2018): Wieviel Religion verträgt die Demokratie? In: Die Zeit Nr. 20, 9. Mai 2018

INSTITUT FÜR SOZIALARBEIT UND SOZIALPÄDAGOGIK E. V. (2013): Fachgespräch am 16. Dezember 2013, Frankfurt am Main. Sorgende Gemeinschaften – Vom Leitbild zu Handlungsansätzen. Dokumentation. Redaktion Dr. Ludger Klein und Hans-Georg Weigel.
(= ISS-Aktuell 03/2014). Frankfurt am Main
https://www.iss-ffm.de/fileadmin/assets/veroeffentlichungen/downloads/Sorgende_Gemeinschaften_-_Vom_Leitbild_zu_Handlungsans_auml_tzen.pdf (30.07.2019)

JOAS, Hans; SPAEMANN, Robert (2018): Beten bei Nebel. Hat der Glaube eine Zukunft? Freiburg im Breisgau: Herder Verlag

KERSTEN, Jens; NEU, Claudia; VOGEL, Berthold (2015): Wettbewerb der Ideen in den Regionen. Expertise im Auftrag der Abteilung Wirtschafts- und Sozialpolitik der Friedrich-Ebert-Stiftung. WISO Diskurs. Bonn: Friedrich-Ebert-Stiftung
https://library.fes.de/pdf-files/wiso/11356.pdf (16.04.2019)

KÖTTER, Ralf (2014): Das Land ist hell und weit. Leidenschaftliche Kirche in der Mitte der Gesellschaft. Berlin: EBVerlag

MARIASPRING LÄNDLICHE HEIMVOLKSHOCHSCHULE E.V. (2017): Dorfmoderation. Qualifizierung Dorfmoderator/in BMQ Niedersachsen. Bovenden
https://www.mariaspring.de/ (16.12.2018)

NETZWERK SOZIALES NEU GESTALTEN (SONG) (2009): Lebensräume zum Älterwerden – Für ein neues Miteinander im Quartier. Memorandum des Netzwerks: Soziales neu gestalten (SONG)
http://www.netzwerk-song.de/fileadmin/user_upload/ Memorandum-des-netzwerks.pdf (30.07.2019)

SOFI (SOZIOLOGISCHES FORSCHUNGSINSTITUT GÖTTINGEN AN DER GEORG-AUGUST-UNIVERSITÄT) (2018): Das Soziale-Orte-Konzept. Neue Infrastrukturen für gesellschaftlichen Zusammenhalt
http://www.sofi-goettingen.de/projekte/das-soziale-orte-konzept-neue-infrastrukturen-fuer-gesellschaftlichen-zusammenhalt/projektinhalt/ (22.01.2019)

SONO (SOZIALES NETZWERK ORTENBERG E.V.) (2018): Ein Dorf hilft sich selbst
https://www.sono-ortenberg.de/ (16.04.2019)

SPES (STUDIENGESELLSCHAFT FÜR PROJEKTE ZUR ERNEUERUNG DER STRUKTUREN) (2015): Alt werden in vertrauter Umgebung. Das Dorf übernimmt den Generationenvertrag
http://www.spes.de/index.php?id=24 (16.04.2019)

Stiftung Digitale Chancen (2018):
Digitales Dorfleben – Modellprojekt "bremke.digital" startet in Gleichen
https://www.digitale-chancen.de/content/presse/stories.cfm/rss.1/key.398 (24.01.2019)

Verbandsgemeinde Daun (2017): Dauner Thesen 2017: Das Streben nach Resilienz als wiederentdeckte Aufgabe der Dörfer
https://www.vgv-daun.de/vg_daun/Der%20WEGE-Prozess/Dauner%20Thesen/Dauner%20Thesen%202017/ (16.04.2019)

Wolfgang Scharl [Würzburg]

Kirche als sozialer und spiritueller Akteur im Dorf

Kurzfassung

Der Beitrag fragt nach einer zeitgemäßen und realisierbaren Gestalt von Kirche und Gemeinde im Dorf. Ausgangspunkt sind die großen Veränderungsprozesse, in denen sich derzeit sowohl die Dörfer als auch die Kirche und ihre Gemeinden befinden. Welche Rolle und welchen Ort hat die ländliche Kirchengemeinde innerhalb dieser Transformationen? Dabei geht es dem Autor um eine Kirche vor Ort, die sich selbst als sozialer und spiritueller Akteur im Dorf begreift. Damit ist eine Kirche gemeint, die sich auf das Dorf und die in ihm lebenden Menschen einlässt, sich mitverantwortlich fühlt für die sozialen Prozesse und für die spirituellen Erfahrungsräume im Dorf, die offen ist für Kooperation und Begegnung, die es aber gleichzeitig vermeidet, die haupt- und ehrenamtlich Verantwortlichen durch überhöhte Erwartungen zu überfordern und zu enttäuschen.

Einleitung

Im vorliegenden Beitrag soll es nicht darum gehen, die unterschiedlichen sozialen, seelsorglichen und kulturellen Angebote und Aktivitäten aufzuzählen, die kirchliche Gemeinden, Verbände, Bildungseinrichtungen, ländliche und landwirtschaftliche Beratungsstellen sowie Caritas und Diakonie in den Dörfern gestalten und verantworten. Vielmehr geht es zunächst einmal um eine Problemsicht und um die Schärfung der Wahrnehmung der aktuellen Situation von Kirche auf dem Land. Nicht nur die Dörfer und der ländliche Raum insgesamt sind nämlich stark im Wandel begriffen, sondern ebenso die kirchlichen Gemeinden auf dem Land und die Kirche und ihre Sozialform als Ganze. Bei beiden weiß eigentlich niemand so recht, wie sich die Zukunft gestalten wird. Nur eines ist sicher: Die Veränderungsprozesse in Dorf und Kirche werden auch in der nächsten

Zeit noch anhalten. Das führt zu Verunsicherung, die heute allenthalben zu spüren ist und die wahr- und ernstgenommen werden muss.

Ich möchte allerdings nicht dabei stehen bleiben, sondern über eine Vision von Kirche auf dem Land im Kontext dieser Veränderungen nachdenken. Wie kann unter den heutigen gesellschaftlichen und kirchlichen Bedingungen eine zeitgemäße Gestalt von Kirche und christlicher Gemeinde auf dem Land aussehen, und zwar einer Kirche, der es gelingt, Glauben im Dorf lebendig und spürbar werden zu lassen und sich dabei gleichzeitig nicht nur auf sich selbst zurückzuziehen, sondern das Leben im Dorf mitzugestalten, sich mitverantwortlich zu fühlen für das Dorf insgesamt und das soziale Zusammenleben vor Ort? Denn das, davon bin ich überzeugt, ist der grundlegende Auftrag von Kirche, so wie es das Zweite Vatikanische Konzil in der Pastoralkonstitution „Die Kirche in der Welt von heute" schon 1965 herausgestellt hat: „Freude und Hoffnung, Trauer und Angst der Menschen von heute, besonders der Armen und Bedrängten aller Art, sind auch Freude und Hoffnung, Trauer und Angst der Jünger Christi", also der Kirche. Oder wie Karl RAHNER und Herbert VORGRIMLER (1984, 449) es formulierten: „Darum erfährt diese Gemeinschaft sich mit der Menschheit und ihrer Geschichte wirklich engstens verbunden." Die Leitfrage meines Beitrages lautet also: Wie kann die kirchliche Gemeinde weiterhin eine wichtige Rolle im Dorf spielen, und zwar dann, wenn sie sowohl sozial – theologisch gesprochen „diakonisch" – als auch „spirituell" orientiert ist und sich berufen fühlt, für das ganze Dorf und dessen Sozialität und Spiritualität mitverantwortlich zu sein, anstatt sich nur um sich selbst zu drehen.

Sie mögen mir verzeihen, dass ich – als katholischer Landvolkseelsorger – diesen kurzen Beitrag vorrangig aus der Perspektive der katholischen Kirche verfasse, wohl wissend, dass die Zukunft von Kirche gerade in den Dörfern ökumenisch sein muss und nach meiner Überzeugung auch sein wird, ganz abgesehen vom immer wichtiger werdenden Dialog und der Kooperation mit Menschen anderer Religionen sowie mit Religionslosen und religiös Gleichgültigen. Denn auch auf dem Land existiert heute – und das betrachte ich durchaus als sehr positiv – die Vielfalt von Lebenseinstellungen und Lebensformen, die Pluralität und individuelle Freiheit, die unsere Gesellschaft insgesamt mehr und mehr prägt.

Ein Blick in die Praxis – Klausurtage für Pfarrgemeinderäte

In meiner Eigenschaft als Landvolkseelsorger der Diözese Würzburg treffe ich mich gelegentlich mit Pfarrgemeinderäten ländlicher Gemeinden zu Vorträgen oder Klausurtagen. Die widmen sich dann etwa Themen wie „Damit die Kirche im Dorf bleibt – Wege für eine zukunftsfähige christliche Gemeinde auf dem Land". Den Verantwortlichen in den Gemeinden brennt hierzu eine Fülle von Fragen auf den Nägeln. Und es herrscht große Verunsicherung, wie es vor Ort weiter gehen kann. Alles verändert sich. Viele Diözesen haben einen Prozess der Umgestaltung der gemeindlichen Strukturen begonnen oder bereits umgesetzt. Gemeinden und Pfarreien werden zu größeren Einheiten zusammengelegt, Vertrautes verschwindet. Was bleibt denn eigentlich noch?

Meistens beginne ich solch einen Klausurtag mit der Frage, wie es den TeilnehmerInnen bei ihrem – meist ehrenamtlichen – Engagement gerade so geht und welche Erwartungen sie an den Klausurtag haben. „Es kommt doch fast keiner mehr, junge Menschen schon gar nicht. Was sollen wir denn noch alles machen? Wir sind doch jetzt schon nur noch so wenig Engagierte." So lauten viele der Äußerungen. Oft klingt es nach Frust und Enttäuschung. Wobei es – glücklicherweise – aber auch positive Äußerungen gibt: „Das Zusammenwirken im Team macht Spaß. Wir können Verantwortung übernehmen und Neues ausprobieren." Dennoch bringen mich diese Begegnungen zu dem Schluss, dass es in vielen Gemeinden dringend eine neue aufbauende Vision von einer zeitgemäßen christlichen Gemeinde vor Ort braucht, eine Vision, die nicht alten vergangenen Zeiten nachhängt und die ebenso wenig dem Traumbild von einer lebendigen, aktiven und perfekten Gemeinde nachjagt, das unrealistisch ist und permanent zu Überforderung und Enttäuschung führt. Wir müssen eine realistische Vision von Gemeinde im Dorf entwickeln, die Freude weckt und Lust darauf macht, dabei zu sein.

Land in Sicht – ein Projekt in der Diözese Würzburg

Von 2003 bis 2006 führte die Katholische Arbeitsgemeinschaft Land (KAL) der Diözese Würzburg das Projekt „Land in Sicht – Zukunft der Landpastoral in der Diözese Würzburg" durch (vgl. SCHARL 2006). Wissenschaftlich begleitet wurde das Projekt vom Lehrstuhl für Pastoraltheologie der Universität Würzburg. Die KAL ist der Zusammenschluss aller Verbände und Einrichtungen innerhalb der Diözese, die mit Landpastoral und ländlichen Themen befasst sind. Ziel des Projektes war es, die Menschen auf dem Land und ihre Fragen, Anliegen und Wünsche wahrzunehmen. Wie ist die aktuelle Lebenssituation in den ländlichen Regionen? Und was bedeutet das für die zukünftige Seelsorge? Würzburg ist eine ländlich geprägte Diözese, in der mehr als zwei Drittel der Pfarreien weniger als 1000 Katholiken zählen. Gleichzeitig hatte das Projekt das Ziel, das Thema Landpastoral innerhalb der Diözese wieder stärker zur Sprache und ins Bewusstsein zu bringen.

Das dreieinhalbjährige Projekt bestand aus folgenden fünf Elementen:

1) Zwei diözesane Tagungen und ein Runder Tisch zur Landpastoral fanden am Lernwerk Volkersberg bzw. an der Universität Würzburg statt.
2) Für eine Dorfanalyse verbrachten 15 VertreteterInnen der Einrichtungen und Verbände der KAL eine Woche lang in dem 500 Einwohner-Dorf Michelau im Steigerwald und befragten mit den unterschiedlichsten Methoden die BewohnerInnen zu den vier Themenbereichen „Soziales Leben im Dorf", „Zusammenleben im Dorf (unterschiedliche Milieus und Gruppierungen)", „Infrastruktur sowie Kirche" und „Gemeinde im Dorf". Die Dorfanalyse wurde begleitet von der Akademie der Katholischen Landjugend, Bad Honnef, und vom Pro Provincia Institut, Boxberg. Am Ende der Woche wurden den Dorfbewohnern die Ergebnisse präsentiert und verschiedene Anregungen zur weiteren Dorfentwicklung gegeben.
3) Im Anschluss an die Dorfanalyse wurde – ausgehend von den dort gemachten Erfahrungen – ein Arbeits- und Diskussionspapier mit 18 Thesen zur Landpastoral erstellt und in den verschiedensten Gremien der Diözese, der Dekanate, der Pfarreien und Verbände diskutiert.
4) Den Höhepunkt des Projektes bildete eine umfangreiche Fragebogenaktion. Die Pfarrgemeinderäte von 65 über die gesamte Diözese verteilten Landpfarreien, insgesamt ca. 450 Personen, diskutierten und beantworteten 28 Fragen zu ihrer Einschätzung der Gegenwart und Zukunft der Pastoral in ihrem Dorf. Sie führten auf die-

se Weise im Gespräch eine kleine eigene Gemeindeanalyse durch und lieferten gleichzeitig wichtige Informationen zur aktuellen Bestandserhebung und Einschätzung sowie zu den Erwartungen und Visionen der aktiv Verantwortlichen der ländlichen Gemeinden. Die Fragen widmeten sich hier drei Themenbereichen: „Aufgaben und Schwerpunkte der Gemeinde", „Ehrenamtliche und ihre Unterstützung und Begleitung" sowie „SeelsorgerInnen und die Erwartungen an sie".

5) Als Abschluss wurde eine Checkliste für ländliche Pfarreien zusammengestellt, um sie bei der Vorbereitung auf die Bildung von Pfarreiengemeinschaften zu unterstützen.

Dorf und Kirche im Transformationsprozess

Als Ergebnis des Projektes lässt sich festhalten: Sowohl das Dorf als auch die christliche Gemeinde im Dorf befinden sich derzeit in einem grundlegenden Transformationsprozess.

Das Zusammenleben im Dorf ist sehr kompliziert geworden. Die gesellschaftliche Pluralisierung und Individualisierung hat das Dorf erreicht und führt zu einer großen Vielfalt und Unterschiedlichkeit von Lebensformen und Orientierungen. Dennoch sind die Dörfer nicht zu kleinen Städten geworden, sondern sind etwas Eigenes. Was dieses Eigene derzeit ist und in Zukunft sein wird, ist jedoch meist recht schwer zu fassen. Trotz aller Unterschiedlichkeit ist die Qualität des Zusammenlebens den meisten DorfbewohnerInnen nicht gleichgültig. Es besteht eine diffuse Erwartung und Sehnsucht nach einer irgendwie gearteten „guten Dorfgemeinschaft", wie dieses positive Zusammenleben im Dorf konkret aussehen könnte, wissen die meisten nicht. Und das ist ja auch nicht verwunderlich, gibt es doch kaum Modelle, wie im Dorf die neue Vielfalt sinnvoll gelebt werden kann, ja wie sie nicht als Bedrohung, sondern als Chance und Bereicherung wahrgenommen werden kann. Letztlich stellt das heutige Dorf quasi ein großes soziales Experiment dar. Es gibt wenig Menschen, die zwischen den unterschiedlichen Gruppen Verbindungen herstellen und vermitteln können. Und es gibt immer weniger „Fachleute" vor Ort, die dabei helfen können. Frühere Ansprechpartner wie der Dorfarzt, der Lehrer, die Gemeindeschwester sind mehr und mehr aus den Dörfern verschwunden, und das gilt inzwischen oft auch für den Pfarrer.

Die Kirche droht mehr und mehr aus dem Dorf zu verschwinden. Gleichzeitig bietet jedoch der oben beschriebene Wandel des Dorfes der Kirche neue Herausforderungen, Aufgaben und Chancen. Hierzu jedoch braucht es ein zukunftsfähiges neues Bild von Kirche im Dorf, ein Konzept von Gemeinde als offener Sozialform.

Kirche auf dem Land – Erwartungen und Chancen

Ein wichtiges Ergebnis der Dorfanalyse in Michelau war die Erkenntnis, dass es durchaus noch Erwartungen an Kirche und Gemeinde im Dorf gibt, auch von Menschen, die sonst am kirchlichen Leben nur sehr wenig oder gar nicht beteiligt sind. Die Erwartungen sind allerdings recht diffus: Die Kirche soll im Dorf bleiben, als letzte verbindende, die Vielfalt irgendwie integrierende Instanz. Wer sonst ist im Dorf noch präsent und sollte helfen können, mit der neuen kulturellen und gesellschaftlichen Herausforderung durch die Vielfalt im Dorf sinnvoll umgehen zu können, wenn nicht die Kirche?

Meines Erachtens steht die Kirche heute an einer entscheidenden Weggabelung, und bis jetzt ist noch nicht klar entschieden, welchen Weg sie nehmen wird. Wird sie sich zurückziehen auf den eigenen Binnenraum, wird sie in Zukunft nur noch die kleine Herde der verbliebenen Frommen sammeln, was langfristig auch bedeuten würde, die Struktur der territorialen Gemeinden aufzugeben und sich auf bestimmte Zentren und Stützpunkte zu konzentrieren? Oder wird sie an dem Anspruch festhalten, für alle da zu sein, an alle gesandt zu sein? Die Entscheidung muss zügig gefällt werden. Hat sich die Kirche nämlich einmal aus dem Raum zurückgezogen und ist sie nicht mehr vor Ort präsent, dann werden auch die Erwartungen an sie und damit ihre Handlungschancen schwinden.

Die Kirche vor Ort wird in Zukunft anders aussehen und eine andere soziale Gestalt annehmen müssen als in der Vergangenheit. Diese neue Sozialform gilt es nun zu gestalten. Dazu bedarf es auch einer realistischen Einschätzung der möglichen finanziellen und personellen Ressourcen. Zunächst allerdings braucht es eine klare Entscheidung für eine Kirche für alle, nicht in einem vereinnahmenden Sinne, sondern verstanden als diakonisches Gesandtsein in die Welt.

Die im Projekt „Land in Sicht" festgestellten Erwartungen an eine Kirche auf dem Land lassen sich so zusammenfassen:

- Die christliche Gemeinde hat eine diakonisch-integrierende Funktion im Dorf.
- Die Kirche soll nicht einfach ein weiterer Verein im Dorf sein, der sich in Konkurrenz mit den anderen Vereinen oder Gruppierungen und ihren Angeboten begibt.
- Der/die SeelsorgerIn soll als Wanderer und Brückenbauer fungieren, als Vermittler zwischen den unterschiedlichen Gruppen im Dorf mit ihren verschiedenen Lebensformen und -einstellungen.
- Der/die SeelsorgerIn soll ein „Spezialist für das Allgemeine" sein, der in unserer Zeit der zunehmenden Teilzuständigkeiten für die Menschen allgemein ansprechbar ist, sich auch manchmal nur nach dem Befinden erkundigt, der aber bei Bedarf auch kompetent zu den anderen Angeboten in der Region weiterleiten kann, sei es etwa im sozialen, Beratungs- oder Bildungsbereich.
- Kirche soll vor Ort präsent sein, das beinhaltet die Ansprechbarkeit von konkreten Personen bzw. eine „Seelsorge mit Gesicht".

Die Antworten der durchgeführten Fragebogenaktion zeigten, dass die Mehrzahl der Verantwortlichen und MitarbeiterInnen der kirchlichen Gemeinden durchaus eine Kirche für alle will, eine Pfarrei, die Relevanz für die Menschen im Dorf hat und diakonisch für sie da ist. Gleichzeitig zeigten die Antworten jedoch auch, dass viele Befragten nicht wissen, wie eine solche Gemeinde konkret aussehen könnte oder wie sie zu Veränderungen beitragen könnten, ohne sich selbst zu überfordern.

Birgit HOYER (2011) weist in ihrer Habilitationsschrift „Seelsorge auf dem Land. Räume verletzbarer Theologie" meines Erachtens in die richtige Richtung, wenn sie betont, dass es gerade in den derzeitigen gewaltigen Transformationsprozessen in den Dörfern Aufgabe von Kirche und christlicher Gemeinde sein müsse, sich an die Seite der Menschen zu stellen und sie bei diesem Wandel zu begleiten.

„In den ländlichen Räumen kristallisieren sich gesellschaftliche Entwicklungen zu markanten Problempunkten. Ihr scharfes Profil resultiert aus der Vielfalt gesellschaftlicher Milieus und persönlicher Lebensstile auf relativ engem Raum, einem Ort in zugleich relativer Weitläufigkeit. Jedes Dorf ist der Ernstfall von Individualisierung und Pluralisierung. Dem Land fehlt jegliche Einheitlichkeit ..." (HOYER 2011, 13).

Kirche und Theologie sind „herausgefordert, sich als Transformationsräume zu inszenieren und identifizierbar zu werden. Ein Konzept gibt es dafür nicht, das Bild dieses Raumes kann nur am jeweiligen Ort entwickelt werden" (ibid., 14). Es geht also für die kirchliche Gemeinde auf dem Land darum, sich dieser Unklarheit und dieser Vielfalt von Lebensentwürfen auszusetzen, sie gemeinsam mit den Menschen vor Ort zu (er)leben, ohne mit fest vorgegebenen Antworten und Strategien aufzuwarten. Es geht darum, an der Seite der Menschen zu stehen und zu gehen „... in den gegenwärtigen Transformationen und Differenzierungen, die auch und gerade in der Peripherie ländlicher Räume zur Verinselung von Leben, zu Rollenbrechungen, Abbrüchen und Aufbrüchen führen" (ibid., 55).

Spiritualität und Mitmenschlichkeit – die Grundanliegen einer christlichen Gemeinde

Bei den erwähnten Klausurtagen mit Pfarrgemeinderäten ländlicher Gemeinden besteht mein erstes Ziel zunächst einmal darin, die Teilnehmer von dem hohen Druck zu entlasten. Es geht nicht darum, eine perfekte Gemeinde zu sein oder zu werden, an deren Angeboten alle DorfbewohnerInnen begeistert teilnehmen und zu der sich alle zugehörig fühlen. Diese Wunschvorstellung führt nur zu ständiger Überforderung und Frustration. Vielmehr geht es darum, dass Menschen, die das eben wollen, als christliche Gemeinschaft vor Ort leben, dass sie selbst die Freude und das Positive des Christseins erleben. Dies kann dann auf andere ausstrahlen und so das Dorf mitgestalten und prägen.

Ein nächster Schritt bei den Klausurtagen stellt eine kleine Analyse des konkreten Dorfes und dann der christlichen Gemeinde in diesem Dorf dar. Was nehmen die Teilnehmer als Stärken und was als Schwächen unseres

Dorfes und der Gemeinde wahr? Warum leben sie gerne in ihrem Dorf, oder auch nicht? Was fehlt ihnen? Was wünschen sie sich?

Vor diesem Hintergrund lässt sich eine mögliche Vision für eine konkrete Gemeinde in einem konkreten Dorf entwerfen. Dazu braucht es Kriterien. Theologisch lässt sich sagen, dass jede christliche Gemeinschaft und Gemeinde zwei grundlegende, untrennbar miteinander verbundene Aufgaben hat: 1. Den Glauben zu leben und erlebbar zu machen, also eine spirituelle Aufgabe. 2. Nächstenliebe zu üben und Mitmenschlichkeit spürbar werden zu lassen, also eine diakonische Aufgabe.

Das führt zu folgenden Fragen: Was trägt die christliche Gemeinde in dem jeweiligen Dorf dazu bei, dass Glaube und Spiritualität deutlicher spürbar und erlebbar werden als es vielleicht ohne sie der Fall wäre? Und was trägt sie dazu bei, dass im Dorf etwas mehr Mitmenschlichkeit spürbar wird als dies vielleicht ohne sie der Fall wäre?

Oft überrascht es, wie viele Orte und Gelegenheiten es im Dorf gibt, an denen Glaube und Spiritualität spürbar sind. Das gilt für die Kirche und die Gottesdienste, aber vielleicht auch für eine alte Dorflinde, einen schönen Bildstock oder einen ruhigen Ort, an dem Menschen stehen bleiben, vielleicht gibt es aber auch Begegnungsmöglichkeiten mit Menschen anderer Religionen oder anderer Lebens- und Glaubensvorstellungen.

Ähnlich vielfältig sieht es im Bereich des Diakonischen und Sozialen aus, wozu im weiteren Sinne auch der politische Einsatz für gerechtere und menschlichere Lebensverhältnisse zählt. Vielleicht gibt es einen Besuchsdienst, einen Babysitterdienst, einen Dorfladen, einen Bürgerbus, eine Bürgerinitiative für eine Umgehungsstraße. Welche sozialen Nöte gibt es bei den Menschen dieses Dorfes? Werden die unterschiedlichen Menschen mit ihren Eigenheiten und auch mit ihren Sorgen überhaupt wahr- und ernstgenommen?

Ein wesentliches Merkmal christlicher Gemeinden besteht somit in ihrem Bemühen, die Lebensbedingungen der Menschen im Dorf zu verbessern und insbesondere diejenigen, die sich in ungünstigen Lebensbedingungen befinden, zu ermutigen, die Veränderungen in ihrem Lebensfeld selbst vorzunehmen. Der Trierer Pastoraltheologe Martin LÖRSCH (2015) hat hierzu das Konzept der Sozialraumorientierung christlicher Gemeinden entwickelt.

Zwei Fragebögen im Anhang zu diesem Beitrag können dabei helfen, sich intensiver mit den Themen christliche Gemeinde als diakonisch-sozialer sowie als spiritueller Akteur im Dorf auseinanderzusetzen.

Impulse für christliche Gemeinden im Dorf

Zusätzlich zu den spirituellen und diakonischen Grundaufgaben bzw. fundamentalen Wesensmerkmalen der christlichen Gemeinde, möchte ich in knapper Form einige weitere Merkmale benennen, die Gemeinden im Dorf meines Erachtens zukunftsfähig sein lassen können.

Die selbstbewusste und selbstgestaltete Gemeinde

Hierzu braucht es eine klare, selbst getroffene Schwerpunktsetzung. In Freiheit sollten sich die verantwortlichen Ehren- und Hauptamtlichen entscheiden, was sie tun möchten, um ihr Christsein gemeinsam zu leben und die erwähnten beiden Hauptaufgaben der christlichen Gemeinde in ihrem Dorf zu verwirklichen. Experimente sind erlaubt und erwünscht.

Die ökumenische Gemeinde

Es geht um das gemeinsame Leben und Gestalten von Christsein im Dorf. Trennendes und Konkurrenzdenken sollten überwunden werden. Meine Erfahrungen zeigen mir, dass die meisten Christen vor Ort durchaus bereit dazu sind und sich weitere Schritte in Richtung echter Ökumene wünschen. Die Dörfer und ihre christlichen Gemeinden könnten hier Vorreiter sein. Das gleiche gilt für die Ökumene zwischen den Religionen und zwischen religiösen und nicht-religiösen Menschen.

Die offene, gastfreundliche und vielfältige Gemeinde

Territorialgemeinden müssen – im Vergleich zu Personalgemeinden, die sich aus überörtlich zusammenfindenden Mitgliedern zusammensetzt – offen für eine große Vielfalt sein. Dabei gibt es ganz unterschiedliche Möglichkeiten, sich mehr oder weniger intensiv an der Gemeinde und ihrem Leben zu beteiligen und an ihren Angeboten teilzunehmen. Die Verantwortlichen der Gemeinden sollten diese Vielfalt als Chance und als hohen Wert betrachten. Offene Gemeinden grenzen nicht aus, sondern akzeptieren sehr unterschiedliche Formen der Zugehörigkeit und Verbundenheit. Zu ihnen gehört eben nicht nur derjenige, der jeden Sonntag in die Kirche geht und sich außerdem noch ehrenamtlich engagiert, sondern auch derjenige, der nur ab und zu mal vorbeischaut. Alle Menschen sind Kinder Gottes, ohne Unter- und Überordnung, egal wie unterschiedlich sie auch sein mögen. Die offene territoriale Gemeinde ist ein sichtbares Zeichen dieser theologischen Wahrheit.

Die vernetzte und kooperative Gemeinde

Sie ist bereit zur Zusammenarbeit mit der politischen Gemeinde und mit den unterschiedlichen Gruppen im Dorf. Sie muss nicht alles selber machen, sondern kann kooperieren und ist mit anderen Angeboten und Einrichtungen vernetzt.

Die heilsame, frohmachende Gemeinde

Sie lässt die Frohe Botschaft Jesu wirklich als frohe und befreiende Botschaft spürbar werden. Sie macht Lust darauf, dabei zu sein und mit ihr in Kontakt zu treten.

Die präsente, sichtbare und ansprechbare Gemeinde

Gemeinden brauchen, um Begegnung zu ermöglichen, glaubwürdige Vertreter vor Ort, die die christliche Gemeinde repräsentieren und für Menschen ansprechbar sind. In Zeiten der abnehmenden Zahl an Priestern,

Hauptamtlichen und oft auch Ehrenamtlichen ist dies eine große Herausforderung. Ihr müssen sich jedoch nicht nur die Diözesanverantwortlichen, sondern jede einzelne christliche Gemeinde stellen.

Anhang 1

Für die Praxis. Fragen für Verantwortliche in kirchlichen Landgemeinden zum Thema „Die diakonische-soziale Gemeinde"

1) Stellen Sie sich die unterschiedlichen Menschen vor, die in Ihrem Dorf leben. Welchen Menschen, welchen Gruppen geht es nicht gut? Wer wünscht sich mehr Kontakt? Wer ist in Not und braucht Hilfe?
2) Gibt es Gruppen/Einzelne in Ihrem Dorf, die sich sozial engagieren und für andere einsetzen, die sich darum bemühen, dass es in Ihrem Dorf „menschlicher" zugeht? Haben diese Gruppen/Einzelne mit der Kirchengemeinde Kontakt? Welchen?
3) Fühlt sich Ihre Kirchengemeinde mitverantwortlich für das gesamte Dorf, für die Lebensqualität all seiner Bewohner und Bewohnerinnen? Wie äußert sich das?
4) Haben Sie Ideen, was Sie als Kirchengemeinde in diesem Bereich konkret tun könnten? Sehen Sie Herausforderungen und Chancen? Was könnten Sie eventuell verwirklichen?

Anhang 2

Für die Praxis. Fragen für Verantwortliche in kirchlichen Landgemeinden zum Thema „Die spirituelle Gemeinde"

1) Gibt es in Ihrem Dorf heilige/spirituelle Orte? Wenn ein Fremder in das Dorf kommt, wo merkt er etwas von Gott, vom Glauben, von Spiritualität?
2) Gibt es Gruppen/Einzelne in Ihrem Dorf mit einer bestimmten Spiritualität/Glaubensausrichtung? Welche? Haben diese Gruppen/Einzelne mit der Kirchengemeinde Kontakt? Welchen?

3) Trägt Ihrer Meinung nach die Kirchengemeinde in Ihrem Ort dazu bei, dass Gott und Mensch sich begegnen können, dass Glaube und Spiritualität lebendig bleiben? Wie trägt sie dazu bei?
4) Haben Sie neue Ideen, wie Sie dazu beitragen könnten, dass Gott und Mensch sich in Ihrem Ort begegnen können, dass Spiritualität und Glaube spürbar werden? Was könnten Sie eventuell verwirklichen?

Literatur

HOYER, Birgit (2011): Seelsorge auf dem Land. Räume verletzbarer Theologie. Stuttgart: Kohlhammer

LÖRSCH, Martin (2015): Kirche im Sozialraum. In: DESSOY, Valentin; LAMES, Gundo; LÄTZEL, Martin; HENNECKE, Christian Hrsg. (2015): Kirchenentwicklung. Ansätze – Konzepte – Praxis – Perspektiven. (= Gesellschaft und Kirche – Wandel gestalten, Band 4). Trier: Paulinus, 321–331

RAHNER, Karl; VORGRIMLER, Herbert (1984): Kleines Konzilskompendium. Sämtliche Texte des Zweiten Vatikanums. Freiburg im Breisgau: Herder

SCHARL, Wolfgang (2006): Land in Sicht – Zur Zukunft der Landpastoral. In: KAMPHAUS, Franz Hrsg. (2006): Kirche auf dem Land. (= Limburger Texte 29). Limburg Informations- und Öffentlichkeitsarbeit des Bistums Limburg, 25–35

SPIELBERG, Bernhard (2012): Wie bleibt die Kirche vor Ort am Leben (dran)? Impulse für eine Seelsorge, die sich sehen lassen kann. Werkblatt der Katholischen Landvolkbewegung 3/2012

Juliane Stückrad [Eisenach]

Verantwortung – Tradition – Entfremdung. Bedeutung von Kirche in ländlichen Räumen am Beispiel dreier Dörfer der Kirchenbezirke Leipziger Land und Leisnig-Oschatz

Kurzfassung

Dieser Beitrag bezieht sich auf eine ethnographische Studie, die im Auftrag der Evangelisch-Lutherischen Landeskirche Sachsens im Jahr 2016 entstand und in drei Dörfern des Regionalkirchenamtes Leipzig die Bedeutung von Kirche erkundete. Es ergab sich ein vielschichtiges Bild von Erwartungen, die die Menschen an das Wirken der Kirche in ländlichen Räumen hat, und Erfahrungen mit der Arbeit der Kirche vor Ort. Dabei unterschieden sich die Themenschwerpunkte je nach der historischen Prägung des jeweiligen Dorfes. Darüber hinaus kamen auch dorfübergreifend Themen zur Sprache. Eines davon war die Rolle des Ehrenamtes für die Kirchgemeinde, die hier ausführlicher dargestellt wird. Aus der ethnographischen Dokumentation wurden am Ende Handlungsmöglichkeiten und Fragen abgeleitet, die für die Arbeit der Kirche in ländlichen Räumen Ostdeutschlands hilfreich sein könnten.

Vorbemerkung

Dieser Beitrag stellt Auszüge einer ethnografischen Studie vor, die im Auftrag der Evangelisch-Lutherischen Landeskirche Sachsen entstand (vgl. STÜCKRAD 2017) und am „Evangelischen Zentrum Ländlicher Raum Heimvolkshochschule Kohren-Sahlis" herausgegeben wurde. Die Heimvolkshochschule ist eine Bildungseinrichtung für die Menschen in den ländlichen Regionen Sachsens und ihre Themen. Die Arbeit des Hauses gliedert sich in zwei Bereiche: „Kirche in ländlichen Räumen" und „Umwelt und ländliche Entwicklung". Dabei liegt der Schwerpunkt in der Begleitung sowie der Aus- bzw. Fortbildung von Ehrenamtlichen sowie der Sensibilisierung für die Belange der ländlichen Räume[1].

Die Studie, die diesem Beitrag zugrunde liegt, wurde von einem kleinen Arbeitskreis von TheologInnen initiiert und begleitet. Dr. Heiko FRANKE, Dr. Jochen KINDER, Dr. Katrin METTE und Dr. Dirk Martin MÜTZE kennen das Leben und Arbeiten auf dem Land aus der eigenen Berufspraxis und wissen um die Herausforderung des Wandels auf dem Land für die Kirche. Im Vorwort zur Studie umreißen die verantwortlichen Herausgeber METTE & MÜTZE (2017b, 9) diesen anschaulich in wenigen prägnanten Sätzen:

> Schon seit Jahrzehnten zeigt sich in den ländlichen Räumen ein Veränderungsprozess, der viele Bereiche des Lebens der Menschen erfasst hat. Ihren Ausgang nahm diese Entwicklung im 19. Jahrhundert mit einer immer stärker werdenden Automatisierung in der Landwirtschaft aber auch mit der Industrialisierung, die zahlreiche Menschen von den Dörfern in die Großstädte zog, die aber auch zur Ansiedlung industrieller Betriebe in den ländlich geprägten Kleinstädten führte und auf diese Weise vor allem in Sachsen Industriearbeitsplätze in die ländlichen Regionen brachte. Die Kollektivierung der Landwirtschaft in der DDR sollte noch einmal für einen massiven Wandel der ländlichen Lebenswelt sorgen. [...] Einen weiteren nachhaltigen Einschnitt für das Leben auf dem Lande stellte die politische Wende 1989/90 dar. Im Zuge der Auflösung bzw. Umwandlung der landwirtschaftlichen Großbetriebe verloren viele Menschen ihre Arbeit in diesem Bereich. [...] Zudem kam es in vielen Klein- und Mittelstädten geradezu zu einer Deindustrialisierung, die gleichsam vielen Menschen die Einkommensgrundlage genommen hat.

Im Nachwort gehen die Herausgeber nochmals auf die Überlegungen ein, die zur Erstellung dieser Studie führten:

> Den Ausgangspunkt für die [...] Feldstudie in verschiedenen Dörfern Nordsachsens bildete ein Unbehagen. Die Initiatorinnen und Initiatoren der Studie waren unsicher, ob die bei Pfarrerinnen, Gemeindepädagogen und Strukturkommissionen präsenten theologischen Leitbilder von Kirche im Allgemeinen, das [...] Kirchenverständnis im Sinne einer re-

ligiös-kultischen Glaubensvergemeinschaftung im Besonderen, bei den Menschen vor Ort (sowohl Kirchenmitgliedern als auch konfessionell ungebundenen Personen) eine bedeutsame Rolle spielt bzw. überhaupt relevant ist. Es stand die Vermutung im Raum, dass mit dem Begriff „Kirche" primär ganz andere Bedeutungen aufgerufen werden als die theologische. (METTE & MÜTZE 2017a, 66)

Die Studie, von der ausgewählte Ergebnisse hier vorgestellt werden, sollte helfen, die Erwartungen an und Vorstellungen von Kirche ganz konkret an Beispielen zu erkunden. Erst die Analyse vor Ort, so betonen die Herausgeber, zeigt, was vorhanden und was gewünscht ist, und „schützt vor ziellosem Aktionismus und der Resignation über Aktivitäten, die nicht den erwünschten Widerhall finden" (METTE & MÜTZE 2017b, 9).

Ziel und methodisches Vorgehen

Ziel der ethnografischen Datenerhebung war es, im kulturellen Kontext zu erfahren, wie Menschen „die Kirche" in ihren Ortschaften wahrnehmen. Welche Erwartungen haben sie und auf welche Erfahrungen stützen sich ihre Meinungen? Mit der Arbeitsgruppe wurden dafür drei Dörfer ausgewählt, in denen die evangelische Kirche in unterschiedlicher Weise vertreten ist: ein Dorf mit besetzter Pfarrstelle (Dorf A)[2], eines, das seit 1997 keinen eigenen Pfarrer mehr vor Ort hat (Dorf B), und eines, dessen Pfarrstelle bereits 1919 aufgegeben wurde (Dorf C). Da es sich als notwendig für das Verstehen des Gemeindelebens erwies, wurden auch Bewohner eingepfarrter Nachbardörfer in die Gespräche einbezogen.

Der Begriff „Kirche" wurde bewusst in seiner vielschichtigen Bedeutung verwendet, um einen umfassenden Eindruck von den Einstellungen der Befragten zur Thematik zu erhalten. Es ergab sich im Zuge der Datenerhebung, dass „Kirche" in ihrer Materialisierung als Gebäude, Pfarrhaus, Gemeinderaum oder Friedhof wahrgenommen wird, aber auch als soziales Netzwerk in Form der Institution, einer bürokratischen Verwaltung, des Pfarrers, der Pfarrerin und kirchlicher Mitarbeiter, des Kirchenvorstandes und der Kirchgemeinde, in der man wie in einem Verein Mitglied ist oder nicht. Darüber hinaus wurde „Kirche" unter ökonomischen Gesichtspunkten wie ein Wirtschaftsunternehmen und als karitativer Verein beschrieben. Und schließlich sahen die Gesprächspartner in „der Kirche" auch ein Wertesystem, an dem sie sich als Institution selbst messen lassen muss.

Die Studie entstand auf Grundlage qualitativer, ethnografischer Methoden und kombiniert dabei verschiedene Zugänge zum Feld. Im Zentrum stand die teilnehmende Beobachtung im Sinne von HAUSER-SCHÄUBLIN (2003, 34), bei der sich die Forscherin physisch in das Feld begibt und in soziale Interaktion mit den Akteuren des Feldes tritt. Ausgehend vom Beobachteten wurden erste Thesen entwickelt, die in Gesprächen mit lokalen Akteuren dann überprüft wurden. Ziel war es, das Alltagswissen der Akteure im Forschungsfeld zu erkunden. Auf der Basis von Aussagen einzelner Personen wurden dann – unter Berücksichtigung des jeweiligen Kontextes – Rückschlüsse auf kulturelle Prägungen der Wahrnehmungen, Erfahrungen und Erwartungen der Akteure des Feldes möglich. Die im Feld festgehaltenen Themen und deren Deutungen wurden anschließend interpretiert und diskutiert[3]. Die Sichtung der Literatur zur Geschichte der Dörfer und der Ortschroniken war ebenfalls Teil der Datenerhebung, um Hinweise auf die historische Prägung der Lebenswelt der *Ethnografierten* besser einordnen zu können. Statistische Daten wurden hinzugezogen, um einen Überblick über die Bevölkerungsentwicklung und die Mitgliederzahlen der Kirchgemeinden zu erhalten (STÜCKRAD 2017, 13–16).

Bedeutungen von Kirche im Kontext lokaler Kultur

In jedem der drei untersuchten Dörfer wurden abhängig von der historischen und sozialen Entwicklung voneinander abweichende Bedeutungen von Kirche hervorgehoben. Der jeweilige Schwerpunkt der Bedeutung von Kirche schien immer in dem Bereich zu liegen, der in der lokalen Identität als problematisch angesehen wurde. Aber genau an dieser Stelle gibt es auch Potential für die Kirche als vermittelnde und Gemeinschaft stiftende Instanz. Dieses kann aber nur ausgeschöpft werden, wenn die Kirche in der Auseinandersetzung mit lokal bedingten Problemlagen eine aktive und konstruktive Rolle einnehmen kann. Bei den drei untersuchten Fallbeispielen entstand allerdings der Eindruck, dass dies nicht kontinuierlich, sondern lediglich punktuell gelingt. Denn es zeigte sich, dass die Kirche zum Teil der lokalen Konfliktkultur werden und dem aus eigener Kraft wenig entgegensetzen kann.

Gabe und Gegengabe

Dorf A hat 600 Einwohner, von denen 30 % Mitglied der Evangelisch-Lutherischen Kirche sind. Es weist Wiedereinrichter, Handwerks- und Gewerbebetriebe auf. Hier drehten sich viele Gespräche um die Bedeutung der Kirche im System reziproker Beziehungen. Das Prinzip von Gabe und Gegengabe bestimmt, wie die Menschen Kirche beurteilen. Dabei geht es nicht um unmittelbare Transaktionen[4], sondern um die Form der generalisierten Reziprozität, die darauf angelegt ist, soziale Beziehungen zu stabilisieren. Bei der generalisierten Reziprozität handelt es sich um ein Verhältnis gegenseitiger Verpflichtungen und Verantwortlichkeiten, bei dem weder der konkrete Wert der Gegengabe noch der Zeitpunkt der Erwiderung der Gabe explizit festgelegt sind. Bleibt allerdings die erwartete Gegengabe aus oder entspricht nicht dem impliziten Wert, belastet das die Beziehungen und kann sogar zum Bruch führen. Der Gebende erhält den Eindruck, dass die Gegenseite nicht die Absicht hat, die Gabe zu erwidern oder dass diese nicht den äquivalenten Wert hat. In diesem Fall spricht man von negativer Reziprozität (RÖSSLER 2005, 184 f.).

Übertragen auf das Beispieldorf A bedeutet das, dass die Kirche vor allem als ein Bindeglied im Netz reziproker Transaktionen wahrgenommen wird. Davon zeugen Aussagen wie die einer in Dorf A lebenden Gärtnereibesitzerin. Sie drückte deutlich ihre Enttäuschung über die Kirche aus: „Man hat jahrelang geholfen und dann braucht man einmal Hilfe, aber nichts!" Die Qualität der sozialen Beziehungen zur Kirche wird am Funktionieren oder auch Nichtfunktionieren der „Tauschbeziehung" bemessen. Dabei geht es nicht ausschließlich um den Tausch materieller Werte. Es geht auch um Dienstleistung und persönliche Zuwendung, die vor allem von der Kirche und ihren Vertretern erwartet werden. In Dorf A stand vor allem die Verlässlichkeit der Kirche als Interaktionspartner an der Schnittstelle zwischen persönlichem Einsatz und öffentlicher Anerkennung im Fokus. Viele Gesprächspartner äußerten sich enttäuscht und fragten sich: Warum blieb die Gegengabe der Kirche für jahrelanges Engagement in Form von Wertschätzung durch einen Geburtstagsbesuch, die Seelsorge des Pfarrers[5] oder die Vermittlung einer Arbeitsstelle aus? Die gegenseitige Bringschuld erschien wie ein immer wieder auszuhandelndes Thema in Dorf A.

Juliane Stückrad

Tradition

In Bezug auf die Bedeutung der Kirche fiel in Dorf B – es zählt ca. 370 Einwohner, von denen 33 % in der Evangelisch-Lutherischen Kirche sind – auffallend häufig das Wort „Tradition". So erklärte Frau E. beispielsweise ihr Engagement in der Kirchgemeinde: „… weil es ja jemanden geben muss, der die Tradition aufrechterhält." Die enge Verknüpfung von Kirche mit Tradition ergibt sich aus der jüngeren Dorfgeschichte. Für das historische Gutsensemble, das nach dem Zweiten Weltkrieg zerstört wurde, konnte bis heute kein Ersatz im Dorfbild gefunden werden. Neben dem Verlust des Gutshauses spielt in der lokalen Geschichtsschreibung die Vertreibung zahlreicher Dorfbewohner aus ihrer früheren Heimat in Schlesien auch heute noch eine wichtige Rolle.

Mit dem Begriff „Tradition" wurde von den Gesprächspartnern beim Nachfragen dann vor allem das Kirchengebäude in Verbindung gebracht. Als repräsentativer und öffentlich zugänglicher Raum bietet es Anknüpfungspunkte an die Geschichte des Ritterguts. Tradition im Sinne von HOBSBAWM (1983, 2)[6] ist vor allem gekennzeichnet durch Unveränderlichkeit. Doch die massiven Veränderungen des Lebens nach 1945 spiegeln sich überdeutlich im Ortsbild wider. So liegt es auf der Hand, dass gerade das denkmalgeschützte Kirchengebäude der Ort ist, der symbolisch für Unveränderlichkeit und Kontinuität der Tradition steht. In diesem Sinne ist auch die Rekonstruktion der Gutsbesitzergruft in der Kirche zu verstehen, die in der Zusammenarbeit der Kirchgemeinde, des Heimatvereins und der Nachkommen der Gutsbesitzer vorgenommen wurde. Zudem bauen Mitglieder des Heimatvereins seit Jahren an einem Modell des einstigen Ritterguts, das zu Dorffesten präsentiert wird. Hier wird ein Faden zur abgeschnittenen Ortsgeschichte gesponnen, an den für die eigene Sinnsuche angeknüpft werden soll, da die Jahre der DDR als Identitätsressource kaum für jeden – und wenn dann nur bedingt – geeignet erscheinen.

Wird „Kirche" vor allem als „Tradition" wahrgenommen, tritt das aktive Gemeindeleben in den Hintergrund, denn dieses ist an die Menschen gebunden, die selbst für den ständigen Wandel stehen.

Gemeinschaftsstiftung

Schwerpunkt der Gespräche in Dorf C war der Mangel an Zusammengehörigkeitsgefühl, der das Dorf insgesamt und das kirchliche Gemeindeleben im Besonderen prägt. In dieser Darstellung eines Mangels ist indirekt die Erwartung an eine gemeinschaftsstiftende Funktion der Kirche erhalten. Doch scheint eben dieser gesellschaftliche Kitt zu fehlen. Herr M. beklagte zum Beispiel die Situation in Dorf C: „Man kriegt sie kaum noch, kaum was kommt noch. Keiner will sich voranstellen." Das Dorf verlor nach 1990 seine Bedeutung als beliebter Ferienort in der Dahlener Heide. Mit der Schließung von Ferieneinrichtungen ging auch der Verlust von Dorfläden und Gastwirtschaften einher. Durch den Verkauf des Pfarrhauses verlor das Dorf den letzten Ort, an dem man sich bequem versammeln konnte. Der noch vorhandene Raum der Freiwilligen Feuerwehr ist nur bedingt als Treff- und Versammlungsort geeignet. Es stellt sich die Frage, ob der Verlust der öffentlichen Räume die beklagte Vereinzelung bewirkte oder ob die fehlenden Räume nur Ausdruck eines anhaltenden Rückzugs ins Private sind.

„Kirche" wurde in den Gesprächen vor allem als Möglichkeit der Gemeinschaftsbildung dargestellt, das mangelnde Engagement der Kirchgemeinde in Dorf C offenbarte aber deutlich die Entfremdungsprozesse, die das Dorf beschäftigen. Nach JAEGGI (2005, 19) ist Entfremdung eine „Beziehung der Beziehungslosigkeit". „Soziale Isolation oder individualistische Privatisierung" gelten als „Symptome von Entfremdung". „Eine *entfremdete* ist eine *defizitäre* Beziehung, die man zu sich, zur Welt und zu den Anderen hat." (JAEGGI 2005, 19, 22 f.)

Trotz des beschriebenen Entfremdungsprozesses, der sich mit der Transformation seit 1990 immer mehr manifestiert hat, gelingt es der Freiwilligen Feuerwehr seit über 20 Jahren, ein Dorffest zu organisieren. Einer der Mitorganisatoren erklärte, dass dies möglich sei, weil jeder genau wüsste, was er zu tun hätte. Es zeigt sich an dieser Aussage, dass Routinewissen zum Organisieren gemeinschaftsstiftender Veranstaltungen notwendig ist. Das gibt dem Einzelnen Sicherheit und erleichtert die Vorbereitungen. Dieses Routinewissen scheint in anderen Bereichen des öffentlichen Lebens allerdings nicht in diesem Maße zu existieren. Es wäre für die Arbeit in der Kirchgemeinde daher lohnenswert, das funktionierende Dorffest genau nach den Mechanismen zu befragen, die bewirken, dass Einzelakteure bereit sind, Verantwortung zu übernehmen. Das Fest verdeutlichte, dass Dorf C Potentiale hat und das Bild vom Mangel an Zusammenhalt nicht grundsätzlich zutreffen kann (STÜCKRAD 2017, 22 ff.).

Zusammenfassung: Bedeutungen von Kirche

Es zeigte sich im Rahmen der Datenerhebung, dass in jedem der untersuchten Dörfer ein besonderer Schwerpunkt in der Einstellung zur Kirche betont wurde. In Dorf A galt die Aufmerksamkeit vor allem dem Prinzip von Gabe und Gegengabe, in Dorf B der Tradition und in Dorf C der Gemeinschaftsstiftung. Das verweist auf die Eigenlogik eines jeden Dorfes, die bei der Arbeit in/mit den Kirchgemeinden Berücksichtigung finden muss.

Neben den für jedes Dorf spezifischen Themenschwerpunkten konnten in den Beobachtungen und Gesprächen aber auch Gemeinsamkeiten in den Erwartungen an und Erfahrungen mit der Kirche dokumentiert werden. Diese werden ausführlicher in den Kapiteln der Studie (vgl. STÜCKRAD 2017) dargestellt. Im Folgenden wird die Rolle des Ehrenamtes in den Beispielgemeinden näher beleuchtet.

Kirche und Verantwortungsgefühl – Das Ehrenamt

Ehrenamtliches Engagement als begrenzte Ressource

Insgesamt sind die Ressourcen für ehrenamtliches Engagement in den untersuchten Dörfern begrenzt. Vor allem längerfristige Aufgaben werden nicht gerne übernommen. Größer ist die Bereitschaft, an überschaubaren Projekten mit direktem Ergebnis mitzuwirken: „Was gut funktioniert ist das Kranzbinden zu Erntedank, da kommen dann einige, die man das ganze Jahr in der Kirche nicht sieht", erzählte ein Kirchenvorstand aus Dorf B.

Ein verbreitetes Problem ist die passive Einstellung der jungen Generation. Nur in vereinzelten Fällten finden sich jüngere Leute in den Kirchenvorständen. Eine Frau aus dem Kirchenvorstand in Dorf A beklagte, dass jüngere Menschen sich nicht in den Kirchenvorstand wählen lassen wollen. „Die sagen, sie seien zu jung. Mit 35 Jahren! Wann wollen die denn?"

Dagegen berichtete der Pfarrer in Dorf A: „Also, es gibt so einen Männerkreis, der wird ehrenamtlich geleitet. Oh, das ist super. Das werden immer mehr, als die sich hier getroffen haben ... jetzt müssen wir einen neuen Raum suchen, weil die hier nicht mehr reinpassen. Es docken sich immer mehr an. Bis dahin war das so ein Altenkreis. Und da hat der eine Sohn, dem tat das so leid und dann sagte er, ich übernehme das. Und es werden immer mehr und immer mehr." Die Erfolgsgeschichte des Männerkreises, der gemeindeübergreifend funktioniert, macht deutlich, wie notwendig jüngere Leute sind, um neuen Schwung in Bestehendes zu bringen.

Kirchenvorstand als „Gesicht der Kirche"

Frau O., nicht kirchlich gebunden, wollte sich als Zugezogene in Dorf B kulturell engagieren, gerne auch für die Kirche. Doch sie wunderte sich hinsichtlich des Umgangs in der Kirchgemeinde darüber, „dass die Christen so grob miteinander umgehen."

In Dorf B bilden fünf Personen den Kirchenvorstand[7], von denen drei aber nicht so aktiv sein können, so dass letztlich die Arbeit vor allem von zwei älteren Frauen erledigt werden muss. Allerdings erklärten verschiedene Dorfbewohner in Gesprächen, dass gerade das Personal des Kirchenvorstandes andere davon abhalte, sich dort zu engagieren. Das „Gesicht der Kirche" ist in Dorf B scheinbar nicht unumstritten.

In einem Fall wurde der Kirchenvorstand von Dorf A zum Blitzableiter empörter Gemeindeglieder, die sich über den Pfarrer ärgerten: „Da wurde auf dem Hof vom Kirchenvorstand rumgebläkt", erzählte ein Gesprächspartner.

Allgemein wurde der Besuchsdienst als problematisch beschrieben. Ein Kirchenvorstand aus Dorf C erklärte, dass es von den Menschen im Dorf deutlich weniger geschätzt werde, wenn ein Gemeindeglied anstelle des Pfarrers zum Geburtstag komme. „Da entstehen manchmal richtig peinliche Situationen", berichtete er, „weil man erst einmal sieht, wer so alles in der Kirche ist und dann kennt man ja auch nicht jeden im Dorf so, dass man zum Geburtstag hingeht."

Juliane Stückrad

Zusammenarbeit von Haupt- und Ehrenamtlichen

Der Pfarrer von Dorf A beschrieb seine Arbeit mit dem Kirchenvorstand folgendermaßen: „Was sie sehr deutlich von mir erwarten, ist, dass ich Chef bin, das sagen sie auch ganz direkt. Das heißt, dass ich den Überblick habe, das heißt sozusagen, dass alles, was anliegt, ich priorisiere und ihnen dann Vorlagen mache, die sie sozusagen dann abarbeiten."

Frau I. aus dem Kirchenvorstand in Dorf A erklärte: „Es läuft nun mal alles über den Pfarrer, ob er das nun will oder nicht." Vor allem die Übernahme der Gottesdienste durch Laien und Aufgaben der Vermittlung des Glaubens werden ihrer Meinung nach von einigen Gemeindegliedern als problematisch erachtet. Sie selbst empfinde einen „inneren Widerstand" dagegen, selber Lektoren-Gottesdienste anbieten zu müssen, denn das sehe wie Ersatz aus und sie fühle sich weder in der Lage noch so „tief im Wissen" stehend, um christliche Lehren vermitteln zu können. Andere könnten es dann so wahrnehmen, „dass es nicht einmal mehr für den Pfarrer reicht." Ehrenamt wird in diesem Fall als Lückenbüßer für Einsparungen verstanden. Ein anderer Kirchenvorstand in Dorf A bemerkte, dass er sich selber nicht in der Lage sehe, seinen Glauben so zu vermitteln, dass auch Nichtgläubige Interesse an der Kirche bekämen. „Das wirkt letztlich vom Pfarrer ganz anders." Diese Äußerungen der Kirchenvorstände verdeutlichen, dass das Christentum von ihnen durchaus als schwierige Religion angesehen wird, die nach religiösen Experten verlangt.

Von Geldmangel, so berichtete ein Kirchenvorstand, merke er eigentlich noch nichts, während einige andere Gesprächspartner finanzielle Entscheidungen der Kirchenleitung nicht nachvollziehen konnten. Wer Ehrenamt will, muss für Transparenz in der Verwaltung sorgen, weil sonst bei ehrenamtlich Tätigen schnell das Gefühl aufkommt, man werde ausgenutzt (STÜCKRAD 2017, 53). Mangelnde Transparenz, z. B. bei der Vergabe von Bauaufträgen, wurde in mehreren Gesprächen als problematisch geschildert. Je größer die Kirchgemeinden werden und je mehr Vertreter aus verschiedenen Dörfern in den Kirchenvorständen sitzen, umso größer ist auch die Konfliktpotential, wenn es z. B. um Auftragsvergaben geht und in den zusammengelegten Dörfern ähnliche handwerkliche bzw. bautechnische Betriebe arbeiten.

Eine wichtige Rolle in den Gesprächen eines Dorfes spielte das Pfarrland (vgl. Beitrag von STEINHÄUSER in diesem Band), das im Untersuchungsgebiet vor allem von alteingesessenen Bauernfamilien bewirtschaftet wird, die sich „an die Kirche halten". Andere Dorfbewohner sehen diesen Umstand, äußern sich Außenstehenden gegenüber darüber aber nur zögerlich.

Unmut herrschte über die Unübersichtlichkeit in der Bürokratie. Bürokratisierung, Bürgerferne und Zentralisierung werden sowohl auf staatlicher und auf kirchlicher Ebene in ähnlicher Weise wahrgenommen. So berichtete ein Heimatvereinsmitglied, wie schwierig es heute sei, mit der Verwaltung in der Stadt in Kontakt zu kommen. „Früher war der Bürgermeister noch vor Ort, da klärte man Sachen beim Bier", was nun nicht mehr möglich sei. Er stellte dann, an mein Forschungsinteresse anknüpfend, fest: „Bei ihren Pfarrern ist das ja genauso." Seitens eines engagierten Kirchenvorstandes bestand die Befürchtung, dass die Zentralisierung die Kirche „kälter" mache und „kein menschliches Miteinander" mehr stattfinde. Eine ehrenamtlich Tätige meinte daher, dass bei der Veröffentlichung der Studienergebnisse durchaus die Ortsnamen genannt werden sollten, damit die Kirchenleitung konkret auf die von Gesprächspartnern genannten Probleme reagieren könne.

Zusammenfassung: Aspekte des Ehrenamts

Orientiert man sich an der Wortbedeutung, dann sollte Ehrenamt „Ehre", also soziales Prestige, bringen. Viele in der Kirche Aktive benannten diesen Aspekt aber nicht, sondern führten als Motivation die familiäre Prägung, die Weiterführung der christlichen Tradition vor Ort, die Freude an schönen Gottesdiensten und die Liebe zum Kirchengebäude an. Ehrenamtliche übernehmen vielfältige Aufgaben. Putzpläne, Küster- und Läutedienste werden in den untersuchten Gemeinden selbstständig übernommen. In den Kirchenvorständen liegt zudem viel Ausschussarbeit an. Doch beklagten die Ehrenamtlichen besonders in Dorf B und Dorf C, dass zu viel Arbeit auf zu wenige Schultern verteilt sei. Denn es ist keineswegs selbstverständlich, dass es noch Menschen gibt, die Verantwortung für andere auf sich nehmen. Deshalb sollte dem Ehrenamt in den ländlichen Kirchgemeinden mehr Wertschätzung entgegengebracht werden, damit sich auch zukünftig ausreichend Menschen finden, die in den Kirchenvorständen und Gemeinden aktiv sind.

Konflikte, die im Kirchenvorstand ausgetragen werden, haben oft auch Ursachen in anderen Bereichen des dörflichen Lebens. Wenn Konflikte auf der Ebene der Kirchgemeinden gelöst werden, kann das auch für das Zusammenleben im gesamten Dorf heilsam sein. Die Strukturen der Kirche könnten sich hierbei als richtungsweisend für die Entwicklung eines gedeihlichen Miteinanders in den Dörfern erweisen (STÜCKRAD 2017, 47–53).

Abschließende Gedanken

Befragt nach der Zukunft der Kirche zeigten die Gesprächspartner eine gewisse Ratlosigkeit, teilweise sogar Resignation. Während die Hauptamtlichen den Grund für den Rückgang kirchlichen Lebens in der Dynamik der Gemeinden sahen, suchten die Gemeindeglieder diesen in der Verantwortung der Kirchenleitung, die immer mehr Pfarrstellen abbaue.

Es stellt sich die Frage, wer für anhaltende Schrumpfungsprozesse verantwortlich ist. Die Gemeinden, die immer kleiner werden, oder die Kirchenverwaltung, die nach Sicht vieler meiner Gesprächspartner an der falschen Stelle spart und damit den Rückgang noch befördert? Wessen Gemeindebild kommt bei Entscheidungen letztlich zum Tragen? Das der Kirchenleitung, die die Gemeinde in der Pflicht sieht, oder das der Gemeinde, die im Pfarrer die zentrale Figur für den Gemeindeaufbau erkennt?

Es fehlt eine Vision, die den Kirchgemeinden auf dem Land eine überzeugende Perspektive vermittelt, die Schrumpfungsprozessen glaubhaft entgegenwirkt und die bleibende Bedeutung der Kirche für die Dorfentwicklung betont.

Es ist wenig motivierend, wenn Ehrenamtliche oder diejenigen, die ein Ehrenamt anstreben könnten, das Gefühl haben, dass sie durch ihr Engagement den Verfall des kirchlichen Lebens auf dem Land nur leicht ausbremsen, aber letztlich nicht aufhalten können.

Die Strukturplanungen der Kirchenverwaltung wurden im Zuge der Befragungen in den Dörfern A, B und C fast ausschließlich kritisch bewertet.

Es gibt gesellschaftliche Rahmenprozesse im Untersuchungsgebiet (wie den derzeitigen Bevölkerungsrückgang, die älter werdende Gesamtbevölkerung und die wachsende Mobilität), die nicht oder nur schwer zu verändern sind. Doch es gibt auch Probleme, die angegangen werden können, um dem erwarteten Rückgang der Gemeindegliederzahlen und dem schwächer werdenden Gemeindeleben bewusst etwas entgegenzusetzen:

1) Dörfliches Leben sollte bei Strukturplanungen in seiner eigenen Qualität der Vergesellschaftung und nicht nach städtischen Maßstäben bewertet werden.
2) Die jeweilige lokale Kultur sollte weniger nach ihren Schwächen, sondern nach ihren Stärken befragt werden. So entsteht Selbstsicherheit als Voraussetzung dafür, dass Gemeindeglieder unbefangen auf andere Kirchgemeinden zugehen, ohne das Gefühl zu bekommen, etwas zu verlieren.
3) Es bedarf einer besseren Vorbereitung angehender Pfarrerinnen und Pfarrer auf die Arbeit in ländlichen Räumen.
4) Es sollte eine „Anlaufstelle für unglückliche Gemeinden" eingerichtet werden, damit sich z. B. im Fall einer länger anhaltenden Vakanz-Situation nicht noch weitere Gemeindeglieder von der Kirche zurückziehen.
5) Ehrenamtliches Engagement sollte in den Kirchgemeinden nicht als selbstverständlich gelten, sondern eine hohe Wertschätzung erfahren.
6) Der Rückgang des Gemeindelebens in den Dörfern muss offen als Problem von Pfarrern, Gemeindegliedern und Kirchenleitung angesprochen werden. Zusammen sollte eine ehrliche Problemanalyse erfolgen als Voraussetzung für die Entwicklung von gemeinsamen strategischen Lösungsansätzen.

Am Ende der Feldforschung im Regionalkirchenamt Leipzig blieben viele Fragen unbeantwortet[8]. Sie betreffen nicht nur Kirchgemeinden in den Dörfern, sondern auch in den Städten. Gemeinsam sollte darüber diskutiert werden[9].

Ist die evangelische Konfession letztlich als soziale Dimension zu begreifen, die mit den anderen Schrumpfungsprozessen einfach mitschrumpft? Kann sie keine eigene Dynamik entwickeln, die über den kurz- bis mittelfristigen gesellschaftlichen Veränderungen steht?

Fügt sich die Kirche den seit Jahrhunderten gewachsenen Erwartungen der Menschen oder haben sich die Menschen der Kirche anzupassen? Wer prägt hier wen? Die Menschen vor Ort ihren Pfarrer und die Kirchenleitung oder Pfarrer und Kirchenleitung die Menschen?

Je selbstständiger die Gemeinden werden, um so freier werden sie auch mit der evangelischen Lehre umgehen. Wie weit idealisieren Strukturplanungen, die von einer zunehmend eigenverantwortlichen Arbeit der Kirchgemeinden ausgehen, die christliche Bildung der Gemeindeglieder?

Anmerkungen

[1] Freundliche Mitteilung von Dr. Dirk Martin MÜTZE, Studienleiter der Heimvolkshochschule Kohren-Sahlis

[2] Die Namen der Dörfer und Gesprächspartner wurden anonymisiert.

[3] Damit folgte die Studie der hermeneutisch-interpretativen Richtung in der Ethnologie (STELLRECHT 1993, 29–78).

[4] Das wirtschaftsethnologische Modell der Reziprozität nach Marshall SAHLINS (1972) spricht in diesem Fall von ausgeglichener Reziprozität. Der Zeitpunkt der Gegengabe und der Wert sind festgelegt. Diese Form der Transaktion wirkt weniger stabilisierend auf soziale Beziehungen als die generalisierte Reziprozität.

[5] Im Folgenden wird immer die männliche Form verwendet, was die weibliche mit einbezieht. Zusätzlich dient die ausschließliche Verwendung der männlichen Form der Anonymisierung meiner Gesprächspartnerinnen und Gesprächspartner.

6 " 'Tradition' in this sense must be distinguished clearly from 'custom' which dominates so-called 'traditional' societies. The object and characteristic of 'traditions', including invented ones, is invariance. [...] Inventing traditions, it is assumed here, is essentially a process of formalization and ritualization, characterized by reference to the past, if only by imposing repetition. [...] For all invented traditions, so far as possible, use history as a legitimator of action and cement of group cohesion." (HOBSBAWN 1983, 2+ 4 + 12)

7 „Die Kirchgemeinden sind die Basis und die kleinsten, örtlichen Einheiten der Landeskirche. [...] Nach der Kirchgemeindeordnung sind diese Gemeinden rechtsfähige Körperschaften öffentlichen Rechts. Der aus der Gemeinde gewählte Kirchenvorstand leitet die Gemeinde. Er besteht aus gewählten und berufenen Kirchenvorstehern und aus der Pfarrerin/dem Pfarrer der Gemeinde. [...] Seit einiger Zeit haben sich Kirchgemeinden auch zu Kirchspielen zusammengeschlossen. Kirchspiele sind ebenfalls Körperschaften des öffentlichen Rechts und übernehmen durch den gemeinsam gebildeten Kirchenvorstand die Außenvertretung der Gemeinden. Die Kirchgemeinden und Kirchspiele sind jeweils einem der 18 Kirchenbezirke sowie einem Regionalkirchenamt zugeordnet." https://www.evlks.de/wir/aufbau/kirchgemeinden/ (01.04.2019)

8 Die Studie war nur durch die Hilfsbereitschaft, Gastfreundlichkeit und Aufgeschlossenheit der Dorfbewohner möglich. Sie haben es verdient, dass ihr Leben in den Dörfern und Kirchgemeinden von einer gemeinschaftlich entwickelten Zukunftsperspektive getragen wird (STÜCKRAD 2017, 61 ff.).

9 Gegenwärtig arbeitet die Autorin des Beitrags an einer Vergleichsstudie in drei Dörfern und einer Kleinstadt im Vogtland.

Literatur

EVANGELISCHES ZENTRUM LÄNDLICHER RAUM HEIMVOLKSHOCHSCHULE KOHREN-SAHLIS; METTE, Kathrin; MÜTZE, Dirk Martin Hrsg. (2017): Verantwortung – Tradition – Entfremdung. Zur Bedeutung von Kirche im ländlichen Raum. Eine ethnographische Studie in drei Dörfern im Gebiet des Regionalkirchenamtes Leipzig. (=Kohrener Schriften 2). Großpösna https://hvhs-kohren-sahlis.de/publikationenmitteilungen/kohrener-schriften/ (03.04.2019)

HAUSER-SCHÄUBLIN, Brigitta (2003): Teilnehmende Beobachtung. In: BEER, Bettina Hrsg.: Methoden und Techniken der Feldforschung. Berlin: Dietrich Reimer Verlag, 33–54

HOBSBAWN, Eric (1983): Introduction: Inventing traditions. In: HOBSBAWM, Eric; RANGER, Terence eds. (1983): The Invention of Tradition. Cambridge: Cambridge University Press, 1–14

JAEGGI, Rahel (2005): Entfremdung. Zur Aktualität eines sozialphilosophischen Problems. Frankfurt/M., New York: Campus Verlag

METTE, Kathrin; MÜTZE, Dirk Martin (2017a): „Aber Kirche und Gott sind ja auch zwei Sachen" – Religiosität zwischen normativem Anspruch und (land)kirchlicher Wirklichkeit. In: EVANGELISCHES ZENTRUM LÄNDLICHER RAUM HEIMVOLKSHOCHSCHULE KOHREN-SAHLIS; METTE, Kathrin; MÜTZE, Dirk Martin Hrsg. (2017), 65–76

METTE, Kathrin; MÜTZE, Dirk Martin (2017b): Vorwort. In: EVANGELISCHES ZENTRUM LÄNDLICHER RAUM HEIMVOLKSHOCHSCHULE KOHREN-SAHLIS; METTE, Kathrin; MÜTZE, Dirk Martin Hrsg. (2017), 9–10

RÖSSLER, Martin (2005): Wirtschaftsethnologie. Eine Einführung. Berlin: Dietrich Reimer Verlag

SAHLINS, Marshall (1972): Stone Age Economics. Chicago: Aldine-Atherton

STELLRECHT, Irmtraud (1993): Interpretative Ethnologie. Eine Orientierung. In: SCHWEIZER, Thomas; SCHWEIZER, Margarete; KOKOT, Waltraud Hrsg. (1993): Handbuch der Ethnologie. Berlin: Dietrich Reimer Verlag, 29–78

STÜCKRAD, Juliane (2017): Verantwortung – Tradition – Entfremdung. Zur Bedeutung von Kirche im ländlichen Raum. Eine ethnographische Studie in drei Dörfern im Gebiet des Regionalkirchenamtes Leipzig. In: EVANGELISCHES ZENTRUM LÄNDLICHER RAUM HEIMVOLKSHOCHSCHULE KOHREN-SAHLIS; METTE, Kathrin; MÜTZE, Dirk Martin Hrsg. (2017), 13–64

Tatjana Fischer [Wien]

Glaube, Liebe, Hoffnung: Eine raumwissenschaftliche Auseinandersetzung des Beziehungsgefüges von Tugenden, Kirche und Gemeindeentwicklung

Kurzfassung

Kirche und Kommunalpolitik verfolgen im Kontext einer nachhaltigen Gemeindeentwicklung ein gemeinsames Ziel: Sie wollen, dass das Wohlergehen und die Lebensqualität der Menschen vor dem Hintergrund sich ändernder raumbezogener Rahmenbedingungen erhalten bzw. verbessert werden und dass die Menschen an der Gestaltung ihrer Lebensumfelder aktiv mitwirken. Doch häufig wird die Kirche nicht als wichtiger Akteur wahrgenommen bzw. nicht als Kooperationspartner in den Entwicklungsprozess der Gemeinden integriert.

Deshalb ist es das Anliegen dieses Beitrags, einerseits das Beziehungsgefüge von Kirche und Kommunalpolitik im Kontext der Gemeindeentwicklung aufzuzeigen, andererseits die zentralen Bestimmungsfaktoren für eine gelingende Kooperation darzulegen. Dabei stehen im Mittelpunkt der Ausführungen die Gemeinsamkeiten und Unterschiede in Bezug auf die zentralen Anliegen an die und die Zugänge zu den Menschen.

Ausgangssituation und Fragestellung

Die Effekte der Globalisierung und exogen raumwirksamer Einflussfaktoren (wie beispielsweise des Klimawandels und des demographischen Wandels) gepaart mit anderen raumwirksamen Trends (wie etwa dem zur Höherqualifizierung jüngerer Generationen; vgl. ÖROK 2011) zeigen sich auch dort, wo die Uhren bislang traditionell langsamer gingen – auf dem sogenannten Lande. Vor allem in strukturschwachen ländlichen Räumen treten die Widersprüche zwischen den heterogener werdenden, tendenziell wachsenden (materiellen) Ansprüchen der Menschen bei individuell unterschiedlichen Vermögen, diese zu befriedigen, und den beschränkten Steuerungsmöglichkeiten der Gemeinden als Gebietskörperschaften deutlich zu Tage (vgl. ÖROK 2009).

Auf der Suche nach Auswegen aus diesem Dilemma stellen sich Gemeindeführungen (einwohnerInnenschwächerer Gemeinden) zunehmend die Frage: Wohin und wie sollen wir uns entwickeln, ohne das aufzugeben, worauf wir stolz sind, was uns auszeichnet und unsere Lebensqualität wesentlich mitbestimmt – darunter vor allem immaterielle Besonderheiten wie beispielsweise die naturräumliche Qualität oder die intakte Dorfgemeinschaft (vgl. ARL 2008) – und letztlich unsere natürliche Lebensgrundlage bildet?

Doch nicht nur die KommunalpolitikerInnen haben sich auf die Suche nach Lösungen begeben. Auch die Menschen vor Ort denken darüber nach, wie sie die teils selbst-, teils fremdbestimmten Anforderungen an ihr Lebens- und Wohnumfeld und den hierfür erforderlichen Aufwand an Zeit, Kosten und Mühen in Einklang bringen könn(t)en. Dies tun sie in Abhängigkeit von Lebensentwurf und Lebenslage und persönlichen Werthaltungen höchst unterschiedlich: Während die Einen immer wieder darüber reflektieren, was für ein gutes Leben wirklich notwendig ist, und versuchen, sich vor Ort so gut wie möglich einzurichten, und dabei dem Credo „Weniger ist mehr" folgen, sehen sich die Anderen nicht in der Lage, die Diskrepanz zwischen den persönlichen Erwartungen, den Veränderungen und den Möglichkeiten vor Ort auflösen zu können. Folglich kehren manche ihrer bisherigen ländlichen Wohngemeinde den Rücken, um z. B. räumlich näher an den Arbeitsort zu rücken oder aber die Versorgung eines Kindes mit besonderen Bedürfnissen von einem anderen Wohnstandort aus einfacher organisieren zu können, andere bleiben trotz innerer Unzufriedenheit weiterhin an ihrem alten Wohnstandort.

Das Ziel dieses Beitrags ist es, die Bedeutung der oft verborgenen und nach außen nicht kommunizierten persönlichen Glücke und Unglücke, Sorgen und Ängste, Wünsche und Sehnsüchte bei der Suche nach Maßnahmen zur Erleichterung des Alltags und damit der Verbesserung der Lebensqualität im Kontext der Gemeindeentwicklung herauszuarbeiten und nach der Rolle zu fragen, die die Kirche in ländlichen Räumen in Österreich als

Institution und Akteurin auf lokaler und kleinregionaler Ebene einnimmt. Die inhaltliche Annäherung erfolgt anhand folgender Fragen:

1) Worin begründet sich das Engagement von Kirche bzw. Pfarre im Rahmen der Gemeindeentwicklung?
2) Wie ist es um die Deckungsgleichheit von Kirche bzw. Pfarre und politischer Gemeinde hinsichtlich der Zugänge zu den Menschen bestellt? Gibt es aus pfarrlicher und kommunalpolitischer Sicht Unterschiede hinsichtlich der Erwartungen an die Menschen als TrägerInnen und AdressatInnen der endogenen Gemeindeentwicklung?
3) Wie sieht das Beziehungsgefüge von Pfarre und politischer Gemeinde im Kontext der Gemeindeentwicklung aus?

Methodische Vorgangsweise

Da die oben formulierten Fragen an den akteursbezogenen Schnittstellen von Kommunalpolitik, Kirche/Pfarren und Bevölkerung vor Ort ansetzen, ist die Berücksichtigung der Perspektiven der AkteurInnen ebenso wichtig wie die der räumlichen Kontextualisierung. Da in der raum- und planungswissenschaftlichen Literatur diese Verbindungen noch nicht analysiert worden sind, fiel die Entscheidung auf einen qualitativ-explorativen Zugang zum Zwecke der konzeptionellen Aufbereitung des Themas.

Die Suche nach publizierten „Praxisbeispielen" ergab, dass eine auf nachhaltige Entwicklung ausgelegte Zusammenarbeit von politischer Gemeinde, Kirche bzw. Pfarren und lokaler Bevölkerung in den ländlichen Regionen Österreichs zurzeit ausschließlich von den sog. Pfarr-Agenda 21-Prozessen in Oberösterreich[1] erfüllt wird. Durch die Unterstützung seitens der Oberösterreichischen Zukunftsakademie gelang es, weiterführende Informationen zum Ablauf der bisherigen Prozesse und ihren aktuellen Inhalten zu erhalten. Außerdem konnten so Kontakte zu ausgewählten Schlüsselpersonen hergestellt werden, und zwar zu den jeweiligen in die Prozesse involvierten Pfarren und der Diözese Linz, zum Regionaldiakon von Steyr-Kirchdorf, zum Regionalmanager für Nachhaltigkeit und Umwelt, zur LEADER-Managerin der Traunsteinregion sowie zum Altbürgermeister der Gemeinde Steinbach an der Steyr, dem Pionier der nachhaltigen Gemeindeentwicklung in Österreich[2]. Anschließend wurden im Zeitraum von Mai bis Juni 2018 fünf leitfadengestützte ExpertInnengespräche (vgl. LIEBOLD & TRINCZEK 2009) – davon drei per Telefon – geführt. Zur Vorbereitung wurde den GesprächspartnerInnen ein 28 Fragen umfassender und in sechs Themenblöcke gegliederter Fragebogen (vgl. Tabelle 1) übermittelt.

Bezeichnung des Themenblocks	Inhalte
Begriffe und Assoziationen	• Definitionen „Kirche", „Gemeinde", „Entwicklung" • Aufgaben der Kirche und der politischen Gemeinde
Kirche/Pfarren und Gemeindeentwicklung	• Erfordernis des Tätigwerdens der Kirche/Pfarre • zentrale Themen und Art der Bearbeitung • „brennende" Zukunftsthemen • Erfahrungen aus Pfarragenda 21-Prozessen
Allgemeine Betrachtung des Beziehungsgefüges und der Kooperation zwischen Kirche/Pfarre und (politischer) Gemeinde in ländlichen Regionen Oberösterreichs	• Stellenwert der Kirche für die Menschen und deren Motivation • Relevanz der Persönlichkeit des Pfarrers • Kirche – Dialogpartnerin/Konkurrentin der politischen Gemeinde • Stolpersteime für Kooperationen
Zum Engagement der Menschen in der und für die Pfarre bzw. Pfarrgemeinde	• Profil der Engagierten und deren Motivation • Bestimmungsfaktoren für langfristiges Engagement • Erwartungen an die Menschen in Bezug auf deren Beteiligung • Unterstützung des Engagements durch die Kirche/Pfarre
Bewertung des Erfolges	• Definition „Erfolg" • größte Erfolge der Pfarren im Kontext der Gemeindeentwicklung • Bedeutung der Präsenz des Pfarrers für die erfolgreiche Umsetzung von Ideen/Projekten in der Gemeinde • wichtige Ideen/Projekte, die noch nicht umgesetzt wurden
Weiterführende Gedanken	• der Glaube an das Gute im Menschen als Bestimmungsfaktor für das eigene Engagement • „negative Entwicklungen" und Tätigwerden der Kirche • Ziele und Aufgaben der Kirche in ländlichen Räumen heute • Auslastung der kirchlichen Infrastruktur • globale Entwicklung und Kirche als Zufluchtsort

Tabelle 1: **Aufbau und Inhalte des Fragenkatalogs**

Alle GesprächspartnerInnen ließen sich auf eine intensive Reflexion der Themen ein und legten gleich zu Beginn offen, zu welchen Themen sie sich nicht äußern wollten[3].

Flankierend dazu wurden die im Rahmen der Pfarragenda 21-Prozesse in den Gemeinden erarbeiteten Zukunftsprofile inhaltlich analysiert.

Erkenntnisse

An dieser Stelle sei nochmals betont, dass das Ziel der qualitativ-explorativen Vorgehensweise darin bestand, das Beziehungsgefüge von Kirche/Pfarren und politische Gemeinden im Kontext der Gemeindeentwicklung zu verstehen und die sie bestimmenden Prinzipien darzustellen, aber nicht die gemeindebezogenen Akteurskonstellationen und Aktivitäten miteinander zu vergleichen.

Im Folgenden werden die empirisch gefundenen Erkenntnisse vorgestellt.

Erkenntnis 1:
Die Grundaufträge der katholischen Kirche begründen deren Engagement in den und für die Gemeinden.

Warum die Kirche und Pfarren als Mitträger der Gemeindeentwicklung auftreten, ist vor allem in einer ihrer vier Grundaufträge[4] begründet – der Diakonie. Diakonie lässt sich beschreiben als der Dienst an den Menschen und schließt alle räumlichen Maßstabsebenen mit ein, die lokale ebenso wie die globale.

Einer der Befragten begründet die Selbstverständlichkeit, mit der Kirche sich einmischt, wie folgt: *„Die Kirche hat zur Formung des Menschen die Kompetenz (und) das Programm, das Selbstbewusstsein zu steigern."*

Das Tätigwerden der Kirche in der und für die Welt entspringt dem Anspruch, bedingungslos für die ethischen Grundhaltungen einzutreten und diese zu verteidigen. Zu den Aufträgen mit explizitem (sozial-)räumlichem Bezug zählen:

1) die Schöpfungsverantwortung, die den unmittelbarsten Raumbezug, nämlich zur Natur an sich, aufweist,

2) die Spiritualität und Sinnstiftung, die dem Glauben auch in der Gemeinde als politisch-administrativer Einheit Leben geben sollen, sowie
3) die Gemeinwohlorientierung und Solidarität im Sinne des Übernehmens von gesellschaftlicher Verantwortung für sich und andere. Einer der Befragten weist in diesem Zusammenhang darauf hin, dass nicht jeder Mensch seines Glückes Schmied (sei) und demnach Misserfolg bzw. Unglück keinesfalls alleine auf persönliches Unvermögen zurückgeführt werden dürfe.

Kirche ist durch ihre baulichen Infrastrukturen auch in den entlegensten Winkeln präsent, wenngleich in ihrer sinnstiftenden Bedeutung als Institution für die Menschen sehr unterschiedlich. Nichtsdestotrotz – so stellte eine Befragte fest – nimmt Kirche nach wie vor im Leben der Menschen irgendeinen Platz ein – sei es als Sinnanbieterin, Pflegerin von Ritualen zur Strukturierung und Organisation des Rhythmus im Alltag oder Erhalterin der Kulturgüter[5].

Wo Kirche in ländlichen Gemeinden aktiv ist, entwickeln die MitarbeiterInnen der Pfarren und die Pfarrer selbst durch ihre Arbeit mit den und für die Menschen vor Ort ein Bewusstsein für die Sorgen und Nöte, von denen die Gemeinden sowohl als politische Gemeinden als auch als soziale Gemeinschaften betroffen sind.

Ob Pfarrer als aufmerksame Beobachter von Veränderungen bezeichnet werden können, muss differenziert betrachtet werden. Dies hängt im Wesentlichen auch von deren Präsenz vor Ort ab. In jedem Fall wird den Pfarrern eine hinreichende Sensibilität zugeschrieben, um die Notwendigkeit zu erkennen, auf die Zeichen der Zeit zu reagieren. Diese Notwendigkeit wiederum resultiert vor allem aus der Beobachtung der negativen (globalen) Entwicklungen wie soziale Isolation und Einsamkeit, Armuts- und Ausgrenzungsgefährdung, Krieg und Flucht, die selbst vor der kleinsten Gemeinde nicht haltmachen. In diesem Zusammenhang besteht der Auftrag der Kirche bzw. Pfarren einerseits darin, Hoffnungslosigkeit zu mindern, andererseits darin, das Bild vom Menschen in Politik, Wirtschaft und Werbung zurechtzurücken. Ein Befragter betonte in diesem Zusammenhang, dass die Menschen nur noch Konsumenten, aber keine Bürger mehr seien – und die Menschen dadurch auch aus der zunehmenden Beschleunigung und damit zu sich selbst zurückgeholt werden müssten.

Doch nicht nur der Schutz der Menschen gilt der Kirche als wichtiger Auftrag, sondern auch die Verinnerlichung des Grundsatzes, dass *„jeder Mensch ... von Gott geliebt (sei) und ... etwas (zur Gemeinschaft) beitragen (könne)".* Dadurch soll es auch gelingen, Angehörige der unterschiedlichsten Altersgruppen, Lebenslagen und sozialen Milieus für eine Teilhabe an der (lokalen) Gemeinschaft zu gewinnen und ihnen die Zuversicht zu geben, dass sie dazu im Stande seien, etwas zum Wohl Anderer beizutragen.

In Oberösterreich gibt es vielfältige kirchliche bzw. pfarrliche Aktivitäten auf lokaler und regionaler Ebene, die sich um die Entwicklung von (mehr) Nachhaltigkeit bemühen. Dazu gehören beispielsweise

1) das Engagement von ökumenischen Initiativen auf regionaler Ebene, die u. a. in Beiträge zur Oberösterreichischen Landesausstellung 1998 mündeten, darunter das Projekt „Z'sammsitzn, Leben gewinnen, Ökumenische Initiative 98" (vgl. AMT DER OÖ. LANDESREGIERUNG 2019),
2) die auf Gemeindeebene verankerten Leitbildprozesse im Rahmen von sog. Pfarragenda 21-Prozessen, um Projekte für *„ein reges pfarrliches, soziales und seelsorgliches Leben"* (PFARRE WEYREGG AM ATTERSEE O. J.) anzustoßen und umzusetzen, und dabei auch
3) von der Diözese Linz ausgehende themenzentrierte Projekte miteinschließen wie beispielsweise die Initiative B-FAIR, die sich schwerpunktmäßig den drei Themen Solidarität, interkulturelle Begegnungen sowie Lebensstil/Konsum/Ernährung widmet (vgl. DIÖZESE LINZ O. J.).

Erkenntnis 2:
Es bestehen Gemeinsamkeiten, aber auch Unterschiede in den Auffassungen von nachhaltiger Gemeindeentwicklung seitens Kirche und politischer Gemeinde.

In der katholischen Kirche begründet der vierte Grundauftrag, „Gemeinschaft", das aktive Engagement der Kirche und Pfarren im Kontext der Gemeindeentwicklung sowohl innerhalb der Pfarrgemeinde als auch der politischen Gemeinde. In der Kommunalpolitik ist es die in der Soziallehre begründete Gemeinwohlorientierung.

Dabei liegt bei der Institution Kirche eine Definition von Gemeinde zugrunde, die sich auf die Gesamtheit der in einem bestimmten (von der Pfarre umfassten) Gebiet lebenden Menschen bezieht und nicht auf die politisch-administrative räumliche Einheit. Der kirchliche Auftrag richtet sich an die Menschen auf drei Ebenen: auf der individuellen Ebene gilt es, zum Seelenheil des einzelnen Menschen beizutragen, auf kollektiver Ebene darum, dass alle *„ein gutes Leben haben"*, was nur durch eine Gemeinschaft ermöglicht werden kann, die sich durch ein spirituelles Zusammenleben auszeichnet. Die dritte Ebene bezieht sich auf die Beobachtung der unmittelbar auf das Lebens- und Wohnumfeld wirkenden (globalen) Entwicklungen und die darauf aufbauende Aufgabe der Bewusstseinsbildung für das, was geschieht, bzw. die Reflexion dessen, was getan werden muss, um das kollektive Ziel eines „guten Lebens für alle" auch in die Realität umzusetzen. Dabei werden Armut, Einsamkeit, Integration, Solidarität, soziale Gerechtigkeit und Umweltschutz als die *„große(n) Themen"* identifiziert. Diese gilt es, *„durch konkrete Projekte und fortlaufende Prozesse auf den Boden (zu) bringen"*. Der räumliche Bezug wird definiert als die konkrete Hilfe vor Ort (im Sinne der Soziallehre) und ist an die kirchengemeindliche, nicht aber an politisch-administrative Einteilungen gebunden.

Wenn Kirche dazu aufruft, tätig zu werden, dann richtet sie ihr Wort an alle BewohnerInnen einer politischen Gemeinde – unabhängig von Alter, Geschlecht und ökonomischem Status. Ein Gesprächspartner begründete dies damit, dass davon ausgegangen werden kann, dass *„jedeR ... etwas beitragen (kann)"*. Das gilt seiner Erfahrung nach selbst für ältere Menschen, die im Gespräch häufig äußern, nichts mehr für die Gemeinschaft bzw. zur Änderung einer Situation beitragen zu können.

Im Zusammenhang mit der Mobilisierung der Menschen für den guten Zweck betonte der Befragte auch das Potenzial sog. *„kirchenferner Personen"*. Ihm ginge es in diesem Zusammenhang darum, mehr Menschen unabhängig von ihrer Religiosität dafür zu gewinnen, für und gemeinsam mit anderen zum Wohle aller aktiv zu werden.

Die Inwertsetzung des in den Gemeinden, d. h. des in den hier lebenden Menschen, schlummernden Potenzials war in den Augen des Befragten deshalb so wichtig, weil die Anzahl der Menschen, die vor Ort Hilfe bräuchten, wachse. Seine besondere Sorge gilt dabei den sog. *„vergessenen Hilfsbedürftigen"* in den Gemeinden. Gemeint sind damit Personen, die nicht durch plötzliche Ereignisse (wie etwa den Verlust des Arbeitsplatzes oder die unmittelbare Betroffenheit von Naturgefahren) in eine neue Lebens- bzw. Notlage gerutscht sind. Die *„vergessenen Hilfsbedürftigen"* sind jene Menschen, bei denen die Ursachen der heutigen problematischen Lebenslage schon (lange) vergessen sind und die Not von außen nicht (mehr) unmittelbar wahrgenommen wird/werden kann. Der Befragte zählte zu dieser Personengruppe neben den Pflegebedürftigen, Kranken und Armen auch die alleinlebenden (älteren) Personen, die sich einsam fühlen.

Wie Projekte gestaltet werden können bzw. welche auf Gemeindeentwicklung abzielende Prozesse sich anstoßen lassen, hängt davon ab, wie dringlich ein Thema ist und wie viele bzw. welche Personen in der Pfarrgemeinde zum Engagement bereit sind.

Ob im Rahmen von Pfarragenda 21-Prozessen zeitlich kurz angelegte oder längerfristige Projekte durchgeführt werden, hängt im Wesentlichen vom Thema ab. Beispiele für kürzere Projekte bzw. Aktionen sind Obsternten einschließlich -verarbeitung und -verkauf als Teil der Initiative B-FAIR21. Längerfristige Projekte widmen sich unter anderen der Erhaltung eines guten sozialen Klimas in den Gemeinden, etwa durch bewusstseinsbildende Maßnahmen wie das Einander-Grüßen. An letzterem Beispiel wird deutlich, dass gegenseitiger Respekt und Höflichkeit als Grundlage für ein gutes Zusammenleben erkannt werden.

Dies gilt auch für Gemeindeentwicklung im kommunalpolitischen Sinne, die einerseits auf die Sicherung der Lebensqualität der Menschen durch raumtypen- bzw. situationsangepasste infrastrukturelle Angebote, andererseits auf die Auslotung bzw. Inwertsetzung des sog. endogenen Potenzials (vgl. ANTONESCU 2015) abzielt.

Im Idealfall basieren alle sich entfaltenden Aktivitäten auf einem querschnittsorientierten, d. h. integrativen Zugang, der als AdressatInnen und potenzielle TrägerInnen der Aktivitäten bzw. Projekte alle BewohnerInnen bzw. BürgerInnen der politisch-administrativen Einheit Gemeinde miteinschließt. Wie bei der Kirche ist auch hier die Reichweite themen- und lebenslagenabhängig und die Möglichkeit der Beteiligung der Menschen im Rahmen der endogenen Gemeindeentwicklung entweder projekt- und/ oder prozessbezogen.

Erkenntnis 3:
Zur Bewältigung der Herausforderungen des 21. Jahrhunderts setzen sowohl die Kirche/Pfarren als auch die politischen Gemeinden auf die Kraft der Menschen vor Ort. Der Unterschied hierbei liegt in der Art des Zugangs zu den und den Erwartungen an die Menschen.

Der Gedanke der endogenen Entwicklung hat sich seit dem UN-Weltgipfel in Rio de Janeiro im Jahr 1992 global verbreitet. In den damals beschlossenen Leitlinien für eine weltweit nachhaltige Entwicklung – genannt Agenda 21 – wurde den Gemeinden und Regionen eine Schlüsselrolle in der Bewältigung der Herausforderungen des 21. Jahrhunderts zugewiesen (vgl. STÖGLEHNER & FISCHER 2005).

2017 waren in Österreich 430 Gemeinden und 50 Regionen bzw. Bezirke in sog. Lokalen bzw. Regionalen Agenda 21-Prozessen (kurz: LA21- oder RA21-Prozesse) aktiv (vgl. BMLFUW 2017), die dem holistischen Grundsatz folgend sowohl umweltbezogene als auch ökonomische, soziale und kulturelle Themen umfassen (vgl. UNITED NATIONS 1992). In Oberösterreich haben bislang 148 der derzeit 438 Gemeinden entweder einen Agenda 21-Prozess beschlossen, begonnen oder bereits beendet (vgl. AMT DER OÖ. LANDESREGIERUNG 2019). In Bezug auf die Umweltthemen steht der Schutz der natürlichen Lebensräume und der Kulturlandschaften ebenso im Fokus des Interesses wie umweltfreundliche und energieeffiziente Siedlungsstrukturen. Die Auseinandersetzung mit ökonomischen Aspekten bezieht sich auf die innovative Weiterentwicklung von (klein-) regionalen Arbeitsmarktstrukturen ebenso wie auf neue Lösungen zur Sicherung der Nahversorgung mit Gütern und Diensten des täglichen Bedarfs. Soziale und kulturelle Themen legen unter anderem einen Schwerpunkt auf den Wandel hin zu ressourcenschonenden Lebensstilen und die Stärkung der sozialen Kohäsion im kleinräumigen Maßstab.

Zentrales Element von LA 21-Prozessen ist die BürgerInnenbeteiligung. Nach einer gewissen Zeit (rund 1,5 Jahre) soll der Übergang vom extern moderierten – in Oberösterreich übernimmt dies die SPES (Studiengesellschaft für Projekte zur Erneuerung der Strukturen) Zukunftsakademie – zum selbsttragenden Prozess gelungen sein, ohne dabei in den Gemeinden Schattenregierungen zu etablieren. Vielmehr geht es darum, die Schnittstellen von Ehrenamt und politischen Entscheidungsgremien auszuloten und die Aufgaben entsprechend zu verteilen. Die persönliche Betroffenheit und die Aufrechterhaltung des Engagements sind zentrale Elemente, um die Entwicklung von innen heraus am Leben zu halten[6].

Auch im Rahmen der sog. Pfarragenda 21-Prozesse, die bezogen auf den Ablauf an die LA 21-Prozesse angelehnt sind, geht es darum, dass die Pfarren für eine nachhaltige Entwicklung vor Ort aktiv werden und sich durch Beschluss dazu bekennen. Ihr Anliegen besteht ebenfalls darin, die Weichen für *„ein Leben, das uns allen gut tut"*, zu stellen und dabei das endogene Potenzial, d.h. die Menschen im Wirkkreis der Pfarren vor Ort und darüber hinaus, zu nutzen. Auch hier wird ein Leitbild entwickelt, das auf jenen Themen aufbaut, die Personen, die sich engagieren, gewählt haben.

Wie bei den LA 21-Prozessen sind die (gegenseitige) Wertschätzung und gute Beziehungen die zentralen Voraussetzungen für das Engagement der Menschen[7]. Trotzdem braucht es in beiden Fällen kontinuierliche, intensive Begleitung und die Erlebbarkeit von (raschen) Erfolgen, die dann auch gefeiert werden können; daher wird Projekten mit verhältnismäßig kurzer Laufzeit der Vorzug gegeben, da sich gezeigt hat, *„dass die Leute etwas Sinnvolles tun wollen, ohne sich zeitlich zu binden"*. Auch die Pfarragenda 21-Prozesse zielen auf die Umsetzung des erarbeiteten Zukunftsprofils und auf die Selbstorganisation der TrägerInnen ab.

Feine und zugleich wesentliche Unterschiede zwischen den LA 21- und Pfarragenda 21-Prozessen zeigen sich hingegen in Hinblick auf den Aufwand zur Motivierung der Menschen für die Prozesse, in Hinblick auf die Profile und Begründungen für das Engagement, auf die Erwartungen der InitiatorInnen an die Menschen als AdressatInnen und TrägerInnen von Entwicklungsprozessen, das gemeinsam erzielte Ergebnis sowie die Bewertung des Erfolgs (vgl. Tabelle 2).

	Pfarragenda 21	Lokale Agenda 21
Anliegen	• „die Pfarrarbeit auf eine breitere Basis (zu) stellen"	• die „kommunale Intelligenz" (Hüther 2013) nutzbar machen
Aufwand, um die Menschen zur Beteiligung zu motivieren	• sowohl für den Gemeinderat als auch für die Menschen selbst gering • hoher Aufwand für die Überzeugungsarbeit bei den Pfarrern selbst	• der Aufwand ist groß, die Aktivierung der Menschen aufwändig
Profil der sich Beteiligenden und deren Begründungen	• die Haltung gegenüber der Umwelt und den Mitmenschen, Erkennen des Erfordernisses, sich zu beteiligen • intrinsische Motivation als Motor • „Der gesamte Pfarrgemeinderat ist dabei."	• Die Werteebene, d. h. das „für bzw. gegen Etwas sein" • höherer Anteil an sich „ganz neu" bzw. erstmals Engagierenden • „einzelne GemeinderätInnen sind dabei"
das Produkt „Leitbild"	• ein Leitbild in Form eines sog. Zukunftsprofils, das die positiven menschlichen Eigenschaften fokussiert und für alle nutzbar machen möchte	• ein Leitbild in Form einer Vision • ein Maßnahmenkatalog ist beigefügt
Erfolgs- bzw. Wirkungsmessung	• eher nachhaltig, weil „das parteipolitische Element fehlt", die Ziele überprüfbarer sind und auf das Erreichte in Zufriedenheit zurückgeblickt wird	• sehr unterschiedlich indikatorenbasiert „nachhaltig dynamisch" • „innovative Zellen" können entstehen

Tabelle 2: **Pfarragenda 21 und Lokale Agenda 21 im Vergleich**

Lokale endogene Entwicklungsprozesse, die auf Initiative der politischen Gemeinde im Rahmen eines Lokalen Agenda 21-Prozesses angestoßen werden, zielen auf die Verbesserung des Lebensumfelds „Gemeinde" in raum- und gesellschaftspolitischer Hinsicht ab. Dazu wird die seitens der Kommune und der hierin lebenden Menschen als negativ wahrgenommene Entwicklung gemeinsam thematisiert, in Sachthemen zerlegt und überlegt, zu welchen Sachthemen – vor allem im Zuge der Bewusstseinsbildung und der darauf aufbauenden Verhaltensänderung – die Menschen vor Ort Beiträge leisten können, um die Situation vor Ort zu verbessern (z. B. zur Stabilisierung der Nahversorgungsstruktur durch bewusstes Einkaufen in den Geschäften vor Ort). Dabei wird vor allem an die Vernunft der Menschen appelliert und auf deren Möglichkeit zur Selbstreflexion gesetzt.

Ein Befragter wies aber darauf hin, dass die Menschen permanent durch Impulse von außen motiviert werden müssen. Dies zeigt, dass Problemwahrnehmung und tatsächliche Verhaltensänderung in einer komplexen, von vielen (externen) Faktoren beeinflussten Beziehung zueinander stehen, was der Vorstellung von sich selbsttragenden Prozessen widerspricht.

Anders hingegen funktioniert im Rahmen von Pfarragenda-21-Prozessen der Dialog zwischen den Pfarren und den Menschen. Erkennt ein Pfarrer, dass es im Sinne der Erfüllung der Grundaufträge dringendst geboten ist, auf aktuelle gesellschafts- und umweltbezogene Entwicklungen zu reagieren (z. B. auf die Flüchtlingskrise 2015 oder den Verlust der biologischen Artenvielfalt) und dabei unterstützt vom Pfarrgemeinderat vor Ort politisch tätig zu werden bzw. tätig werden zu müssen[8], wird ein subtiler und effektiver Bewusstseinsbildungsprozess in der Bevölkerung in Gang gesetzt. Dies ist deshalb möglich, weil der Zugang der Pfarre bzw. des Pfarrers zu den Menschen ein spirituell-geistlicher ist. Es geht darum, sie – egal ob kirchennah oder kirchenfern – als Menschen zu erreichen, ihr Gewissen anzusprechen und etwas in ihnen zum Schwingen zu bringen, das sie über sich selbst, ihre Beziehung zu ihren Mitmenschen in der näheren Umgebung und ihre Beziehung zur Welt nachdenken lässt. Vor allem lokalen authentischen Pfarrern kann es somit besser als externen professionellen ProzessbegleiterInnen gelingen, die Menschen zu berühren und sie unter Berücksichtigung der individuellen Möglichkeiten zum Aktivwerden und -bleiben aufzufordern. Dabei wird einerseits auf die prinzipielle Fähigkeit des erwachsenen Menschen gesetzt, die Beziehung zwischen sich selbst und Gott bzw. einem höheren, die Geschicke der Menschen lenkenden Wesen zu reflektieren, andererseits auf die Liebe zu sich und zu anderen als intrinsischem Motor, um tätig zu werden und zu bleiben. Dabei wird Wert darauf gelegt, das (beabsichtigte) Tun der Person nicht als Bedingung für die Liebe Gottes für die Menschen darzustellen. Gerade gegenüber sehr alten, gläubigen Menschen muss offen kommuniziert werden, dass man sich Gottes Liebe nicht erarbeiten müsse, sondern diese ein Geschenk an die Menschen sei.

Auch in der Öffentlichkeitsarbeit geht es darum, dass sich die Menschen ihrer Verantwortung gegenüber der Schöpfung aufs Neue bewusst werden und die unerschütterliche Überzeugung gewinnen, dass jeder (noch so kleine) Beitrag einen Mehrwert für das (eigene) Wohlbefinden darstellt. Die Leitbilder, die im Zuge von Pfarragenda 21-Prozessen erstellt werden, betonen deshalb die ganzheitlich-spirituelle neue Lust am Leben durch gutes Handeln (PFARRE WEYREGG AM ATTERSEE O. J.). Das Miteinanderreden und

Zuhören sind dabei ebenso wichtig wie das sich immer wieder Bewusstmachen des sicht- und unsichtbaren Leids bzw. der Notsituationen Anderer.

Dadurch wiederum sollen die Menschen in ihrem Tun bestärkt werden, so dass sie zufrieden auf das bisher Erreichte zurückblicken. Dies nimmt den Menschen den Druck, mit Indikatoren messbare Ziele erreichen zu müssen, die womöglich sogar dem Verdienst einer bestimmten politischen Partei in der Gemeinde zugeschrieben werden.

Erkenntnis 4:
Die drei göttlichen Tugenden Glaube, Liebe, Hoffnung begründen das Tätigsein für sich und andere und sind damit der Grundstein für die Kooperation von Pfarrgemeinde und politischer Gemeinde. Dennoch ist der Weg zur gelingenden Kooperation mit Steinen gepflastert.

Endogene Gemeindeentwicklung in einem ganzheitlichen Sinne, die durch verstetigte Prozesse dazu führen soll, definierte Sachziele zu erreichen und/oder einen Wertewandel einzuleiten, darf nach Ansicht eines Befragten aus Prinzip keine(n) AkteurIn aufgrund dessen bzw. deren politischer oder religiöser (Grund-)Haltung ausschließen. Im Idealfall teilen sowohl die Kirche wie auch die politische Gemeinde das auf den drei göttlichen Tugenden basierende Bild vom Menschen als Adressat und Träger von (sozialer) Verantwortung und bauen auf dessen Potenziale im Kontext von Engagement in der und für die (politische) Gemeinde und Gemeinschaft auf (vgl. Abbildung 1).

Abbildung 1: **Die drei göttlichen Tugenden als Begründung der Kooperation von politischer Gemeinde und Pfarrgemeinde**

Die gemeinsame Basis für das Aktivwerden von Pfarrgemeinde und politischer Gemeinde ist in der Liebe zu und in der Sorge um die Menschen im Allgemeinen und vor Ort begründet. Die Überlegung, aus eigener Kraft in der (Pfarr-)Gemeinde von innen heraus tätig zu werden, liegt im Glauben an die Gestaltungskraft und den Gestaltungswillen der Menschen begründet und schließt die Kenntnis über die sich aus den unterschiedlichen Lebenslagen und Lebenssituationen resultierenden limitierenden Faktoren der Beteiligung mit ein. Darauf baut eine realistische Einschätzung der Potenziale der Menschen auf und macht diesen in Hinblick auf Art und Umfang der Beteiligung entsprechende Zugeständnisse. Dies verhindert mittel- und langfristig Ermüdungserscheinungen und nährt die Hoffnung auf kontinuierliches – zwischen den Sachthemen wechselndes – Engagement und somit die Hoffnung auf nachhaltige Erfolge bzw. Beiträge zu einer zukunftsfähigen Gemeindeentwicklung.

Bezogen auf den Zugang zu und den Umgang mit den Menschen steht sowohl für die Kirche als auch für die Kommunalpolitik folgende Frage im Mittelpunkt: *"Wie kann man die Menschen dazu anregen, (wieder) Eigenverantwortung zu übernehmen?"*

Bestimmungsfaktoren für eine gelingende Beteiligung von Kirche/ Pfarren an der (Weiter-)Entwicklung ländlicher Gemeinden

An dieser Stelle sei nochmals angemerkt, dass für eine erfolgreiche Zusammenarbeit von Pfarrgemeinde und politischer Gemeinde die Verschneidung der spirituell-religiösen mit der wohlwollenden-interessensfreien kommunalpolitischen Perspektive notwendig ist. Darauf beruht die Überzeugung einiger der Befragten, dass jede Kooperation zwischen der Institution Kirche und der Gebietskörperschaft Gemeinde von beiden Seiten gewünscht ist und als fruchtbringend erachtet werden kann. Anders ausgedrückt: Kirche bzw. Pfarre widmet sich jenen Themen, für die im kommunalpolitischen Tagesgeschäft keine Zeit bleibt. Daher müsste es jeder politischen Gemeinde recht sein, wenn sich Kirche bzw. Pfarre der Pflege der friedlichen Koexistenz vor Ort und dem seelischen Wohl der Menschen vor Ort annimmt. Auf dieser Annahme baut die folgende Erörterung der Bestimmungsfaktoren einer gelingenden Beteiligung von Kirche bzw. Pfarren an der (Weiter-) Entwicklung ländlicher Gemeinden auf.

Wie bereits dargelegt, sprechen Argumente auf unterschiedlichen sachlichen Ebenen für eine intensive(re) Einbindung der Pfarren in die Gemeindeentwicklung, darunter auch der Glaube daran, von der guten Vernetzung der Institution Kirche im Sinne einer gedeihlichen Weiterentwicklung der Gemeinde profitieren zu können.

Damit die Pfarren bzw. engagierte Geistliche selbst im Rahmen von Projekten aktiv werden können, braucht es *„Geld aus der Region für die Region"*, d. h. GönnerInnen, weiters günstige Konstellationen von AkteurInnen und die Unterstützung des Bundeslandes als Gebietskörperschaft.

Auf lokaler, personenbezogener Ebene wären charismatische und aufgeschlossene Pfarrer und Pfarrgemeinderatsmitglieder sowie die Öffnung und Verjüngung des Pfarrgemeinderates notwendig, damit die Spiritualität als Türöffner zum Innersten der Menschen auch gelebt werden kann. Dazu gehört auch, dass die Kirche bzw. Pfarre sich für reale Entwicklungen öffnet und z. B. *„die moderne Frau mit all ihren Problemen und Potenzialen annimmt."* In diesem Zusammenhang muss es gelingen, das Konfliktpotenzial zwischen den VertreterInnen der unterschiedlichen Generationen im Pfarrgemeinderat zu entschärfen.

Aufgeschlossene, kooperative Pfarrer brauchen zur gelingenden Beteiligung im Kontext der (Weiter-)Entwicklung der Gemeinde mehr freie Zeit, d. h. Ressourcen, die nicht in der Organisation des Kirchenjahres gebunden sind. Die Pfarrer müssen intensiv(er) auf die (kirchenfernen) Personen zugehen und dazu *„die Zeit vor und nach den Messen"* nutzen. Dabei sei – so einer der Befragten – stets darauf zu achten, bei den Menschen nicht den Eindruck zu wecken, man spräche sie nur deshalb an, weil man damit einen konkreten institutionsbezogenen Zweck verfolge.

Um die soziale Kohäsion zwischen in der Pfarrgemeinde integrierten Menschen und nicht integrierten Menschen zu fördern, ist es wichtig, Aktivitäten, die *„gut für die ganze Gemeinde"* sind, nicht ausschließlich in Pfarrsälen zu besprechen. Zielführender sei es nach Ansicht eines Befragten, ein Zusammenkommen in Gaststätten im Ort zu arrangieren.

Wichtig für eine gelingende Beteiligung von Kirche/Pfarren an der Entwicklung von (ländlichen) Gemeinden ist das Arbeiten mit den Menschen selbst. Dazu merkte ein Befragter Folgendes an: *„80 % sind ganz normale Menschen. Macher gibt es wenige."* Er meinte damit, dass sich Menschen im Gemeindeentwicklungsprozess genauso verhalten wie im realen Privat- und Berufsleben auch und deshalb für jede an Beteiligung interessierte Person eine ihrem Persönlichkeitstyp entsprechende Aufgabe gefunden werden muss. In jedem Fall aber – so der Befragte weiter – sind genügend Menschen vonnöten, die – egal ob im Rahmen eines Pfarragenda 21-Prozesses oder in einem anderen Kontext – *„für eine Sache brennen", „deren Herz erfüllt ist, die Sehnsucht haben"* und bereit sind, *„sich auf den Weg zu machen".* Diese kritische Masse an Engagierten ist notwendig, nicht nur um die Pfarrer zu entlasten, sondern beispielsweise auch um (pfarr- bzw. kirchenferne) Personen zu Aktivitäten der (Pfarr-)Gemeinde oder das örtliche Seelsorgeteam anregen zu können.

Hier wiederum schließt sich der Kreis zur Relevanz der Art und Weise, wie die Menschen vor Ort zur Mitarbeit in der und für die Gemeinde eingeladen werden: Welche Bedeutung hat die Wahl des richtigen Zugangs zu den Menschen und welche Erwartungen werden an sie gestellt? Dabei sollten nach Ansicht eines Befragten *„zwei Zauberformeln"* zur Anwendung kommen:

1) *„Fordern statt überfordern und gleichzeitig Verbindlichkeiten einfordern".*
2) Jedem bereits engagierten bzw. helfendem Menschen folgende Frage zu stellen: *„Was brauchst du, damit du etwas machen kannst?"*

Bestimmungsfaktoren für eine gelingende Kooperation von Kirche/Pfarre und politischer Gemeinde im Rahmen der Gemeindeentwicklung

Am Beispiel der oberösterreichischen Gemeinde Steinbach an der Steyr, die bereits Mitte der 1980er Jahre eine Vorreiterrolle in Bezug auf ganzheitliche nachhaltige Gemeindeentwicklung in Österreich übernahm, lässt sich skizzieren, was es für das erfolgreiche Zusammenspiel von Kirche/Pfarre und politischer Gemeinde braucht.

Am Anfang muss ein gemeinsames Verständnis für das Erfordernis ganzheitlicher Entwicklung stehen und *„ein gewisses Maß an Zusammengehö-*

rigkeitsgefühl ... bereits vorhanden sein." Erst das Wissen der politischen Gemeinde um die Tatsache, *„dass sie die Pfarre* [als Partner in der Gemeindeentwicklung, die Verfasserin] *braucht",* bildet die Basis dafür, dass sich Kirche/Pfarre und Kommunalpolitik als ineinandergreifende Zahnräder verstehen. Dadurch soll dem Aufbau von Parallelstrukturen von politischer Gemeinde und Pfarre vorgebeugt werden. Wichtig ist auch das Sich-Besinnen und Fokussieren auf die eigenen Kompetenzen und Aufgaben. Dies wiederum führt zu gegenseitigem Respekt und der Definition der Aufgaben.

Das bedeutet, dass die KommunalpolitikerInnen *„ein ungestörtes Verhältnis zur kirchlichen Gemeinde haben und politischen Verlockungen widerstehen"* müssen. Dann – so ein Befragter weiter – habe *„die Kirche auch Lust, mitzumachen."* Im Gegenzug dazu müssen sich die kirchlichen AkteurInnen bewusst machen, dass der (gesellschaftspolitische) (Rechtfertigungs-)Druck, der auf den KommunalpolitikerInnen lastet, ungleich höher ist.

Etwaigen Konkurrenzgedanken zwischen Kirche und Kommunalpolitik kann die regelmäßige Besinnung auf folgenden gemeinsamen Grundsatz vorbeugen: *„Das Karitative und die Nächstenliebe sollten ... im Vordergrund stehen."* Parallel dazu ist es wichtig, mögliche Konfliktlinien rechtzeitig zu erkennen, diese sofort anzusprechen und gegenseitiges Verständnis für die Anliegen und Sorgen des Anderen aufzubringen. Dies basiert auf der beidseitigen Bereitschaft, voneinander zu lernen.

Darüber hinaus ist es wichtig, vor der Einleitung von Prozessen oder der Konzeption von konkreten Projekten abzuklären, wer von beiden Seiten der Taktgeber bei welchen Sachthemen ist. Bei der Konzeption von Prozessen sind Führung, Begleitung und Persönlichkeiten notwendig, die Demut im Handeln zeigen und bereit dazu sind, kleine, aufeinander abgestimmte Schritte zu tun. In diesem Zusammenhang müssen einerseits die KommunalpolitikerInnen dazu bereit sein, das *„Fraktionsdenken aufgeben"* und lernen, die guten Ideen Anderer anzuerkennen, andererseits muss sich die Kirche nach außen öffnen und partiell *„ihren Firmencharakter"* aufgeben.

Zusammenfassung

Im Folgenden werden die drei eingangs formulierten Forschungsfragen auf Basis der empirisch gewonnenen Erkenntnisse beantwortet.

Frage 1:
Worin begründet sich das Engagement von Kirche bzw. Pfarre im Rahmen der Gemeindeentwicklung?

Das Engagement beruht auf der Verantwortung gegenüber der Schöpfung und der Verpflichtung zur Einhaltung der Soziallehre. Auf Ebene der Gemeinde wird diese Verantwortung und Verpflichtung durch die vier Grundvollzüge bzw. Grundaufgaben – darunter vor allem Diakonie und Gemeinschaft – operationalisiert. Hier übernimmt Kirche bzw. Pfarre die Rolle eines Advokaten, die auch die Aufgabe des Anwerbens von Menschen für das konkrete (soziale) Engagement in der und für die Gemeinde nach Maßgabe ihrer individuellen Fähigkeiten und Möglichkeiten mit einschließt.

Sollte ein Projekt scheitern bzw. nicht den erhofften Erfolg bringen, erwachsen weder der Pfarre noch den sich beteiligenden Menschen Konsequenzen.

Frage 2:
Wie ist es um die Deckungsgleichheit von Kirche bzw. Pfarre und politischer Gemeinde hinsichtlich der Zugänge zu den Menschen bestellt? Gibt es aus pfarrlicher und kommunalpolitischer Sicht Unterschiede hinsichtlich der Erwartungen an die Menschen als TrägerInnen und AdressatInnen der endogenen Gemeindeentwicklung?

Die Kirche fokussiert die großen Themen der Welt und sucht nach lokal machbaren und menschenwürdigen Lösungen. Dabei orientiert sie sich in Bezug auf die Wirkung der gewählten Maßnahmen nicht an quantifizierbaren Indikatoren bzw. Kennzahlen, die zur Abbildung der (lokalen) Situation im raumpolitischen Sinne dienen, sondern an den spürbaren atmosphärischen Veränderungen in der Gemeinde, beispielsweise an menschlichen Begegnungen, am verbesserten Miteinander, und der gesteigerten Offenheit für Neues. In diesem Zusammenhang baut Kirche bzw. Pfarre auf die Wirksamkeit gelebter Spiritualität.

Somit verstehen erfolgreiche Pfarren alle Menschen als potenzielle TrägerInnen bzw. MitgestalterInnen der Gemeinde. Sie holen sie *„auf der Gefühlsebene"* ab und entwickeln *„ohne große Worte"* ein auf die jeweilige Lebenslage abgestimmtes individuelles Aufgabenprofil.

Dabei tut sich ein charismatischer Pfarrer oft ungleich leichter, den Zugang zu (der Kirche gegenüber prinzipiell offen eingestellten) Menschen zu finden. In Bezug auf streng gläubige Menschen gilt, dass der Respekt gegenüber dem Pfarrer eng mit dessen Ansehen zusammenhängt, welches sich aus der Verbindung zwischen dem Nicht-Irdischen (Gott) und dem Irdischen (Menschen) ergibt. D. h. ein Pfarrer kann Menschen in ihrem Innersten erreichen und sie auf eine Art und Weise zum Schwingen bringen, was selbst den erfahrensten RegionalentwicklerInnen bzw. LA 21-ProzessbegleiterInnen nicht gelingt. In einfacheren Worten: Für die (empfänglichen) Menschen ist es etwas Anderes, wenn ein Pfarrer sie direkt auf etwas anspricht bzw. sie um etwas bittet, als wenn dies ein(e) ProzessbegleiterIn bzw. RegionalmanagerIn tut.

Allerdings mussten sowohl die Pfarren als auch die Kommunalpolitik hinnehmen, dass Erwerbstätigkeit gekoppelt mit einer hohen Außenorientierung (PendlerInnen) und Übernahme von Pflegeaufgaben für ältere Familienmitglieder die wichtigsten limitierenden Faktoren für die Beteiligung an lokalen Entwicklungsprozessen darstellen (können).

Frage 3:
Wie sieht das Beziehungsgefüge von Pfarre und politischer Gemeinde im Kontext der Gemeindeentwicklung aus?

Kooperationen zwischen Pfarre und Kommunalpolitik stellen sich nicht automatisch ein – selbst in normalen Lokale Agenda 21-Prozessen nicht. Vielmehr kann man, falls sie zustande kommen, von einem Glücksfall sprechen, der vor allem über Pfarragenda 21-Prozesse ermöglicht wird.

Auch im Rahmen von Pfarragenda 21-Prozessen zeigt sich, dass die Taktgeberschaft unter den in die Gemeindeentwicklung eingebundenen AkteurInnen sowohl der Pfarrgemeinde wie auch der Kommune zu Beginn meist ungeklärt ist und dass sie in Abhängigkeit von der thematischen Ausrichtung des Projekts bzw. Prozesses sowie der jeweiligen Situation vor Ort unterschiedlich mühsam und herausfordernd in der Ausverhandlung ist.

Schlussfolgerungen und Ausblick

Aus den bisherigen Erfahrungen in Bezug auf die Zusammenarbeit von Kirche bzw. Pfarren und politischen Gemeinden zum Zwecke einer nachhaltigen Gemeindeentwicklung leiten die befragten ExpertInnen folgende Handlungserfordernisse und wunde Punkte ab, denen zukünftig mehr Augenmerk geschenkt werden muss.

Erstens gilt es, *„näher bei den Menschen und wirksam in der Gesellschaft [zu] sein".* Das Menschenfischen wird angesichts der zunehmenden Herausforderungen der Alltagsorganisation und -bewältigung eine (noch) größere Aufgabe werden. Die Menschen für das Aktivwerden und längerfristig Aktivbleiben zu motivieren, erfordert größte Anstrengungen, sowohl für die Kirche als auch für die politische Gemeinde. Sorgen bereiten den Befragten in diesem Zusammenhang im Speziellen Jugendliche, Personen ohne räumliche Identität sowie Menschen, *„die mit sich nicht im Reinen sind".*

Parallel dazu wird die Anzahl der AdressatInnen, die im Kontext einer nachhaltigen Raumentwicklung besondere Berücksichtigung erfahren müssen – darunter vor allem arme und armutsgefährdete Menschen, einsame und Menschen ohne Halt im Leben – anwachsen (vgl. FISCHER & BORN 2017). Vor diesem Hintergrund ist es wichtig, individuelle und kollektive Vulnerabilität gegenüber den (potenziellen) TrägerInnen und UnterstützerInnen von Gemeindeentwicklungsprozessen anders zu kommunizieren.

In diesem Zusammenhang ist es dringend geboten, das Sprichwort „Jeder ist seines Glückes Schmied" nicht zu verwenden und die Frage nach der Verschuldung von Notsituationen kritisch zu reflektieren.

Zweitens ist die Kirche gefordert, „*alte Muster ... aufzugeben, sonst wird das nicht gelingen.*" Dies bezieht sich nach Ansicht der Befragten vor allem auf die Bereitschaft der Kirche zur Wandlungsfähigkeit bzw. Anpassung an moderne Weltanschauungen. Hier muss der Spagat zwischen dem Erfordernis, mit der Zeit zu gehen, und dem dafür einzuschlagenden Weg – Öffnung versus Verspaßung („Brot und Spiele") – gelingen, an den sich die Sorge um die Entmystifizierung anschließt. Deshalb muss auf den Unterschied zwischen Resistenz und Resilienz im Kontext der Diskussion um eine zukunftsfähige (Weiter-)Entwicklung von Kirche als Organisation hingewiesen werden, der bereits Gegenstand eines aktuellen Projekts – des sogenannten Zukunftswegs – der Diözese Linz ist (vgl. DIÖZESE LINZ 2018).

Drittens sollte der Wirkung von „Aha-Erlebnissen" und persönlichen Wendepunkten im Leben von KommunalpolitikerInnen mehr Beachtung geschenkt werden: Persönliche Schicksalsschläge können beispielsweise Umkehr- bzw. Einlenk-Effekte in Gang setzen, die in eine Veränderung der eigenen politischen Werthaltung und damit in die Um-Formulierung von Entwicklungszielen für die politische Gemeinde münden können. Zudem ist es möglich, dass persönliche Wendepunkte dazu führen, das bisherige Verhältnis zur Akteurin Kirche bzw. Pfarre zu überdenken und folglich (vielleicht) die Einbindung von Kirche bzw. Pfarre in die Gemeindeentwicklung bewusst zu forcieren.

Dennoch scheint man viertens – aufbauend auf den Erfahrungen bei der Umsetzung des Steinbacher Wegs – von einer (langfristig) gelingenden ganzheitlich orientierten vertikalen Kooperation zwischen politischer Gemeinde und Pfarrgemeinde einerseits und der Gebietskörperschaft Bundesland andererseits nach wie vor weit entfernt zu sein. Dies – so die Ansicht eines Befragten – liege daran, dass bis jetzt ungeklärt sei, wieviel an eigenständiger endogener Gemeindeentwicklung die übergeordnete Gebietskörperschaft vertrage bzw. inwiefern sehr aktive Gemeinden aufgrund ihrer großen lokalen Erfolge langfristig sogar zu mächtig werden und damit die übergeordneten PlanungsträgerInnen einem regelrechten Rechtfertigungsdruck aussetzen. Wie dem auch sei: In diese Verhandlungen mischt sich die Kirche nicht ein. Ob und mit welcher Intention sich die Politik an sie mit der Bitte um Unterstützung in Fragen der Raumentwicklung wenden wird, bleibt abzuwarten.

Danksagung

Ich danke allen GesprächspartnerInnen für die Offenheit, den Enthusiasmus und die Leidenschaft, mit der sie ihre Positionen dargelegt haben.

Anmerkungen

[1] Pfarragenda 21-Prozesse sind von den Pfarren ausgehende Initiativen im Themenfeld Umwelt-Soziales-Wirtschaft, die zur Umsetzung der in der Agenda 21 erstmals formulierten und in der auf 17 Ziele fokussierten aktuellen Agenda 2030 (vgl. GLOBAL POLICY FORUM 2017) aktiv beitragen sollen. Im Rahmen eines Pfarragenda 21-Prozesses werden die Pfarren von den RegionalmanagerInnen des Landes Oberösterreich, die als externe BegleiterInnen und Ansprechpersonen fungieren, unterstützt. Die Koordination der Pfarragenda 21-Prozesse wiederum übernimmt – ebenso wie die der herkömmlichen Lokalen Agenda 21-Prozesse – die Oberösterreichische Zukunftsakademie, die der Abteilung Präsidium im Amt der Oberösterreichischen Landesregierung zugeordnet ist.

[2] Der Altbürgermeister der Gemeinde Steinbach an der Steyr, Herr Karl Sieghartsleitner, entwickelte 1986 aufbauend auf den Grundsätzen der Lokalen Agenda 21 den sog. Steinbacher Weg (vgl. AMT DER OÖ. LANDESREGIERUNG 2019), eine kommunalpolitische Handlungsanleitung, in der klare Regeln für eine neue politische Kultur formuliert sind, wie beispielsweise die Gleichartigkeit des Zugangs zu Information, der Respekt vor und die Gewährleistung von Diversität der politischen Kräfte sowie der große Wert einer guten Idee, auf die der Urheber das Patent hat (vgl. OÖ VEREIN FÜR ENTWICKLUNGSFÖRDERUNG 2006).

[3] Einige der GesprächspartnerInnen merkten im Zusammenhang mit der Vorbereitung auf das Gespräch an, dass ihnen die Fragen im Themenblock „Weiterführende Gedanken" in Bezug auf die zukünftige Bedeutung und Rolle von Kirche bei der Bewältigung der Herausforderungen des 21. Jahrhunderts auf den ersten Blick provokant formuliert erschienen. Nach wiederholtem Lesen und Reflektieren der Fragen jedoch

erschloss sich ihnen die Notwendigkeit und Adäquanz der Formulierungen.

4   Die vier Grundaufträge der katholischen Kirche sind: 1. Zeugnis, d.h. die Verkündigung und Verbreitung des Evangeliums, 2. Die Liturgie, d.h. der Gottesdienst (v.a. die Feier der Eucharistie) und das gemeinsame Gebet, 3. die Diakonie, d.h. der Dienst am Menschen und 4. die Gemeinschaft (vgl. KATHOLISCHE KIRCHE VORARLBERG O.J.)

5   In diesem Zusammenhang beruft sich die Befragte auf die Ergebnisse einer Studie im Auftrag der Diözese Linz.

6   Agenda 21-Prozesse bestehen prinzipiell aus drei Phasen: 1. aus der Vorbereitungsphase, in der der Gemeinderat per Beschluss festlegt, eine LA 21 in der Gemeinde durchzuführen, 2. aus der Entwicklungsphase, in der ein Kernteam bestehend aus maximal 20 Personen ein Stärken-Schwächen-Profil der Gemeinde und darauf aufbauend gemeinsam mit der Bevölkerung ein Leitbild einschließlich eines Maßnahmenkatalogs erarbeitet, und 3. aus der Umsetzungsphase, in der Projekte auf der Basis des Maßnahmenkatalogs umzusetzen sind (vgl. STÖGLEHNER & FISCHER 2005).

7   Nichtsdestotrotz sind in LA 21- wie in Pfarragenda 21-Prozessen Leitungspositionen mit Ehrenamtlichen zunehmend schwierig zu besetzen.

8   Bislang konnten seit 2006 in Oberösterreich drei Pfarragenda 21-Prozesse angestoßen werden. Dabei handelt es sich um die Gemeinde Altmünster, ein gemäß Urban-Rural-Typologie der Statistik Austria städtisches Mittelzentrum mit rund 10 000 EinwohnerInnen, die Marktgemeinde Sattledt, die 2 700 EinwohnerInnen umfasst und dem ländlichen Raum in zentraler Lage zugeordnet ist, und die Marktgemeinde Weyregg am Attersee, die zum ländlichen Raum im Umland von Zentren zählt und etwa 1 600 EinwohnerInnen zählt (vgl. STATISTIK AUSTRIA 2018). Die Pfarragenda 21-Prozesse in den beiden ländlichen Gemeinden fokussieren auf die Themen Geborgenheit, Wohlfühlen (vgl. PFARRE WEYREGG AM ATTERSEE O.J.), Integration von Neuzugezogenen (vgl. AMT DER OÖ. LANDESREGIERUNG 2019) und Verantwortung für die Schöpfung. In Bezug auf das Handlungsfeld Verantwortung für die Schöpfung

widmet sich ein Projekt in Weyregg am Attersee der Verarbeitung von Obst, das auf Bäumen im öffentlichen Raum wächst (vgl. ibid.).

Literatur

AKADEMIE FÜR RAUMFORSCHUNG UND LANDESPLANUNG (2008): Herausforderung Vielfalt – Ländliche Räume im Struktur- und Politikwandel. E-Paper der ARL Nr. 4. Hannover
https://shop.arl-net.de/media/direct/pdf/e-paper_der_arl_nr4.pdf (10.07.2019)

AMT DER OÖ. LANDESREGIERUNG (2019): agenda 21 Netzwerk Oberösterreich.
http://www.agenda21-ooe.at/gemeinden-regionen/gemeinden-und-regionen (10.07.2019)

ANTONESCU, Daniela (2015): Theoretical approaches of endogenous regional development. MPRA_Paper.
https://mpra.ub.uni-muenchen.de/64679/1/MPRA_paper_64679.pdf (10.07.2019)

BMLFUW (BUNDESMINISTERIUM FÜR LAND- UND FORSTWIRTSCHAFT, UMWELT UND WASSERWIRTSCHAFT) (2017): 12 gute Gründe für Lokale Agenda 21.
https://www.bmnt.gv.at/service/publikationen/umwelt/12-gute-gruende-fuer-lokale-agenda-21.html (10.07.2019)

DIÖZESE LINZ (2018): Kirche weit denken. Zukunftsweg.
https://www.dioezese-linz.at/zukunftsweg (10.07.2019)

DIÖZESE LINZ (o.J.):
https://www.dioezese-linz.at/welthaus (10.07.2019)

FISCHER, Tatjana; BORN, Karl Martin (2017): Rural poverty and its consequences in structurally weak rural areas of Austria from the mayors' perspective. European Countryside 10(2), 210–231

GLOBAL POLICY FORUM (2017): Die Agenda 2030. Globale Zukunftsziele für nachhaltige Entwicklung. Bonn
https://www.globalpolicy.org/images/pdfs/GPFEurope/
Agenda_2030_online.pdf (10. 07. 2019)

HÜTHER, Gerald (2013): Kommunale Intelligenz. Hamburg: Körber-Stiftung

KATHOLISCHE KIRCHE VORARLBERG (o.J.):
Grundaufträge – Grundfunktionen der Kirche.
https://www.kath-kirche-vorarlberg.at/organisation/entwicklung/
links-dateien/4-Grundauftraege.pdf (10. 07. 2019)

LIEBOLD, Renate; TRINCZEK, Rainer (2009): Experteninterview. In: KÜHL, Stefan; STRODTHOLZ, Petra; TAFFERTSHOFER, Andreas Hrsg. (2009): Handbuch Methoden der Organisationsforschung. Wiesbaden: VS Verlag für Sozialwissenschaften/GWV Fachverlage GmbH, 32–56

OÖ. VEREIN FÜR ENTWICKLUNGSFÖRDERUNG (2006): Broschüre „Der Steinbacher Weg". Vergriffen

ÖSTERREICHISCHE RAUMORDNUNGSKONFERENZ (2011):
Österreichisches Raumentwicklungskonzept (ÖREK 2011).
Schriftenreihe Nr. 185: Wien

PFARRE WEYREGG AM ATTERSEE (o.J.): Zukunftsprofil weyregg am attersee

STATISTIK AUSTRIA (2018): Urban-Rural-Typologie der Statistik Austria. Tabelle Zuordnungen - Urban-Rural-Typologie Statistik Austria - Gemeinden inkl. Bevölkerungszahl.
http://www.statistik.at/web_de/klassifikationen/regionale_gliederungen/
stadt_land/index.html (10. 07. 2019)

STÖGLEHNER, Gernot; FISCHER, Tatjana (2005): Lokale Agenda 21 – Ein Instrument der ländlichen Entwicklung. In: Land & Raum 2005(3), 4–8

United Nations (1992): AGENDA 21 Konferenz der Vereinten Nationen für Umwelt und Entwicklung. Rio de Janeiro, Juni 1992
http://www.un.org/depts/german/conf/agenda21/agenda_21.pdf
(10.07.2019)

Henning Bombeck [Rostock]

Gemeinde ohne Haus? – Die Bedeutung des Pfarrhauses für das kirchgemeindliche Leben

Kurzfassung

Im gegenwärtig anhaltenden Strukturwandel der Kirche sind kirchliche Gebäude im Dorf funktionalen und ökonomischen Zwängen ausgesetzt, die ihren Verbleib in kirchgemeindlichem Eigentum zunehmend in Frage stellen. Während der Erhalt des Kirchbaus die höchste Aufmerksamkeit selbst der Bürgerinnen und Bürger genießt, die nicht kirchlich organisiert sind, werden immer mehr Pfarr- und Kirchgemeindehäuser von der Öffentlichkeit nahezu unbemerkt aufgegeben, veräußert und so nicht nur dem kirchlichen Gemeindeleben entzogen. Am Beispiel einer Kirchenregion in Mecklenburg wird gezeigt welche Folgen diese Prozesse des „Kleiner Werdens" auf Seiten der betroffenen Kirchgemeinden haben, wie die Landeskirche diese partizipativ planen lässt und wie Kirchgemeinden mit den Ergebnissen solcher Planungen umgehen.

Einleitung

Bittet man jemanden „die Kirche im Dorf zu lassen", so fordert man ihn auf, nicht zu übertreiben, auf dem Boden der Tatsachen zu bleiben, nachzugeben oder zur Normalität zurückzukehren. Aber ist die Kirche im Dorf noch Normalität, ist sie unverrückbare Tatsache?

Die Institution Kirche mit ihren Bauwerken wie Kirchengebäude und Pfarrstelle hat in der Historie des ländlichen Raums ihren festen Platz in der Wahrnehmung der Menschen; hier fanden sie seelische Orientierung und Beistand. Die Kirche begleitete das Leben der Menschen von der Taufe an bis zur Bestattung. Der Pastor war Lehrer im Dorf, Seelsorger und hohe moralische Instanz; er saß bei jeder bedeutenden Familienfeier mit am Tisch.

Traditionell ist die Kirche mit ihrem Turm das höchste Gebäude im Dorf – nicht nur auf diese Weise markiert sie so einen Fixpunkt im Koordinatensystems des dörflichen Miteinanders. Sie ist weithin sichtbare Landmarke, Ziel vieler gerade verlaufender Landstraßen. In unserem klischeehaften Bild vom Dorf markiert die Kirche die Mitte, in ihrer Nachbarschaft liegt oftmals ein öffentlicher Platz, ein Gasthof. An Sonntagen ist die Kirche Zielpunkt des gesamten Kirchspiels. Aus allen Ortsteilen machen sich die Gläubigen auf den Weg zum Gottesdienst. Anschließend trifft man sich im Wirtshaus, kommuniziert, macht Stammtischpolitik, verhandelt Geschäfte oder pflegt das soziale Miteinander. Einen Höhepunkt des Geselligen im Verlauf des Kirchenjahres ist das Kirchweihfest, in Norddeutschland Kirmes genannt, zu dem das ganze Dorf auf den Beinen ist.

Der Bau der Kirchen ist nicht nur in Norddeutschland ein Symbol der dauerhaften Sesshaftwerdung einer langsam wachsenden Bevölkerung, für die bis ins Mittelalter das Besiedeln und Aufgeben von Agrarlandschaft stetig wiederkehrende Lebensrealität war. Doch wer Kirchen baute, richtete sich an einem weise gewählten Standort auf die „Ewigkeit ein". Für den Kirchenbau, anders als für den landwirtschaftlichen Profanbau, verwendete man besondere, oftmals schwieriger zu bearbeitende Materialien. Die beabsichtigte Dauerhaftigkeit der Konstruktion erkennt man beispielsweise in Norddeutschland noch heute an den gewählten, gestalterisch höchst komplizierten Feldsteinmauerwerken. Auch der oft verwendete Ziegel, der im Feldbrand unter hohem Brennstoffeinsatz aufwendig hergestellt wurde, war kein Material für das einfache Bauen. Das bäuerliche Gehöft zu dieser Zeit wurde aus Holz und Lehm gefügt.

Die Kirchen in Mecklenburg-Vorpommern, räumlicher Bezug der folgenden Fallstudie, gehören zu den ältesten baulichen Zeugnissen. Die ersten Kirchengründungen erfolgten in Folge der Zuwanderung deutscher Siedler bereits in der ersten Hälfte des 12. Jahrhunderts. Der Großteil der heute noch vorhandenen mittelalterlichen Kirchen im Land hat seine Wurzel im 13. Jahrhundert. Mit den einwandernden Siedlern aus Niedersachsen oder Holstein, aus Westfalen oder der Mark Brandenburg entwickelten sich unterschiedliche architektonische Stile.

Doch der Erhalt des kirchenbaulichen Erbes, das in der folgenden Betrachtung um die oftmals zum Kirchgebäude gehörenden Pfarrhöfe bzw. um die

Pfarrhäuser neueren Datums erweitert werden soll, stellt vor dem Hintergrund sinkender Kirchgemeindegliederzahlen eine immense ökonomische Herausforderung dar.

Zur Situation der Kirche in der Bundesrepublik Deutschland

Die Kirche in Deutschland erfährt erhebliche Veränderungsprozesse. POLLACK und ROSTA (2015) sehen in einem hohen Wohlstandsniveau, starker Individualisierung, einem breiten Freizeit- und Unterhaltungsangebot und einer steigenden weltanschaulichen Vielfalt Gründe für eine zunehmende Abkehr von der Kirche. Für die Zeit nach dem Zweiten Weltkrieg konstituieren sie, dass die Gottesdienste nach der „nationalen, sozialen und moralischen Katastrophe des Nationalsozialismus" noch überfüllt waren. In dieser Zeit habe die Kirche als „Hort der sozialen Ordnung, der moralischen Orientierung und der politischen Wegweisung" fungiert. Schleichend und keinesfalls schlagartig wandelt sich in den folgenden Jahrzehnten das Bild von Kirche in der Gesellschaft: Heute ist sie in den Augen vieler zu einer autoritären Institution geworden und wird oft als „geldgierig, undialogisch und machtversessen" wahrgenommen (Zitate nach MICHALZIK 2015).

Mit anhaltender Marginalisierung von Kirche hat diese zunehmend ihre soziale Funktion verloren. Auch ist sie mit ihren Themen immer weniger in der Lage, Gesellschaft zu mobilisieren. Trotz stetiger Bemühungen, Angebote zu modernisieren, hält die hohe Zahl der Kirchenaustritte kontinuierlich an, während die Zahl der Kirchgänger auf niedrigem Niveau weiter stagniert. 2015 gingen nur noch 17 % der katholischen Kirchgemeindeglieder regelmäßig in den Gottesdienst, bei den Protestanten waren es sogar nur noch ca. 5 % (vgl. SMILJANIC 2015). 58 % der bundesdeutschen Bevölkerung gaben bei einer Befragung von Infratest dimap im Jahr 2011 an, an Gott zu glauben. Auf Ost- und Westdeutschland bezogen waren dieses 67 % der Menschen im Westen, aber nur 25 % der ostdeutschen Bevölkerung (vgl. MDR 2011).

Bundesweit ist die Zahl der Kirchenmitglieder deutlich gesunken, beispielsweise in der evangelischen Kirche im Zeitraum von 2003 bis 2018 von 25,84 auf 21,14 Millionen (vgl. STATISTA 2019a). Dieser Negativtrend wird aller

Voraussicht nach anhalten. Einer Prognose von STATISTA (2019b) folgend wird sich die Zahl der Kirchenmitglieder bis zum Jahr 2060 weiter erheblich reduzieren. So soll sich im Osten der Bundesrepublik die Mitgliederzahl in evangelischer und katholischer Kirche in der Zeit von 2017 bis 2060 von ca. 3,2 auf 1,5 Millionen halbieren.

Mit dem Eintritt der Babyboomer-Generationen ins Rentenalter droht der Kirche eine weitere Gefahr. So prognostiziert beispielsweise die evangelische Kirche in Norddeutschland einen kommenden Pastorenmangel.

„1 108 der 1 773 Pastorinnen und Pastorinnen[!] der Nordkirche werden bis 2030 pensioniert, und bei einem ähnlichen Altersaufbau der Jüngeren werden voraussichtlich nur rund 660 neue Pastorinnen und Pastoren eingestellt werden können, was heißt, dass sich die Anzahl der Pastoren auf 75 Prozent des Standes von 2015 reduzieren würde." (FOWID 2019)

Kirche in Mecklenburg-Vorpommern/Kirchenregion Bad Doberan

Analog zum bundesdeutschen Trend entwickeln sich die Mitgliederzahlen in der Nordkirche, die sich 2012 aus der Nordelbischen Kirche, der Landeskirche Mecklenburgs und der Pommerschen Kirche gründete. Die Nordkirche ist für mehr als 1 900 Kirchen und Kapellen verantwortlich, mehr als 60 % davon befinden sich in Mecklenburg-Vorpommern.

Die Nordkirche wird in die drei Sprengel Hamburg-Schleswig, Schleswig-Holstein und Mecklenburg-Pommern unterteilt. Zu jedem Sprengel gehören Kirchenkreise als organisatorische Einheit, in der Propsteien zusammengeschlossen sind. Die Propsteien wiederum unterteilen sich in Kirchenregionen, die ein Zusammenschluss von verschiedenen Kirchengemeinden sind.

In der Zuständigkeit der letztgenannten, kleinsten Verwaltungseinheiten liegen Gottesdienste, alle sonstigen kirchlichen Dienstleistungen, Bildungsangebote, seelsorgliche Arbeit und weitere gesellschaftlichen Aufgaben. Dieses breite Aufgabenspektrum gehört zum Wirken eines Pastors. Die von ihm erbrachte Leistung schafft neben dem persönlichen Glauben den unmittelbaren Bezug eines jeden Kirchenmitglieds zu seiner Kirche.

Die Evangelische Kirche in Mecklenburg-Vorpommern verzeichnete einen Rückgang von ca. 55 000 Gemeindegliedern innerhalb von 10 Jahren. Gab es im Jahr 2007 noch 305 000 Mitglieder im Pommerschen und Mecklenburgischen Kirchenkreis, waren es 2017 nur noch 250 000. Im gleichen Zeitraum reduzierte sich die Zahl der Kirchgemeinden von 507 auf 398.

Der Statistik für den Kirchenkreis Mecklenburg zufolge (vgl. EVANGELISCHE KIRCHE IN MECKLENBRUG-VORPOMMERN 2019) gab es im Jahr 2018 in 245 Kirchgemeinden 163 723 Mitglieder. Knapp 1 600 Austritten standen nur 224 Aufnahmen in die Kirche gegenüber. Im selben Jahr der war der Evangelisch-Lutherische Kirchenkreis für einen Baubestand von mehr als 1 500 Einzelimmobilien verantwortlich. Mit Ausnahme von Sachsen-Anhalt kommen in keinem anderen Bundesland so viele Kirchen auf so wenige Einwohner wie in Mecklenburg-Vorpommern. Gründe hierfür sind in der negativen natürlichen Bevölkerungsentwicklung sowie in der Abwanderung zu suchen. Für den kleinen Kirchenkreis Mecklenburg sind die größtenteils denkmalgeschützten Gotteshäuser eine schwere Last.

In Mecklenburg gibt es 703 Kirchen, 580 davon sind Dorfkirchen. 97 % aller Kirchengebäude stehen unter Denkmalschutz, jede siebte Kirche ist hinsichtlich ihres Bauzustandes als gefährdet eingeschätzt. 2018 bezifferte die Evangelische Kirche in Mecklenburg-Vorpommern für deren Notsicherung (nicht Sanierung!) einen Investitionsbedarf von 24 Millionen Euro. Von 330 weiteren kirchlichen Gebäuden wie historischen Pfarrhäusern, Scheunen o. Ä. stehen 60 % ebenfalls unter Denkmalschutz. Für Bauinvestitionen standen dem Kirchenkreis Mecklenburg ca. 14 Millionen Euro zur Verfügung; eine Summe, die schon in Anbetracht der dringenden Notsicherungsmaßnahmen vollkommen unzureichend ist (vgl. EVANGELISCHE KIRCHE IN MECKLENBURG-VORPOMMERN 2019).

Weil Landeskirchen mit den anstehenden Sanierungen überfordert zu sein scheinen, bemühen sich viele Kirchengemeinderäte und Dorfgemeinschaften in Kirchbauvereinen, ihr bauliches Erbe zu erhalten. Alleine 150 dieser Zusammenschlüsse gab es im Kirchenkreis Mecklenburg im Jahr 2018. Neben Sanierung und Erhalt des Gebäudebestandes stehen bei nahezu allen Vereinen auch die Nutzung der Gebäude, die Förderung von Kunst und Kultur in ihren Räumlichkeiten und die Stärkung der lokalen Identität im Fokus. Mehr als die Hälfte der Vereine haben sich in Orten mit weniger als 500 Einwohnern gebildet (vgl. VIERE 2013). Ein Blick auf die personelle Zusammensetzung der Kirchbauvereine (vgl. BERGER, HOCK & KLIE Hrsg. 2014) zeigt, dass über 60 Prozent der befragten Vereine höchstens 40 Mitglieder aufweisen und sich darin zu 75 Prozent Menschen engagieren, die älter als 50 Jahre sind. 39 Prozent der Initiatoren eines Kirchbauvereins stammen ursprünglich aus den alten Bundesländern.

Pfarrhaus/Pfarrhof in Gefahr?

Der anhaltende Strukturwandel der Kirche hat auch unmittelbaren Einfluss auf das soziale Miteinander in Dörfern. Neben der erheblichen Bedeutung des Erhalts eines Pastorats vor Ort, auf den an dieser Stelle nicht vertiefend eingegangen werden soll, spielt der Fortbestand der kirchlichen Immobilien und deren Nutzung eine zentrale Rolle in der Wahrnehmung der Kirchgemeindeglieder, aber auch nicht-kirchlich gebundenen Menschen. Pfarrhof und Gemeindehaus sind wie die Kirche selbst Orte gemeinsamer Erinnerungen und Erwartungen. Pfarrhaus (als Wohn- und Arbeitsplatz des Pastors), Pfarrgemeindehaus (als Pfarrhaus mit Gemeinderäumlichkeiten) und Gemeindehaus (als Haus der Gemeinde ohne Pastorenwohnung) sollen im Folgenden im Fokus stehen.

Das Pfarrhaus/der Pfarrhof als Ort für die Familie des Pastors entstand nach der Reformation, als sich in der lutherisch-evangelischen Kirche das Pastorenamt ohne Zölibat durchsetzte. Priester hatten sich fortan nicht mehr nur um das Wohl der Gemeinde zu kümmern, sondern mussten sich und ihre Familie über die eigenständige Bewirtschaftung von Pfarrhöfen auch ernähren. Zum Pfarrdienst dieser Zeit gehörten oftmals lediglich die Kasualien wie Taufe, Konfirmation, Hochzeit und Beerdigung. Eine sich über den gesamten Wochenverlauf erstreckende Gemeindearbeit im heutigen Sinn gab es noch nicht (vgl. VON KROCKOW 1984).

Waren die folgenden 400 Jahre von einer gewissen Kontinuität des Lebens und Arbeitens im Pfarrhaus als Wohnstätte der Pastorenfamilie geprägt, stellte sich im 20. Jahrhundert ein gesellschaftlicher Wandel ein, der auch vor dem Alltag der Pastorenfamilie in den eigenen vier Wänden nicht Halt machte. Seit den 1970er Jahren stieg die Nachfrage nach Kirchgemeinderäumen, welche sich für die Arbeit mit Gruppen eignete. Das Wirken des Pfarrers, welcher bis dahin im Arbeitszimmer des Pfarrhauses die seelsorgerischen Gespräche angeboten oder Hausbesuche bei Gemeindemitgliedern unternommen hatte, erweiterte sich um die Betreuung von Gruppen. Diese fand dann entweder in den bereits zur Verfügung stehenden großen Räumlichkeiten im Pfarrhaus, in zu diesem Zweck umgenutzten ehemals landwirtschaftlichen Hofgebäuden oder im neu errichteten Gemeindehaus der Pfarrgemeinde statt. Ein Spezifikum Ostdeutschlands ist sicherlich, dass aufgrund der prekären wirtschaftlichen Lage der Kirchgemeinden und der latenten Materialknappheit Gruppenräume oftmals in Kirchen oder Pfarrhäusern integriert wurden. Neue Gebäude für Gemeindeaktivitäten wurden nur außerordentlich selten errichtet (vgl. NOACK 2013).

Mit der sinkenden Zahl der Kirchgemeindeglieder, insbesondere auch in den ländlichen Räumen Ostdeutschlands nach der Wiedervereinigung, verlor auch der Arbeitsplatz als Pastor auf dem Dorf aufgrund stetig wachsender Aufgaben und hierfür zu überbrückender räumlicher Distanzen zunehmend an Attraktivität. Immer weniger Pastoren, gut ausgebildet und teilweise mit junger Familie, sind heute noch dazu bereit, im ländlichen Raum eine Pastorenstelle anzunehmen. So gibt es hier kaum noch Bewerber für ausgeschriebene Pfarrstellen.

Das Pfarrhaus war traditionelles Zentrum gemeindlichen Lebens. Als offenes Haus sollte sich hier jeder herzlich willkommen fühlen. Seinen größten Stellenwert hatte das Gebäude in der seelsorglichen Betreuung der Gemeinde. „Das Pfarrhaus repräsentiert Seelsorge, Pfarramt, Immanenz und Theologie" (STÜCKELBERGER 2013, 161). Im Arbeitszimmer des Pastors wurden Gespräche geführt, welche stark an das Gespräch im Beichtstuhl eines katholischen Pfarrers erinnern. Es ist vor allem dieser seelsorgliche Auftrag, der das Pfarrhaus auch heute noch als Ort der Zurückgezogenheit mit den Gemeindemitgliedern benötigt (vgl. LEUENBERGER 1992). So ist es kaum verwunderlich, wenn Gemeindeglieder das Kirchgebäude zwar als Grundgerüst des Ortes, das Pfarrhaus jedoch als Zentrum dessen wahrnehmen (vgl. SCHEUTER 2013).

Gegen Ende des 20. Jahrhunderts begann sich die Bedeutung des Pfarrhauses als Zentrum kirchlichen Lebens infolge der zunehmenden Mobilität des Pastors aufzuweichen. Bereits in den 1990er Jahren wurde der Nutzen des Pfarrhauses für die Kirchgemeinde kritisch diskutiert. DAHM (1992, 246) zeigte schon damals, dass sich „ein wichtiger Teil seiner traditionellen, gesellschaftlichen und kirchlichen Funktionen [...] hier schneller, dort langsamer, von dem Pfarrhaus" ablösten. Dieses „Sichlösen" vom Pfarrhaus und den hier traditionell verorteten Diensten mündete in eine Fokussierung auf die Person des Pastors. In diesem Prozess, sagt DAHM (ibid.), wurden „Ideale, Erwartungen und Verhaltensmuster, welche sich auf die ganze Familie des Pastors und auch auf das Pfarrhaus als Gebäude erstreckten, alleine auf den Pastor als Amtsträger verlagert."

Obwohl das Pfarrhaus als „Institution" zunehmend in Frage gestellt wurde, weil beispielsweise seine Größe und Beschaffenheit den sich wandelnden Nutzungsanforderungen nicht angepasst werden konnte, gab es schon früher eine Vielzahl von Argumenten dafür, das Gebäude nicht aufzugeben. NOACK (2013) stellte beispielsweise dar, dass es sinnvoll sei, das Pfarrhaus zu erhalten, um der Vereinsamung der Kirchgemeindemitglieder durch Bereitstellung eines Gemeinschaftsraumes vorzubeugen. Auch einer zunehmenden Individualisierung und dem Rückgang bürgerschaftlichen Engagements für das eigene soziale Umfeld könne durch Erhalt der Selbstständigkeit auch kleiner Kirchgemeinden vorgebeugt werden (vgl. RÖHLIN & RÖHLIN 1992). PLÜSS (2013, 136) fordert, „die Einheit von Kirche und Pfarrhaus nicht leichtfertig aufzugeben. [...] Sie stellt ein historisch gewachsenes und also nicht zwingendes, aber über Jahrhunderte bewährtes Modell gebauter Ekklesiologie dar". Darüber hinaus, betont ZEINDLER (2013, 128), „garantiert das Pfarrhaus die lokale, temporale und personale Präsenz der Kirche am besten".

So vehement die Diskussion um den Erhalt des Pfarrhauses auch geführt wurde: Den anhaltenden Rückgang der Zahl von Gemeindemitgliedern, so auch in Mecklenburg-Vorpommern, konnte sie nicht stoppen. Damit schrumpfte der Personenkreis, der im Pfarrhaus ein- und ausging. Dieses hatte dann zwangsläufig zur Folge, dass auch die Zahl an Kasualien in den letzten Jahren drastisch abnahm. Die traditionell im Pfarrhaus verorteten Gespräche – vor der Taufe mit den Eltern und Taufpaten oder vor der kirchlichen Eheschließung mit dem Brautpaar und ihren Trauzeugen – finden kaum noch statt (vgl. NOACK 2013).

Dieses persönliche Gespräch wurde durch neue Formen der Kommunikation ersetzt. So reicht heute oft der Griff zum Telefon, wenn etwas mit dem Pastor abgesprochen werden muss. Bei stetig wachsenden Gemeindegrößen, beispielsweise durch Zusammenschlüsse der Pastorate und Kirchgemeindefusion, wird der Verlust des persönlichen Gesprächs billigend in Kauf genommen, obwohl die EVANGELISCHE KIRCHE IN DEUTSCHLAND schon vor längerem (vgl. EKD 2002) feststellte, dass die Erreichbarkeit des Pastors nicht nur auf das Telefon oder andere elektronische Kommunikationshilfsmittel reduziert werden sollte und diese nicht als Ersatz für einen direkten menschlichen Kontakt dienen dürften.

Platzmangel und sich ändernde Nutzungswünsche führten in größeren Gemeinden dazu, dass Räumlichkeiten, welche zur Arbeit einer Gemeinde gehören, nicht mehr nur im Pfarrhaus verortet sind. Dieses Auslagern von Funktionen aus den ehemaligen Diensträumen im Pfarrhaus wurde in den neuen Bundesländern mitunter bewusst vollzogen, um die „Barriere in den Köpfen" der Menschen zu überwinden und den Zugang zu Kirche und kirchlichen Diensten niederschwelliger zu gestalten (vgl. LEUENBERGER 1992).

Die Pastorenfamilie und ihre Bindung an das Pfarrhaus

Bis vor noch nicht einmal einem halben Jahrhundert war das Leben im Pfarrhaus traditionell strukturiert: Die Pfarrfamilie lebte hier mit ihren Kindern; der Pfarrer war für die Gemeinde zuständig, die Ehefrau kümmerte sich um Haushalt und Kinder (vgl. EKD 2002). Bis heute ist das Leben des Pastors und seiner Familie im Pfarrhaus noch immer stark mit dem Gemeindeleben der Kirche verwoben. Auch wenn sich diese Einheit von Pfarrhaus, Pfarramt und Familie in Teilen aufgelöst hat, existiert für die Pastorenfamilie durch ungeregelte Arbeitszeiten des Pastors immer noch keine klare Trennung von Familienleben und dienstlichen Angelegenheiten (vgl. RÖHLIN & RÖHLIN 1992). Darunter leiden viele Pastorenehen.

Die Unterhaltungskosten, die das Pfarrhaus erzeugt, müssen, je nach Art der Anstellung, von der in ihm lebenden Familie mit getragen werden. Dabei ist es nicht ungewöhnlich, dass bei einer Teilanstellung die Kosten für das Leben im Pfarrhaus die finanziellen Möglichkeiten der Pastorenfamilie übersteigen. Viele Pfarrhäuser sind aufgrund ihrer schlechten Bausubstanz für die Bewohner eine Zumutung (vgl. SCHEUTER 2013).

Diese Thematik veranlasste die Evangelische Kirche zu einer Debatte über die sogenannte Wohnpflicht im Pfarrhaus. Diese wurde kritisiert, weil sie die finanzielle Lage der Pastoren oftmals verschlechtert (vgl. EKD 2002). Die Wohnpflicht sieht vor, dass der Pastor bei Antritt einer Pfarrstelle in dem bereitgestellten Pfarrhaus oder der vorhandenen Dienstwohnung innerhalb seines Pfarrbezirkes zu wohnen hat. Begründet wird diese Residenz- und Dienstwohnungspflicht damit, dass der Pastor das Lebensumfeld seiner Gemeindemitglieder kennenlernen und für die Gemeinde erreichbar sein soll. Eine weitere Begründung für die Residenzpflicht sieht die Kirche darin, dass Ortsveränderungen im Falle von Pastoren mit eigener Wohnimmobilie kaum möglich wären. Zudem wäre es ohne Pfarrhaus oder Dienstwohnung für den Pastor und seine Familie erheblich schwieriger, freie Pastorenstellen zu besetzen (vgl. RASCHZOK 2013). Und trotz aller Kritik an der Residenzpflicht gibt es auch Pastoren, die das Leben im Pfarrhaus verteidigen, weil es ihnen die Möglichkeit gibt, Familie und Beruf zu verbinden und eine Nähe zu den Gemeindemitgliedern aufzubauen.

Die Strukturdebatte – Bedrohung für das Pfarrhaus?

Die Kirche befindet sich in einem anhaltenden Strukturwandel. Eine rückläufige Zahl an Pastorenanwärtern, immer weniger Kirchgemeindeglieder und ein hieraus resultierender Schwund finanzieller Ressourcen haben bis dato zur Fusion vieler Pfarrgemeinden geführt. Dort, wo mit einer immer geringen Anzahl an Pastoren eine stetig wachsende Fläche abzudecken ist, entstehen zusätzliche Herausforderungen, welchen oftmals nicht entgegengetreten wird oder werden kann: Ein Beispiel ist der Rückzug der Ehrenamtlichen in den flächenmäßig größer werdenden und auf diese Weise zunehmend anonymisierten Pfarrgemeinden (vgl. FRANKE & MAGEL Hrsg. 2013).

Der Leerstand von Pfarrhäusern, dem fortschreitenden Abbau von Pfarrstellen geschuldet, wächst, so auch in Mecklenburg-Vorpommern (vgl. EKD 2002). Wenn die Pfarrhäuser verwaisen, obliegt es den Kirchgemeinden zu entscheiden, was aus ihnen wird. Dabei ist zu beobachten, dass viele kirchliche Gemeinden auch nach einer Fusion, sei es aus Nostalgie oder Notwendigkeit, ihre Pfarrhäuser oder Pfarrhöfe zu halten versuchen. Selten auch im Verbund mit den politischen Gemeinden bemühen sie sich, diese wichtigen Gebäude in der Ortsmitte als Orte der Identifikation und Gemeinschaft zu bewahren (vgl. GRUBE 2006).

Generell lassen sich die im Pfarrhaus verorteten Nutzungen durch die Kirchgemeinde auch in anderen Räumlichkeiten realisieren (vgl. PLÜSS 2013). Die reformierten Genfer Kirchen beispielsweise kennen keine Pfarrhäuser, wie sie in der deutschen lutherischen Kirche existierten. Der für die Gemeinde zuständige Pastor wohnt in einer persönlichen Mietwohnung an dem Ort seiner Wahl. Für die seelsorgerischen Tätigkeiten nutzt er die politischen Gemeindehäuser (vgl. LEUENBERGER 1992).

Der Einfluss von Pfarrgemeindehäusern auf Aktivitäten der zugehörigen Kirchgemeinde

Die Bedeutung des Pfarrhauses in Hinblick auf Aktivitäten und Entwicklung von Gemeindegliederzahlen ist wissenschaftlich wenig beachtet worden.

„Für die Person des Pfarrers können wir uns auf eine ganze Reihe von neueren Umfragen mit ganz unterschiedlichen Fragestellungen, Durchführungsmethoden und ‚Erkenntnisinteressen' beziehen. Für das Pfarrhaus dagegen muss sich der empirische Inhalt auf eigene Beobachtungen, einige wenige informelle Interviews und ein paar publizierte Erfahrungsberichte beschränken." (DAHM 1992, 247)

Die von DAHM beschriebene Wissenslücke ist bis heute nicht gefüllt. Einen, wenn auch nur kleinen, Einblick in die den komplexen Einfluss von Pfarr- und Gemeindehäusern auf Aktivitäten einer Kirchgemeinde liefert die Untersuchung von STABENOW (2016). Anhand leitfadengestützter Experteninterviews hat die Autorin im Vorfeld der im Folgenden detailliert beschriebenen Umsetzung der „PfarrGemeindeHaus-Planung" im evangelischen Kirchenkreis Mecklenburg die Kirchregion Bad Doberan begleitet.

Die Anbahnung von Zusammenarbeit innerhalb fusionierter Kirchgemeinden bei der Gebäudenutzung ist ein komplexer Prozess, der sich über einen langen Zeitraum erstrecken kann. Folgende **Herangehensweisen** der Untersuchungsgemeinden sind durch die Autorin dokumentiert:

- Der Pastor der Untersuchungsgemeinde GIII verwaltet nach einer Fusion eine weitere kleine Kirchengemeinde, die kein Pfarrgemeindehaus mehr hat, da es veräußert wurde. Dort steht nun für die Gemeindearbeit kein Raum mehr zur Verfügung, was dazu führte, dass das Gemeindeleben vollkommen zum Erliegen kam. Eine Zusammenarbeit der fusionierten Gemeinden wurde weder durch den Pastor noch durch Gemeindemitglieder angeregt und ein Miteinander findet bis heute nicht statt.
- Gemeinde GII und ihre 2002 hinzufusionierte Partnergemeinde haben es sich während der Fusion zur Aufgabe gemacht, gemeinsam über die vorhandenen Immobilien zu entscheiden und kooperativ miteinander umzugehen.

„Dann haben wir also parallel zu dieser ganzen Gebäudeplanung, [...] diese Fusion betrieben. Also das hatte schon den Effekt, dass wir gesagt haben, wir wollen die Gebäude als Einheit sehen. Das heißt, alle Gebäude im Bereich unserer Kirchengemeinde stehen zur Disposition und wir überlegen uns, welche sind für uns unverzichtbar." (STABENOW 2016, GII/P Z. 209–213, 114 f.)

Dabei fiel die gemeinschaftlich getragene Entscheidung, sich aller Häuser, Ställe und anderen Gebäude zu entledigen. Nur die beiden Kirchen sollten weiterhin für die Gemeinde erhalten bleiben. Eines von beiden Kirchengebäuden steht nun, neben den Gottesdiensten, für weitere gemeindliche Aktivitäten zur Verfügung. Die neuen Eigentümer eines der beiden Pfarrhäuser stellen darüber hinaus einen Raum als Winterkirche zur Verfügung. Trotz der gemeinschaftlich gefällten Entscheidungen hinsichtlich des Umgangs mit dem gemeinsamen Immobilienbestand war es auch bei diesem Beispiel so, dass selbst 14 Jahre nach der Fusion keine Vermischung der ehemals unabhängigen Gemeinden eingetreten war.

- Einen wiederum anderen Weg hat Gemeinde IV beschritten. Bereits 1980 zusammengelegt, entstand anfangs ein reger Austausch der Teilgemeinden untereinander. Befragte berichteten von einer Bereicherung des Gemeindelebens, indem beispielsweise gemeinsame Veranstaltungen organisiert wurden, die abwechselnd an unterschiedlichen Orten stattfanden. Da die fusionierte Gemeinde IV in einer ehemaligen Kirchgemeinde nur noch ein dringend sanierungsbedürftiges Kirchgebäude besaß, schlug der Pastor vor, dieses zu verkaufen, um Gemeinde, Menschen und Kräfte in der verbleibenden Kirche zu vereinen. Dies stieß auf erheblichen Widerstand bei den Gemeindegliedern, deren Kirchgebäude aus der Nutzung genommen werden sollte. Auch die Dorfbewohner, welche nicht konfessionell gebunden waren, sprachen sich vehement dafür aus, ihre Kirche zu erhalten.

„Die Leute waren schon dafür die Kirche zu behalten. Ich bin zwar nicht in der Kirche, aber das hier ist unsere Kirche und die gehört hier zum Dorf und die wollen wir, dass sie lebendig bleibt." (STABENOW 2016, GIV/G Z. 59–61, 156 f.)

Das unbewohnte Pfarrgemeindehaus wurde verkauft. Mit den dadurch frei gewordenen finanziellen Mitteln, Spenden vieler Dorfbewohner und der Unterstützung des zum Erhalt der Kirche gegründeten Vereins wurde die Kirche saniert und zu einem multifunktionalen Gebäude umgebaut. Nun können hier Veranstaltungen auch der politischen Gemeinde stattfinden.

Die Fusion zweier Gemeinden muss nicht zwangsläufig dazu führen, dass diese **zusammenwachsen und eine Gemeinschaft werden.** In den von STABENOW (2016) untersuchten Gemeinden ist dies gut nachzuvollziehen. Die zwei bereits vor 15 Jahren zur Untersuchungsgemeinde GII fusionierten Kirchgemeinden grenzen sich immer noch voneinander ab. Eine Interviewteilnehmerin begründete dieses mit einem Zugehörigkeitsgefühl zu ihrer „Heimatkirche", was sie auch weiterhin in ihrem gewohnten Umfeld bleiben lässt

„Die Sonntagsgottesdienste sind auch schon seit also mindestens 20 Jahren im Wechsel [...] vermischt hat sich das nicht, wäre aber auch verwunderlich, weil die Kirchen eben wie gesagt zehn Kilometer auseinander sind. Das heißt zum normalen Sonntagsgottesdienst geht man dann doch überwiegend in die Kirche im eigenen Wohnumfeld." (STABENOW 2016, GII/P Z. 209–213, 114 f.)

In den Gemeinden GIII und GIV werden die Kirchen auch nur von unmittelbar ortsansässigen Personen besucht. Die Befragten berichten, dass, solange eine Kirche in fußläufiger Entfernung zu finden sei und dort die gewünschten kirchlichen Dienste angeboten würden, sie sich nicht auf den Weg zu anderen Gottesdienstorten machen würden. Insbesondere ältere Menschen sind auch dann kaum zu motivieren, sich aus ihrer gewohnten Umgebung fortzubewegen, selbst wenn ein Abholdienst die Gemeindemitglieder kostenfrei transportieren würde. Und auch wenn die Wege in die Nachbargemeinde im Alltag für Einkauf oder Arztbesuch zurückgelegt werden, weigern sich befragte Gemeindeglieder, für Gottesdienste in Nachbarorte zu fahren. Eher würden sie sich die Kirche nach und nach „abgewöhnen" (STABENOW 2016, GIII/P Z. 193–196, 136).

„[...] aber man fährt für jeden Aldi-Einkauf nach T. Das Problem ist nicht dahin zu kommen, das Problem ist im Grunde, dass Kirche nicht mehr vor Ort ist. Nicht mehr da ist, nicht mehr präsent ist." (STABENOW 2016, GIII/P Z. 60–62, 134 f.)

Diese letztgenannte Abneigung kirchliche Infrastruktur in einer Nachbargemeinde zu nutzen, so vermutet STABENOW (2016, 53), gilt auch für den Besuch eines Pfarrgemeindehauses.

Wie ein Gemeindehaus im Falle einer Kirchfusion erhalten, wenn die beispielsweise ökonomische Zwänge dagegensprechen? Kann eine höhere Auslastung, beispielsweise durch gemeinsame Nutzung eines zur Disposition stehenden Gebäudes durch politische und evangelische Gemeinde die Rahmenbedingungen für seinen Erhalt beeinflussen? Die Interviewergebnisse in der Kirchregion Bad Doberan deuten an, dass ein solches gemeinsames Engagement von Kirchgemeindemitgliedern und nicht kirchlich engagierter Dorfgemeinschaft für den Erhalt der Kirche existiert.

„Wenn wir uns nicht zusammenschließen, dann fällt die Kirche in den nächsten 10 bis 15 Jahren zusammen. Da hat sich also ein Förderverein gegründet, dadurch werden auch Kapazitäten freigesetzt oder Leute mobilisiert - okay wir engagieren uns für die Kirche, auch viele Nicht-Kirchenmitglieder." (STABENOW 2016, GII/P 221–223, 117 f.)

Soll im Zuge einer Gemeindefusion ein Gemeindehaus aufgegeben und die hier verorteten Dienste nur noch im Pfarrhaus der ehemaligen Nachbargemeinde angeboten werden, äußern sich die von der drohenden Schließung betroffenen Kirchgemeindemitglieder wenig flexibel. Grundsätzlich neigen sie dazu

- sich als Kirchgemeinde eigene Orte erhalten oder diese neu aufzubauen zu wollen,
- sich über ein solches Szenario keine Gedanken machen zu wollen,
- sich ihre Unabhängigkeit gegenüber der politischen Gemeinde wahren zu wollen, oder
- (als letzte Möglichkeit) Räume für kirchliche Dinge anzumieten.

Raumkooperationen gibt es lediglich im Rahmen verschiedener Festlichkeiten, welche von politischer und Kirchgemeinde ausgerichtet werden.

„Also den Raumbedarf hat die Dorfgemeinde bei uns nicht, da reichen ihre eigenen Räumlichkeiten, aber wir machen eben punktuell Sachen gemeinsam. Also Erntefest, oder Dorffest oder Konzerte oder so wo wir sagen, wir laden einfach alle ein, das ist hier ein Dorf und die Kirche steht da und wir gucken, welche Räumlichkeiten brauchen wir." (STABENOW 2016, GII/P Z. 193–197, 133)

Viele Kirchgemeinden stellen ihre Räumlichkeiten auch nicht-kirchlichen Gruppen für Treffen zur Verfügung. Umgekehrt haben auch Gruppen der Kirche die Chance, Räumlichkeiten der Dorfgemeinschaft zu nutzen. Auf beiden Seiten wird jedoch die Möglichkeit vorgezogen, sich eigene Räumlichkeiten zu schaffen, um diese auch selbstbestimmt nutzen zu können.

Die Aufgabe eines im Besitz der Kirchgemeinde stehenden Gebäudes ist grundsätzlich mit vielen Ängsten und Vorurteilen bei Kirchgemeindemitgliedern verbunden. An erster Stelle steht die Frage, wo sich die Gemeinde, außer zum Gottesdienst in der Kirche, anschließend versammeln können und ob das Gemeindeleben, so wie es bekannt war, aufrechterhalten werden kann. Das Pfarrgemeindehaus ist für viele in der Gemeinde ein Ort der Identifikation und gemeinsamen Erinnerungen. In der Befragung von STABENOW (2016) setzten viele Befragte die Aufgabe des Pfarrhauses mit der Streichung der Pastorenstelle gleich.

„Dann würde der Pastor ja auch wahrscheinlich wegfallen, oder?" (STABENOW 2016, GIII/G Z. 39, 135)

Dieses hätte dann, so die Befürchtungen, eine Fusion mit einer weiteren Gemeinde zur Folge. Das Resultat wäre letzten Endes ein Pastor, welcher aufgrund der Größe seines Aufgabenbereiches kaum noch in der Gemeinde präsent wäre. Hierzu kam es nach Ansicht der Befragten in der Untersuchungsgemeinde GIII. Dort wurde das Pfarrhaus veräußert, als der Pastor in den Ruhestand ging. Die Pfarrstelle wurde nicht neu besetzt, die Kirchgemeinde fusionierte mit einer Nachbargemeinde. Nach dem Verkauf war die Weiterführung des Gemeindelebens nicht möglich, da hierfür keine Räumlichkeiten mehr zur Verfügung standen. Vor allem alt eingesessenen BürgerInnen litten stark unter dem Verlust des Hauses.

Kreativer ging Untersuchungsgemeinde GII mit der Veräußerung ihres Pfarrgemeindehauses um:

„Im Grunde genommen haben wir die Sachen, die wir damals noch in dem Haus gemacht haben, [...] jetzt auch in der Kirche. Ich würde jetzt nicht sagen, dass sich so die alltäglichen Veranstaltungen verändert haben, aber wir könnten jetzt natürlich Sachen machen, die ohne Pfarrhaus nicht mehr möglich gewesen wären." (STABENOW 2016, GII/P Z. 138–142, 138)

Nach baulicher Anpassung an die neuen Nutzungsanforderungen und Umzug in das Kirchengebäude wurden die Aktivitäten und Angebote in den neuen Räumlichkeiten gut angenommen. Die räumlichen Möglichkeiten gegenüber dem Pfarrgemeindehaus waren gewachsen. Auch die Zahl der Gemeindemitglieder hat sich durch den Umzug nicht zum Negativen verändert. Diese Erfahrungen teilte die Untersuchungsgemeinde GIV, welche ihre Aktivitäten ebenfalls in die Kirche verlegte und dieses im Nachhinein als positiven Schritt bewertete; obwohl der Verkauf des Pfarrgemeindehauses von vielen Gemeindemitgliedern so lange kritisch gesehen wurde, bis die Einsicht entstand, dass eine Sanierung mit verfügbaren Mitteln nicht mehr möglich war.

Die „PfarrGemeindeHaus-Planung" im evangelisch-lutherischen Kirchenkreis Mecklenburg

Die vorangegangenen Fallbeispiele zeigen, dass mit dem schleichenden Rückzug der Kirche aus den ländlichen Räumen Mecklenburg-Vorpommerns eine nachhaltige Unterhaltung und Nutzung kirchlicher Immobilien sukzessive schwieriger wird. Grundsätzlich kann man, stark vereinfacht, feststellen, dass Gebäude wie Kirche, Pfarrhaus/-hof und Gemeindehaus traditionell im Eigentum der Kirchgemeinden vor Ort sind, diese also auch für Bewirtschaftung und Erhaltung zuständig sind. Hierbei waren die Kirchgemeinden aufgrund des hohen Immobilienbesitzes und der geringen Kirchensteuereinnahmen auch in der Vergangenheit auf Zuschüsse des Kirchenkreises angewiesen. Diese Zuschüsse für Investition und Unterhaltung, die im Kirchenkreis Mecklenburg – wie bereits erwähnt – auf jährlich 14 Millionen Euro beschränkt sind, sind aber für die Fülle der Aufgaben nicht ausreichend.

Mit einer sogenannten „PfarrGemeindeHaus-Planung" will der Kirchenkreis sicherstellen, dass anstehende Förder- bzw. Bauentscheidungen nach festgelegten Kriterien und für die Betroffenen nachvollziehbar erfolgen. Für 266 Kirchengemeinden und 20 Kirchenregionen sollten daher „klare und verlässliche Perspektiven in Bezug auf den finanzierbaren bzw. nichtfinanzierbaren Gebäudebestand" erarbeitet werden (vgl. EVANGELISCHE KIRCHE IN MECKLENBURG-VORPOMMERN 2014).

Um die Verantwortung vor Ort für die konzeptionelle Entwicklung des eigenen Immobilienbestandes zu stärken, wurden 2016 zwanzig Regionalkonferenzen aufgefordert, durch den Kirchenkreis im Vorfeld vorgeschlagene „Zuschuss-Kriterien" zu prüfen und zu bewerten. Auf Grundlage dieser Kriterien sollten die Regionen dann eigenverantwortlich entscheiden, welche „PfarrGemeindeHäuser" auch weiterhin Investitionszuschüsse beim Kirchenkreis beantragen könnten und welche lediglich mit Reparaturzuschüssen (bis 2030) im bestehenden Bauzustand erhalten werden sollten.

Die „PfarrGemeindeHaus-Planung" ist ein Bestandteil eines durch die Nordkirche initiierten übergeordneten Gestaltungs- und Umstrukturierungsprozesses mit dem Titel „Stadt, Land, Kirche – Zukunft in Mecklenburg" (vgl. SCHÜNEMANN 2014a). Die Bezeichnung „PfarrGemeinde-Haus-Planung" wurde an Stelle von „Pfarrhausplanung" bewusst gewählt, da diese Vokabel zu stark an die Dienstwohnung des Pastors oder die Pfarrstellenplanung erinnert hätte. In einem zweistufigen Planungsprozess war jedoch beabsichtigt, PfarrGemeindehäuser und Personalplanung losgelöst voneinander zu betrachten.

Der Evangelisch-Lutherische Kirchenkreis Mecklenburg beabsichtigte, Bauentscheidungen (Investitionen in Bauunterhaltung) innerhalb des Planungsprozesses nach transparenten, im Vorfeld festgelegten Kriterien und so unabhängig wie möglich von der Pfarr-Stellenplanung fällen zu wollen. Die „PfarrGemeindehaus-Planung" sollte sicherstellen, dass Kirchengemeinden klare und verlässliche Perspektiven in Bezug auf den finanzierbaren bzw. nicht-finanzierbaren Gebäudebestand innerhalb des Kirchenkreises bekommen. Ihre Teilhabe sollte darüber hinaus auch Bewusstsein und Eigenverantwortung für Grenzen und Möglichkeiten der Nutzung und Unterhaltung der eigenen Häuser stärken. Im Planungsprozess sollten, der Spezifik der Kirchgemeinden Rechnung tragend, situationsbezogene Entscheidungen möglich und Übergänge bei der Umsetzung des Planes beschrieben werden (vgl. SCHÜNEMANN 2014b, 1 f.).

Umsetzung der „PfarrGemeindeHaus-Planung"

Vor der Durchführung von Regionalkonferenzen, die letztendlich nur noch über die Standorte der auch weiterhin zu fördernden PfarrGemeindeHäuser befinden sollten, definierte der Kirchenkreis in einem ersten Schritt deren verbindliche Anzahl. Planungsgrundlage hierfür bildeten prognostizierte Gemeindegliederzahlen für das Jahr 2030, welche durch lineare Weiterverfolgung der Entwicklung von Gemeindegliederzahlen in den vorangegangenen fünf Jahren errechnet wurden. Die Zahl von durchschnittlich 900 Gemeindegliedern im Jahr 2030 wurde als Richtwert für ein PfarrGemeindeHaus festgelegt. Der demographischen Heterogenität zwischen Stadt und Land Rechnung tragend, konnte die Zahl der nötigen

Gemeindemitglieder auf 700 in Kirchregionen mit unter 50 EW pro km^2 abgesenkt werden.

Durch den Kirchenkreis wurden Entscheidungskompetenzen in die Kirchregionen und -gemeinden delegiert. Diese sollten den Bedarf und die Potentiale der einzelnen Häuser in der Kirchenregion anhand weicher Kriterien evaluieren und in gemeinsamer Abstimmung die langfristig vom Kirchenkreis zu fördernden Häuser festlegen. Für den anstehenden Entscheidungsprozess definierte der Kirchenkreisrat drei Förderkategorien, nach denen die PfarrGemeindeHäuser zu klassifizieren waren. Zur Kategorie 1 gehören hiernach die Gebäude, für die weiterhin Kirchkreismittel für anstehende Investitionen zur Verfügung gestellt werden sollen, weil sie langfristig als Gemeindehäuser oder Gebäude für Gemeindearbeit benötigt werden. In Kategorie 2 sind die Gebäude zusammengefasst, die mir Reparaturzuschüssen bis 2030 in ihrem baulichen Zustand erhalten werden sollen. Investionszuschüsse erhalten diese Gebäude nicht mehr, weil der Bedarf an ihnen nach 2030 nicht gesichert erscheint. In einer dritten Kategorie finden sich die Gebäude, die keinerlei finanzielle Zuschüsse durch den Kirchenkreis mehr erhalten. Den Kirchengemeinden obliegt dann alleinig, den finanziellen Unterhalt dieser Gebäude zu bestreiten und diese in Eigenverantwortung weiter zu nutzen und zu erhalten (vgl. SCHÜNEMANN 2014a).

Entscheidungsfindung durch Regionalkonferenzen

Am 26.09.2015 fand in Rostock eine erste Regionalkonferenz zur „PfarrGemeindeHaus-Planung" der Kirchregion Bad Doberan statt, zu der die Kirchgemeinderatsmitglieder der 10 Kirchengemeinden der Region geladen worden waren. Methodisch vorbereitet und durchgeführt wurde diese Veranstaltung durch ein externes Moderatorenteam. 19 Teilnehmer folgten der Einladung, von 10 Kirchgemeinden waren 9 vertreten.

Diskussionsgegenstand der ersten Versammlung waren insgesamt 21 Gebäude (10 Pfarrgemeindehäuser einschließlich Pfarrwohnungen sowie 11 Gemeindehäuser ohne Pfarrwohnung), von denen nach Zielvorgabe des Kirchenkreises 8 Gebäude der Kategorie 1 (siehe oben) zugeordnet werden sollten. Für alle 21 Gebäude war zum Zeitpunkt der ersten Regionalkonferenz ein Gesamtinvestitionsbedarf von über 3 Millionen Euro veranschlagt worden. Ein quantitativer Entscheidungsansatz des Kirchenkreises, nämlich die geforderte Kategorisierung anhand der Kirchgemeindegliederzahl (Prognose für 2030) vorzunehmen, hätte dazu geführt, dass die ländlich geprägten Gemeinden Rethwisch und Buchholz aus der Förderung gefallen wären. Der Kirchenkreis sah daher dezidiert eine ergänzende Bewertung anhand „weicher Kriterien" wie Lagequalität, Infrastruktur, Funktionalität oder Nutzung vor.

Noch bevor die Anwesenden der ersten Regionalkonferenz folgeschwere Entscheidungen hinsichtlich der Förderfähigkeit von Gebäuden treffen wollten, formulierten sie Erwartungen an den gemeinsamen Planungsprozess (Foto 1).

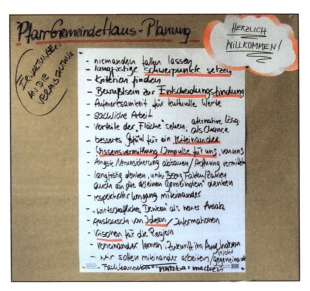

Foto 1: Erwartungen an die „PfarrGemeindeHaus-Planung"
(© Henning Bombeck)

- Alle Anwesenden erklärten sich gegenüber ihren „Mit-Gemeinden" solidarisch – niemand sollte im Prozess fallengelassen werden, alle Anwesenden wollten einen respektvollen Umgang miteinander pflegen.

- Die Anwesenden sahen sich in der Verpflichtung und Verantwortung, langfristige Entwicklungsschwerpunkte der Kirchenregion zu definieren. Mit dem Ziel einer Vision für die Kirchenregion wollte man die hier vorhandene Fachkompetenz nutzbar machen.
- Gemeinsam zu entwickelnde Kriterien für zukünftige Subventionsentscheidungen sollten das Bewusstsein zur späteren Entscheidungsfindung schärfen; dabei sollten Ängste und Verunsicherung vor anstehenden, auch folgenreichen Entscheidungen abgebaut werden.
- Besondere Aufmerksamkeit wollte man gemeinsam den herausragenden kulturellen Werten schenken.
  - Die anstehende Arbeit der Entscheidungsfindung sollte von Sachlichkeit und nicht von Egoismen geprägt sein. Den „Kleinen" sei mit Achtung entgegenzutreten.
  - Das wirtschaftliche Denken als neuer Ansatz sollte helfen, alternative Lösungen, so beispielsweise multifunktionale Nutzungen des Gemeindehauses, als Chance wahrzunehmen; hierzu sollten Ideen und Informationen ausgetauscht werden.
  - Die Teilhabe im Prozess der „PfarrGemeindeHaus-Planung" wurde als Möglichkeit für „Impulse von uns – für uns" aufgefasst.

Im Anschluss an die gemeinsame Bestandsaufnahme aller zur Disposition stehenden Kirchimmobilien verständigten sich die Anwesenden auf einen Kriterienkatalog, anhand dessen jede Gemeinde ein A4-Exposé für das von ihr „bevorzugte PfarrGemeindeHaus" (falls mehrere in einer Kirchgemeinde vorhanden waren) erstellen sollte. Die Exposés sollten den Gemeinden als Entscheidungshilfe zur Verfügung gestellt werden. Auf der Grundlage dieses Wissens sollten sie intern ein Ranking erstellen, das an die Kirchregion weitergeleitet werden und dort in den Berechnungsschlüssel des Kirchenkreises (analog zu den Gemeindegliederzahlen ebenfalls zu 50 %) in die abschließende Bewertung einfließen sollte. Tabelle 1 zeigt die Entscheidungsmatrix, die der „PfarrGemeindeHaus-Planung" in der Kirchregion Bad Doberan zugrunde gelegt wurde. Die 8 in der Förderkategorie 1 zu belassenden Gebäude ergeben sich aus den gemittelten Rangfolgen der Spalten A (nach Gemeindegliederzahlen) und B (nach Lage, Infrastruktur, Funktionalität und Nutzung).

Kirchengemeinde	PLZ		Gebäude	Investitionsbedarf in T EUR	Gemeindegliederzahl Prognose für 2030	Rangfolge nach Gemeindegliederzahl A	Rangfolge nach Lagequalität/Infrastruktur/ Funktionalität/Nutzung B
			21 im Bestand	**3014**	**7329**		
Bad Doberan	18209	GH	Amtshaus	0	1803	1	
	18209	PH	Pfarrhaus	0			
	18209	GH	Jugendhaus	40			
	18209	GH	Backhaus	100			
Parkentin-Hanstorf	18209	PH	Parkentin	20	533	5	
	18209	GH	Parkentin Pfarrscheune	20			
	18239	PH	Hanstorf Pfarrhaus	526			
	18239	GH	Hanstorf Pfarrscheune	90			
Kröpelin	18236	PH	Kröpelin	780	818	4	
	18236	GH	Kröpelin	40			
Kühlungsborn	18255	PH	Kühlungsborn	120	1208	2	
	18255	GH	Kühlungsborn	0			
Lambrechtshagen	18069	PH	Lambrechtshagen	60	520	6	
	18069	GH	Lambrechtshagen Begegnungshaus	0			
Lichtenhagen-Dorf	18107	PH	Lichtenhagen	80	974	3	
	18107	GH	Lichtenhagen	300			
Rethwisch	18211	PH	Rethwisch	320	311	9	
	18211	GH	Backhaus	178			
	18211	GH	Freizeitheim	190			
Satow	18235	PH	Satow	0	367	8	
Buchholz	18059	PH	Buchholz	150	289	10	
Steffenshagen	18209		ohne Gebäude	0	506	7	

Zielvorgabe: **8 Gebäude der Kategorie 1**
 Berechnung mit 10 KG in Regionen mit >50 EW/km² und Ø 900 GG/Pfarrgemeindehaus = 8 Gebäude

Tabelle 1: **Bewertungsmatrix der PfarrGemeindeHaus-Planung für die Kirchregion Bad Doberan** (Quelle: SCHÜNEMANN 2014b)

Kriterien für einen langfristigen Erhalt des PfarrGemeindeHauses

Die für Bad Doberan entwickelten Kriterien zur Prüfung der langfristigen Subventionswürdigkeit vorhandener Kirchimmobilien können auch anderen Kirchregionen als Matrix zur Strukturierung ähnlich gelagerter Entscheidungsprozesse dienen (Tabelle 2).

Gemeinde ohne Haus – „PfarrGemeindeHaus-Planung" – ein Zwischenfazit

Die Fallbeispiele aus Mecklenburg belegen die Bedeutung von Räumlichkeiten (im konkreten Fall PfarrGemeindeHäusern) zur Gestaltung des kirchlichen Lebens vor Ort. Mit sinkenden Unterhaltungs- und Sanierungszuwendungen für diese Gebäude gehen Gefahren einher, auf die Kirchgemeinden reagieren müssen. Je nach individueller Situation sind dabei die Möglichkeiten und Chancen, eine eigenständige Problemlösung zu finden, durchaus unterschiedlich. Ohne jegliche Zuschüsse der Kirchenkreise werden die Gemeinden kaum in der Lage sein, die drohenden Kosten zu tragen; der erzwungene Verkauf des PfarrGemeindeHauses ist dann oftmals die Folge. Mit seinem Verlust kann dann im schlimmsten Fall das Gemeindeleben vollständig zum Erliegen kommen. Um diesem Szenario zu entgehen, wächst in den Kirchgemeinderäten das Einverständnis, das PfarrGemeindeHaus der Dorfgesellschaft für vielfältige Nutzungen zu öffnen und so die Wirtschaftlichkeit seiner Unterhaltung zu erhöhen bzw. auf mehrere Schultern zu verteilen. Sehr viel geringer dagegen ist die Bereitschaft, Gemeindeleben in Räumlichkeiten benachbarter Kirchgemeinden zu verlegen. Die Möglichkeit, in der eigenen Gemeinde nach alternativen Raumkapazitäten, so beispielsweise im Dorfgemeinschaftshaus oder im Gemeindehaus, zu suchen, wird momentan noch nicht in Betracht gezogen. Als wegweisend dagegen, weil den Verbleib in „eigenen Räumlichkeiten" ermöglichend, handeln die Gemeinden, die ihre Kirche als Ersatz für das PfarrGemeindeHaus nutzen und diese dafür baulich anpassen.

Wie sich das Gemeindeleben in einer „kleiner werdenden" und sich sukzessive von ihren Gebäuden trennenden Kirche in den ländlichen Räumen Mecklenburgs entwickelt, bleibt abzuwarten. Die PfarrGemeinde-

Haus-Planung Bad Doberan ist, entgegen aller Zeitplanungen, noch nicht abgeschlossen.

Bedarf	**Besteht in der Kirchengemeinde oder im dörflichen Gemeinwesen Bedarf an den Räumlichkeiten des PfarrGemeindeHauses?** • Ist es für die Kirchengemeinde die einzige Versammlungsmöglichkeit? • Dient es als Winterkirche? • Hat die Kommune ein öffentliches Interesse zu einem Erhalt artikuliert? • Wollen Dritte hier Räume nutzen?
Lage und Erreichbarkeit	**Ist das PfarrGemeindeHaus auf Grund seiner zentralen Lage gut erreichbar?** • Liegt es für die ältere Generation fußläufig erreichbar in der Ortsmitte? • Liegt es zentral in der Kirchgemeinde und ist es mit öffentlichem Nahverkehr oder über Fahrradwege zu erreichen? • Hat es einen barrierefreien Zugang und ist es für Menschen mit Behinderungen uneingeschränkt nutzbar?
Bausubstanz	**Wie ist der bauliche Zustand der Immobilie?** • Stimmt die Funktionalität in Hinblick auf die etablierten und angestrebten Nutzungen? • Bieten sich unterschiedliche Nutzungsmöglichkeiten (flexible Raumaufteilung, Schallschutz, Ausbaureserve, Variabilität, Umnutzungsmöglichkeiten von Raumreserven, Flächeneffizienz)? • Stimmt die Bauphysik und -konstruktion in Hinblick auf Wärmeschutz, Feuchteschutz, aufzuwendende Heizkosten? • Wie ist der Erhaltungszustand (Neubau, Sanierungsstand, konstruktive Bauteile, Dachhaut/Fassade, Sanitär, Heizung und E-Anlage)? • Handelt es sich beim PfarrGemeindeHaus um herausragende Baukultur (Denkmal), deren öffentlich zugängliche Nutzung von gesellschaftlichem Interesse ist? • Handelt es dich bei dem Gebäude um einen Ort einer hohen gemeinschaftlichen Identifikation (Wohlfühlfaktor)?
Mögliche Nutzer	**Finden sich neue/zusätzliche Nutzer für das Gebäude?** • Existieren schon heute Kooperationen bzw. Möglichkeiten dazu? • Wer kommt als Partner für Nutzungskooperationen grundsätzlich in Frage? • Handelt es sich beim PfarrGemeindeHaus um das einzige öffentliche Gebäude im Dorf?
Nachhaltigkeit	**Existieren bereits** • kreative Ideen für eine hohe Nutzungsvielfalt zu Gunsten einer großen Gebäudeauslastung und hohen Wirtschaftlichkeit? • unternehmerisches Denken und Handeln im Kirchgemeinderat, um das Gebäude optimal „in Wert zu setzen"? • eine hohe Energieeffizienz und die Nutzung erneuerbarer Energie für den Gebäudebetrieb?

Tabelle 2: **Bewertungskriterien zur Prüfung der langfristigen Subventionswürdigkeit vorhandener Kirchimmobilien** (Quelle: eigene Darstellung)

Literatur

BERGER, Peter A.; HOCK, Klaus; KLIE, Thomas Hrsg. (2014): Hybride Religiosität – posttraditionelle Gemeinschaft. Kirchenbauvereine, Gutshausvereine und alternative Gemeinschaften in Mecklenburg-Vorpommern. (= Rostocker Theologische Schriften Nr. 26) Berlin u. a.: Lit Verlag

BOHL, Jochen (2013): Offenes Haus und feste Burg. Das evangelische Pfarrhaus aus kirchenleitender Sicht. In: SEIDEL, Thomas A.; SPEHR, Christopher Hrsg.: Das evangelische Pfarrhaus. Mythos und Wirklichkeit. Leipzig: Evangelische Verlagsanstalt, 191–202

DAHM, Karl-Wilhelm (1992): Wird das evangelische Pfarrhaus "katholisch"? In: RIESS, Richard Hrsg. (2., veränderte und ergänzte Auflage): Haus in der Zeit. Das evangelische Pfarrhaus heute. München: Kaiser Taschenbücher, 244–257

EVANGELISCHE KIRCHE IN DEUTSCHLAND (2002): Empfehlung zu Fragen des Pfarrhauses.
https://www.ekd.de/EKD- Texte/pfarrhaus_2002.html (29. 08. 2019)

EVANGELISCHE KIRCHE IN MECKLENBURG-VORPOMMERN (2014): "Bauentscheidungen mit mehr Überblick und klareren Kriterien fällen". Mecklenburgischer Kirchenkreis startet PfarrGemeindeHaus-Planung.
http://www.kirche-mv.de/Mecklenburgischer-Kirchenkreis-startet-PfarrGemein.4184.0.html (20. 08. 2019)

EVANGELISCHE KIRCHE IN MECKLENBURG-VORPOMMERN (2019): Evangelisch-Lutherischer Kirchenkreis Mecklenburg. Zahlen und Fakten.
https://www.kirche-mv.de/Zahlen-und-Fakten-ELKM.37.0.html (19. 08. 2019)

FOWID (FORSCHUNGSGRUPPE WELTANSCHAUUNGEN IN DEUTSCHLAND) (2019): Pastorenmangel ab 2030.
https://fowid.de/meldung/pastorenmangel-ab-2030 (17. 10. 2019)

FRANKE, Silke; MAGEL, Holger Hrsg. (2013): Kirche im ländlichen Raum. Resignation oder Aufbruch? München: Hanns-Seidel-Stiftung e. V.

GRUBE, Joachim (2006): Lebensraum Dorf. Methoden, Inhalte und Erfolge der Dorferneuerung. Berlin: Bauwerk Verlag

KROCKOW, Christian von, Graf (1984): Gutshaus und Pfarrhaus. In: GREIFFENHAGEN, Martin Hrsg.: Das evangelische Pfarrhaus. Eine Kultur- und Sozialgeschichte. Stuttgart: Kreuz Verlag, 223–230

KUNZ, Ralph (2013): Haus in der Zeit. Das Pfarrhaus unter wissenschaftlicher Beobachtung. In: SCHEUTER, Sabine; ZEINDLER, Matthias Hrsg.: Das reformierte Pfarrhaus. Auslauf- oder Zukunftsmodell? Zürich: TVZ, Theologischer Verlag, 101–110

LEUENBERGER, Robert (1992): Das evangelische Pfarrhaus als Ort der Seelsorge. In: RIESS, Richard Hrsg (2., veränderte und ergänzte Auflage): Haus in der Zeit. Das evangelische Pfarrhaus heute. München: Kaiser Taschenbücher, 231–243

MICHALZIK, Sophia (2015): Wie hältst du's mit der Religion? Wissenschaftler stellen Analyse zum Thema Religion und Moderne vor. https://www.katholisch.de/artikel/5121-wie-haeltst-dus-mit-der-religion-wissenschaftler-stellen-analyse-zum-thema-religion-und-moderne-vor (06. 09. 2019)

MDR (MITTELDEUTSCHER RUNDFUNK) (2011): Religion & Gesellschaft. "Kirche und Glaube" - Umfrage zum Kirchentag. Infratest dimap im Auftrag des MDR. https://www.mdr.de/kirchentag/artikel114066.html (27. 09. 2019)

NOACK, Axel (2013): Kontinuitäten und Umbrüche. Das Pfarrhaus im späten 20. und beginnenden 21. Jahrhundert. In: SEIDEL,Thomas A.; SPEHR, Christopher Hrsg.: Das evangelische Pfarrhaus. Mythos und Wirklichkeit. Leipzig: Evangelische Verlagsanstalt, 151–166

PLÜSS, David (2013): Geist, Fleisch und Stein. Das Pfarrhaus als Brennpunkt einer gebauten Ekklesiologie. In: SCHEUTER, Sabine; ZEINDLER, Matthias Hrsg.: Das reformierte Pfarrhaus. Auslauf- oder Zukunftsmodell? Zürich: TVZ, Theologischer Verlag, 134–140

POLLACK, Detlef; ROSTA, Gergely (2015): Religion in der Moderne. Ein internationaler Vergleich. Frankfurt u. a.: Campusverlag

RASCHZOK, Klaus (2013): Pfarrhaus und professionsspezifische Lebenskunst. Die praktisch-theologische Perspektive. In: SEIDEL, Thomas A.; SPEHR Christopher Hrsg.: Das evangelische Pfarrhaus. Mythos und Wirklichkeit. Leipzig: Evangelische Verlagsanstalt, 167–190

RÖHLIN, Karl-Heinz; RÖHLIN, Ruth (1992): Pfarrer für das Dorf. In: Riess, Richard Hrsg. (2., veränderte und ergänzte Auflage): Haus in der Zeit. Das evangelische Pfarrhaus heute. München: Kaiser Taschenbücher, 142–156

SCHEUTER, Sabine (2013): Das Pfarrhaus als sichtbarer Ort gelebten Christ-Seins? Lebensformen und Reglement mit Genderblick betrachtet. In: SCHEUTER, Sabine ; ZEINDLER, Matthias Hrsg.: Das reformierte Pfarrhaus. Auslauf- oder Zukunftsmodell? Zürich: TVZ, Theologischer Verlag Zürich, 111–124

SCHÜNEMANN, Wulf (2014a): Konzept zur PfarrGemeindeHaus-Planung im Evangelisch-Lutherischen Kirchenkreis Mecklenburg. https://www.kirche-mv.de/fileadmin/Mecklenburg/Synode/ 141114_6._Tagung/DS_66_Anlage_1_PfarrGemeindeHaus-Konzept.pdf (26.10.2019)

SCHÜNEMANN, Wulf (2014b): PfarrGemeindeHaus-Planung Bad Doberan. http://pix.kirche-mv.de/fileadmin/Mecklenburg/ Zukunft_in_Mecklenburg/Unterlagen/KR_Bad_Doberan_02.pdf (26.09.2019)

SMILJANIC, Mirko (2015): Glaube und Moderne. Religion lässt sich nicht komplett abschreiben. Deutschlandfunk.
https://www.deutschlandfunk.de/glaube-und-moderne-religion-laesst-sich-nicht-komplett.1148.de.html?dram:article_id=321121 (20.08.2019)

STABENOW, Sophia (2016): Gemeinde ohne Haus. Der Einfluss von Pfarrgemeindehäusern auf Zusammensetzung und Aktivitäten der zugehörigen Gemeinde. Masterarbeit, Professur Siedlungsgestaltung und ländliche Bauwerke, Universität Rostock

STATISTA (2019a): Anzahl der Mitglieder der evangelischen Kirche in Deutschland von 2003 bis 2018 (in Millionen).
https://de.statista.com/statistik/daten/studie/1229/umfrage/anzahl-der-mitglieder-der-evangelischen-kirche-seit-2003/ (27.09.2019)

STATISTA (2019b): Anzahl der Mitglieder der Evangelischen und Katholischen Kirche in Deutschland nach Regionen im Jahr 2017 und Prognose für 2035 und 2060 (in Millionen).
https://de.statista.com/statistik/daten/studie/1003070/umfrage/prognose-zur-regionalen-entwicklung-der-kirchenmitglieder-in-deutschland/ (20.08.2019)

STÜCKELBERGER, Johannes (2013): Sichtbares Pfarramt - Kriterien für die Umnutzung von Pfarrhäusern. In: SCHEUTER, Sabine; ZEINDLER, Matthias Hrsg.: Das reformierte Pfarrhaus. Auslauf- oder Zukunftsmodell? Zürich: TVZ, Theologischer Verlag Zürich, 157–165

VIERE, Simone (2013): Studie in Mecklenburg-Vorpommern. 220 Kirchbauvereine - Förderung von Denkmalpflege und Kultur. Evangelisch-Lutherische Kirche in Norddeutschland.
https://www.nordkirche.de/nachrichten/nachrichten-detail/nachricht/220-kirchbauvereine-foerderung-von-denkmalpflege-und-kultur/ (17.10.2019)

ZEINDLER, Matthias (2013): Das Pfarrhaus als "Kirche vor Ort". Theologische Überlegungen zur Präsenz der Volkskirche in der Gesellschaft. In: SCHEUTER, Sabine; ZEINDLER, Matthias Hrsg.: Das reformierte Pfarrhaus. Auslauf- oder Zukunftsmodell? Zürich: TVZ, Theologischer Verlag Zürich, 125–133

Stefan Krämer [Ludwigsburg]

Die Kirche im Dorf – Chancen und Herausforderungen einer Transformation

Kurzfassung

Alltag und Leben in kleinen Gemeinden verändern sich. Dies gilt auch für viele Dorfkirchen, die in kleinen Gemeinden oft das Ortsbild prägen. Sie sind wichtige Symbole eines gemeinsamen Erbes, zugleich aber auch Gebäude und Orte, an denen der gesellschaftliche Wandel und seine Auswirkungen deutlich erkennbar werden. Die Wüstenrot Stiftung suchte mit einem Wettbewerb nach Beispielen dafür, wie Kirchen, Klöster und andere kirchliche Gebäude weiterhin als zentrale Orte und Begegnungsräume in kleinen Gemeinden bestehen können.

Kirchen sind besondere Orte. Diese Einschätzung wird von den meisten Menschen geteilt, auch dann, wenn sie selbst keiner christlichen Gemeinde (mehr) angehören. Der besondere Charakter der Kirchen beruht nicht nur auf ihrer religiösen oder historischen Bedeutung, auch wenn diese für viele Kirchen prägend sind. Kirchen sind weit mehr als funktionale Gebetsstätten oder Erinnerungsorte, denn als gebaute, nahezu überall präsente Symbole gehören sie auch heute noch zum Leben und zur Orientierung in unserer Gesellschaft.

Funktion und Rolle der Kirchen verändern sich aktuell mit hoher Dynamik: Dies gilt für Kirchen als gebaute Orte ebenso wie für die christlichen Kirchen als Institution. Die zahlreichen Kirchenaustritte sind ein deutliches Zeichen für eine Abkehr von der Institution Kirche, und aus eigener Erfahrung wissen wir ebenso wie aus den sich ähnelnde Statistiken beider Amtskirchen, wie dürftig inzwischen normale Gottesdienste besucht werden. Unübersehbar ist, dass die Mehrzahl der Kirchen sich in den Städten wie auf dem Land nur noch zu besonderen Anlässen füllen lässt.

Kirchen sind als Gebäude auch deshalb besondere Orte, weil sie mit ihrer inneren wie äußeren Gestaltung eine ihnen eigene besondere Aura aufweisen. Sie sind „Hybride Räume der Transzendenz", wie es Thomas ERNE, der Direktor des EKD-Instituts für Kirchenbau und kirchliche Kunst der Gegenwart, in seinem gleichnamigen Buch (2017) formuliert. Für ihn entsteht ein Teil der Einzigartigkeit von Kirchen aus der in ihnen erlebbaren Überlagerung der religiösen Erfahrung von Transzendenz („Ereignis der Liturgie") mit der ästhetischen Erfahrung, die aus deren künstlerischer Gestaltung resultiert („Ereignis der Kunst").

Im fachlichen Diskurs werden Kirchen in Anlehnung an Michel FOUCAULT (2005) oft auch als reale, durch ihre symbolhafte Aufladung und Codierung jedoch erkennbar außerhalb der Alltagswelt stehende sogenannte Heterotopien bezeichnet. Sie dienen als Rückzugsorte (aus dem Alltag), sind Orte der inneren Einkehr und Zwiesprache sowie der gemeinsamen, geteilten Erinnerung von Hoffnung und Leid. Ihre symbolhafte, ihnen gemeinsame Codierung und ihre funktionale Spezialisierung grenzen die Kirchen von der Alltagswelt ab, ohne sie als reale Gebäude aus ihrer Umgebung zu lösen.

Dazu trägt bei, dass die – historisch durchaus übliche – parallele Nutzung von Kirchen als religiöse, geweihte Stätten des Gebets einerseits, als öffentliche Räume für viele – auch profane – Zwecke andererseits heute nicht mehr üblich ist. Jahrhundertelang wurden Kirchen zum Beispiel als Archiv, Schauplatz von Verhandlungen oder als (überdachter) Marktplatz genutzt. „Nicht nur im Mittelalter, sondern bis weit in die Neuzeit war das Kirchengebäude ein Vielzweckbau" (PEHNT 2011, 29).

Allerdings ging diese über Jahrhunderte dauernde Rolle als zentrale, multifunktionale Orte schon lange verloren. Aktuell steht für die Mehrzahl der Kirchengebäude die sakrale Nutzung als Ort des Gebetes und religiöser Praktiken im Vordergrund. Und für die große Mehrzahl der Kirchengemeinden, die sich mit einer eventuellen Veränderung oder Ergänzung der sakralen Nutzung beschäftigen, soll diese Funktion als Ort des Gottesdienstes auch zukünftig erhalten bleiben. Treibende Kräfte für die immer häufiger auftretende Notwendigkeit einer Veränderung sind übergeordnete Ursachen, die in der Regel von den Kirchengemeinden selbst nicht beeinflussbar sind. Es handelt sich im Wesentlichen um finanzielle Aspekte (Unterhalts-, Heiz- und/oder Modernisierungskosten), um die Folgen rückläufiger Zahlen bei Gemeindegliedern und Gottesdienstbesuchern (demografische Entwicklung, nachlassende Bindungskraft der Institution Kirche, Kirchenaustritte) sowie um rasch anwachsende Engpässe im personellen Bereich, unter denen beide Amtskirchen leiden.

Die organisatorische Zusammenlegung von Gemeinden, die Entwicklung von neuen, zentralisierten Pastoralkonzepten oder die räumliche Konzentration auf bestimmte Orte und Kirchengebäude können dabei helfen, auf die wachsenden Herausforderungen zu reagieren. Neue Ideen und Impulse für die immer größere Anzahl an überwiegend leer stehenden Kirchen können sie in der Regel jedoch nicht liefern.

Viele Kirchengemeinden, die sich in den vergangenen Jahren bereits mit einer Anpassung ihrer Kirche an die veränderten Rahmenbedingungen beschäftigt haben, standen vor der Herausforderung, für die gewünschte Fortführung der sakralen Nutzung die Veränderungen in der Bausubstanz möglichst gering zu halten. Gleichzeitig waren sie bemüht, die vorhandenen Sakralräume neu zu gestalten und neu zu interpretieren, um sie zukunftsfähig zu machen.

Für den Fall, dass es nicht gelingt, die sakrale Nutzung bei einer gleichzeitigen Nutzungserweiterung fortzuführen, hat sich in vielen Kirchengemeinden in den letzten Jahren eine Art von Präferenz-Hierarchie für eine Umnutzung entwickelt (vgl. KRÄMER 2017):

- An erster Stelle stehen kirchliche Sondernutzungen, beispielsweise als Funktionskirchen im Pastoralverband, als Jugendkirchen oder zumindest in einem erweiterten kirchlichen Kontext.
- Ist das nicht möglich, so kann eine Umnutzung für soziale oder karitative Zwecke zu einer Lösung führen, die als verträglich mit der früheren sakralen Nutzung betrachtet wird. Beispiele dafür sind die offenen Vesperkirchen, in denen unterschiedlichste Menschen „gemeinsam an einen Tisch gebracht werden", oder neue, aktuelle Angebote für Flüchtlinge. Vor allem evangelische Kirchengemeinden wählen solche ergänzenden, gemeindenahen Nutzungen auch als begleitende Maßnahme einer Verkleinerung oder teilweisen Abtrennung des eigentlichen Kirchenraumes.

- Ist eine endgültige Trennung vom Kirchengebäude erforderlich, dann ist die Veräußerung an eine andere christliche Glaubensgemeinschaft (griechisch-orthodox, koptisch oder armenisch) offenbar vergleichsweise problemlos, wohingegen eine Nutzung durch muslimische Gemeinden für beide Amtskirchen ausgeschlossen scheint.
- Kulturelle Nachnutzungen sind ein Kompromiss, der in vielen Kirchengemeinden einen positiven Widerhall findet; sie reichen von Bibliotheken über museale Nutzungen bis zu Angeboten für Kinder und Jugendliche. Aber es ist ganz klar: So viele zusätzliche Kultureinrichtungen werden nicht gebraucht und können auch nicht unterhalten werden, wie es überzählige Kirchengebäude in den kommenden Jahren geben wird.
- Auch zu anderen Nutzungen gibt es eine rasch weiter wachsende Zahl an Beispielen. Sie reichen von der Wohnnutzung über gastronomische Zwecke, Büroräume und Sporthallen bis zu Werkstätten oder Schwimmbädern. In einigen Fällen erweist sich zumindest der Erhalt der baukulturellen Bedeutung der Gebäude als möglich, in vielen anderen ist dies nicht gelungen.

Auffällig ist, dass viele solcher Nutzungsänderungen oder -ergänzungen im städtischen Kontext stattfinden, seltener dagegen in kleinen ländlichen Gemeinden. Das ist leicht nachvollziehbar, denn trotz der Bedeutung, die im urbanen Kontext nahezu jede Kirche für den Stadtteil hat, in dem sie errichtet wurde, erleichtern weitere Kirchen in benachbarten Stadtteilen sowohl die Entwicklung zur spezialisierten Funktionskirche im Gemeindeverbund als auch die eventuelle vollständige Aufgabe der sakralen Nutzung.

In kleinen Gemeinden ist die Situation oft anders, vor allem wenn die Kirche eine zentrale Bedeutung für das Ortsbild, als räumliche Drehscheibe des sozialen Miteinanders oder als einzig verbliebener Ort der Begegnung und des Austausches hat. Der gesellschaftliche Wandel und die Veränderungen in Funktion und Rolle der Kirchen finden jedoch nicht nur in den Städten statt. In Dörfern verändern sich der Alltag und die Lebensweisen der Menschen ebenfalls und das wird auch an vielen Dorfkirchen sichtbar. Sie prägen weiterhin das Ortsbild und bleiben wichtige Symbole für ein gemeinsames Erbe, zugleich sind sie aber auch hier die Gebäude und Orte, an denen gesellschaftliche Veränderungen und deren Auswirkungen deutlich erkennbar werden.

Die Kirche im Dorf – Chancen und Herausforderungen einer Transformation

Die Wüstenrot Stiftung suchte vor dem Hintergrund der besonderen Situation in kleinen Gemeinden mit einem bundesweiten Wettbewerb „Die Kirche in unserem Dorf" nach Beispielen dafür, wie Kirchen, Klöster und andere kirchliche Gebäude weiterhin als zentrale Orte und Begegnungsräume in kleinen Gemeinden bestehen können. Neue Konzepte für eine veränderte oder ergänzte Nutzung können einen wichtigen Beitrag dazu leisten, aus diesem Gebäudebestand neue Chancen für die Entwicklung des Arbeitens, Lebens und Wohnens in kleinen Gemeinden zu gewinnen.

Insgesamt 202 Einsendungen haben einen aktuellen und umfassenden Überblick der Bandbreite der Ideen und Möglichkeiten ergeben. Aus Sicht der unabhängigen Jury des Wettbewerbs bewältigen zwei Beispiele die Herausforderung, Kirchengebäuden auch in Zukunft eine zentrale Rolle im Alltag und im Ortsbild des Dorfes zu geben, in besonders bemerkenswerter Art und Weise. Die Jury hat deshalb nach mehreren Sitzungen, zwischen denen auch am Wettbewerb teilnehmende Dörfer vor Ort besucht wurden, diese beiden Kirchen mit zwei gleichwertigen Preisen prämiert.

Fotos 1 und 2: **Katholische Kirche in Kehrum** (© Wüstenrot Stiftung)

Einer der beiden Preise würdigt die Integration der Räumlichkeiten des Pfarrheims in die katholische Kirche in Kehrum (500 Einwohner, Kalkar, Landkreis Kleve, Nordrhein-Westfalen). Die 1968 geweihte, moderne Kirche konnte in ihrem unverwechselbaren Erscheinungsbild bewahrt werden und hat zugleich ein erweitertes Nutzungsprofil erhalten. Die Funktionen des im Unterhalt zu teuer gewordenen separaten Pfarrheims wurden durch neu geschaffene, barrierefrei zugängliche Räume vorbildhaft in die Kirche integriert, ohne deren liturgische Anordnung oder das auratische Raumerlebnis zu ändern. Entstanden ist ein mit neuem Leben gefüllter Treffpunkt für die kirchliche, aber auch die politische Gemeinde, der in seiner multifunktionalen Qualität sowohl spiritueller wie sozialer Mittelpunkt des Dorfes sein kann.

Der andere Preis geht an die evangelische Kirche in Rosenhagen (90 Einwohner, Perleberg, Landkreis Prignitz, Brandenburg). Im Jahr 1970 musste der baufällig gewordene Turm der Kirche, deren Anfänge ins 12. Jahrhundert zurückreichen, wegen Einsturzgefahr abgerissen werden. Alle Versuche, ihn wieder zu errichten, schlugen über Jahrzehnte fehl, bis im Jahr 2018 mit einem Dorffest der wieder errichtete Turm eingeweiht werden konnte. Er bietet mit einem modernen Multifunktionsraum und sanitären Einrichtungen ein neues, den bestehenden Kirchenraum ergänzendes Nutzungsspektrum als lebendiges Dorfzentrum. Vorgesehen sind musikalische Veranstaltungen (Jugendgruppe, Musikschule etc.), Angebote der Kirchengemeinde und der Ortsgemeinde sowie die Nutzung als Winterkirchenraum.

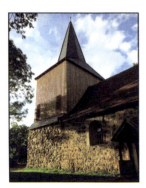

Fotos 3 und 4: **Evangelische Kirche in Rosenhagen** (© Wüstenrot Stiftung)

Beide Lösungen – die Integration von räumlichen und sozialen Angeboten im kirchlichen Kontext sowie die konzeptionell und räumlich erweiterte Wiedererrichtung des als sichtbares Symbol vermissten Turms – sind aus Sicht der Jury gleichermaßen überzeugend.

Die zweite Preiskategorie bilden zwei Auszeichnungen. Eine Auszeichnung erhält die evangelische Kirche in Sora (ca. 360 Einwohner, Klipphausen, Landkreis Meißen, Sachsen). Die 1168 erstmals urkundlich erwähnte und im 18. Jahrhundert um einen massiven Turm erweiterte Kirche wird schrittweise restauriert und mit ergänzenden Funktionen versehen. Ziel ist, in der Kirche einen multifunktional nutzbaren Raum zu schaffen, der ebenerdig und barrierearm zugänglich ist. Er soll auch für weltliche Veranstaltungen wie Konzerte, Versammlungen und Ausstellungen genutzt werden. Der Umbau erfolgt unter aktiver und breiter Beteiligung der Bevölkerung; finanzielle Unterstützung gibt es sowohl von der politischen Gemeinde als auch von der Landeskirche, die das Vorhaben als Modellprojekt anerkennt.

Fotos 5 und 6: **Evangelische Kirche in Sora** (© Wüstenrot Stiftung)

Die andere Auszeichnung erhält die evangelische Jugendkapelle in Nordrach (ca. 1 900 Einwohner, Ortenaukreis, Baden-Württemberg). Im anerkannten, überwiegend katholischen Luftkurort gab es bis in die 1970er Jahre hinein mehrere Tuberkulose-Kliniken. Mit dem Rückgang des Kurbetriebes und der schrittweisen Einstellung der Kurseelsorge verlor die dafür 1974 gebaute Kapelle ihre Funktion. Sie wurde zunächst durch eine Künstlerin genutzt und sollte eigentlich verkauft werden, bis die Bezirksjugend der Kirchengemeinde vorschlug, die Kapelle zu übernehmen. Der runde Altartisch wurde 2009 von den Jugendlichen selbst gefertigt; von den Jugendlichen ebenfalls selbst gestaltete Kunstwerke symbolisieren die Themen, die bei den Aufenthalten mit Übernachtung inhaltlich aufgegriffen werden.

Stefan Krämer

Fotos 7 und 8: **Evangelische Jugendkapelle in Nordrach** (© Wüstenrot Stiftung)

Aufgrund der Vielzahl an bemerkenswerten Initiativen hat die Wüstenrot Stiftung die in diesem Wettbewerb ursprünglich ausgelobte Gesamtpreissumme erhöht, so dass die Jury noch insgesamt acht Anerkennungen vergeben konnte. Erhalten haben je eine Anerkennung:

- Die Pilgerunterkunft in der evangelischen Kirche in Barsikow (ca. 185 Einwohner, Wusterhausen/Dosse, Landkreis Ostprignitz-Ruppin, Brandenburg): Die Sanierung der Kirche wurde von einem Förderverein betrieben, der anschließend im „Dorfverein Barsikow" aufging. Dieser betreut heute die Pilgerunterkunft und die Angebote im Dorftreff „Alter Konsum".
- Die Kulturkappelle in Bruchhausen (ca. 3 200 Einwohner, Arnsberg, Hochsauerlandkreis, Nordrhein-Westfalen): Die ehemals bedeutsame Wallfahrtskirche aus dem 15. Jahrhundert wurde nach dem Neubau einer Kirche vor Ort nur noch sporadisch genutzt. Seit 2009 wurde sie von einem Förderverein saniert und einer erweiterten Nutzung zugeführt.Der Dorfladen in der Kirche in Eichenberg (ca. 800 Einwohner, Sailauf, Landkreis Aschaffenburg, Bayern): Die leerstehende und zwischenzeitlich als Lager genutzte Kirche wurde 2009 von der politischen Gemeinde zurückgekauft und ist heute zentraler Ankerpunkt bei der Revitalisierung des Dorfzentrums.
- Die Kunstkirche Eickelberg (ca. 40 Einwohner, Warnow, Landkreis Rostock, Mecklenburg-Vorpommern): Ziel ist es, die Kirche zu erhalten und zu einem kulturellen Treffpunkt zu entwickeln. Seit 2009

finden die „Eickelberger Kunst-Kirche" mit verschiedenen künstlerischen Veranstaltungen statt; 2018 konnte die Kirche zu großen Teilen saniert und um Funktionsräume erweitert werden.
- Die Sanierung und multifunktionale Nutzung des Ensembles aus Pfarrhaus und Kirche in Lindenberg (ca. 230 Einwohner, Groß Pankow, Landkreis Prignitz, Brandenburg): Der Kirchbauverein Lindenberg hat seit 2009 zunächst das Pfarrheim renoviert und zu einem multifunktionalen Dorfzentrum ausgebaut, nun treibt er die Sanierung der Kirche voran.
- Die katholische Nationalparkkirche Muhl (ca. 80 Einwohner, Neuhütten, Landkreis Trier-Saarburg, Rheinland-Pfalz). Für die Idee einer vielfältig vernetzten Kirche im Nationalpark Hunsrück-Hochwald wurde 2015 der Verein „Dorf und Kirche im Nationalpark" gegründet. Die Umsetzung wird kooperativ von Kirchengemeinde, Bistum, Ortsgemeinde und Nationalpark betrieben.
- Der Dorftreff und die katholische Kirche in Sirzenich (ca. 1 500 Einwohner, Trierweiler, Landkreis Trier-Saarburg, Rheinland-Pfalz). Der von einem Verein betriebene Dorftreff und die Kirche nutzen Erschließung und Sanitärräume gemeinsam und bilden einen neuen Dorfmittelpunkt mit vielfältigen Angeboten für unterschiedliche Bevölkerungsgruppen.
- Die private Sanierung und multifunktionale Nutzung des ehemaligen Pfarrhauses in Wachau (ca. 4 300 Einwohner, Landkreis Bautzen, Sachsen). Das von der Kirchengemeinde zum Verkauf angebotene Pfarrhaus steht heute als offenes Haus mit Räumen für die Winterkirche und für Ausstellungen und Versammlungen zur Verfügung.

Bei diesem Wettbewerb gab es noch weit mehr Einreichungen mit Beispielen von Kirchen, die wichtige Impulse geben können für eine auf veränderte Rahmenbedingungen reagierende zukünftige Nutzung. In ihrer Bandbreite sind sie eine Bestätigung dafür, dass Kirchen als Gebäude und zentrale Orte ebenso wie die mit ihnen verbundenen Angebote – religiös, kulturell, sozial – weiterhin eine wichtige Rolle in vielen kleinen Gemeinden einnehmen können.

Die für viele Dorfkirchen erforderliche Transformation ist eine große Herausforderung, nicht nur in finanzieller Hinsicht, sondern sehr oft auch als konzeptionelle Frage. Sie ist jedoch auch eine in positivem Sinne damit verbundene Chance, nicht nur für die Zukunft der Kirche als Gebäude, sondern auch für die Bedeutung und Rolle der Kirche als zentralem Ort der Gemeinschaft.

Literatur

ERNE, Thomas (2017): Hybride Räume der Transzendenz – Wozu wir heute noch Kirchenräume brauchen. Leipzig: Evangelische Verlagsanstalt

FOUCAULT, Michel (2005, Ausgabe 2013): Die Heterotopien. Der utopische Körper. Zwei Radiobeiträge, ausgestrahlt 1966, übersetzt von Michael Bischoff. Frankfurt am Main: Suhrkamp

KRÄMER, Stefan (2017): Kirchen und ihre Zukunft. In: WÜSTENROT STIFTUNG Hrsg.: Kirchengebäude und ihre Zukunft. Ludwigsburg: Wüstenrot Stiftung, 8–21

PEHNT, Wolfgang (2011): Die Kirche als verdichtete Stadt und was daraus zu lernen wäre. In: GOTHE, Kerstin; KUNZ, Alexa Maria; NAGORNI, Klaus Hrsg. (2011): Vom Sakralen zum Banalen? Heilige Räume im Wandel. [Beiträge der Tagungen Zukunft und Entwicklung Kirchlicher Liegenschaften, Haus der Katholischen Kirche, 23. Juni 2009 in Stuttgart ; Vom Sakralen zum Banalen?, Evangelische Akademie Baden, 20. – 21. November 2009 in Bad Herrenalb] (= Herrenalber Forum, 66). Karlsruhe: Evangelische Akademie Baden, 19–42

Autoren und Herausgeber

Volker AMRHEIN studierte Theaterwissenschaft und Philosophie in Frankfurt/Main und Berlin. Nach langjähriger Tätigkeit als Theaterpädagoge leitete er von 1994–2013 das Projektebüro „Dialog der Generationen", eine Serviceeinrichtung für bundesweite Vernetzung generationsverbindender Projekte und Programme. Seit 2014 ist er als Projektreferent für den ländlichen Raum in der Diakonie Deutschland tätig.

Prof. Dr.-Ing. Henning BOMBECK ist seit 1999 Inhaber der Professur Siedlungsgestaltung und ländliche Bauwerke an der Universität Rostock und im Leitungsgremium des Arbeitskreises Dorfentwicklung aktiv. Seine Arbeitsschwerpunkte liegen im Bereich der Dorf- und Regionalentwicklung, sein momentaner Forschungsfokus in der Findung lokaler Strategien zum demographischen Wandel.

Kai FELLER erlebte als politisch verfolgter Schüler in Ost Berlin die Kirche als Institution, die für alle Menschen da ist. Nach seiner Taufe als 21-Jähriger studierte er Evangelische Theologie und Klassische Philologie an der Humboldt-Universität zu Berlin. Seit 2002 ist er Pastor der Evangelischen Kirche in Steffenshagen-Retschow, seit 2012 der Kirchenregion Bad Doberan tätig. Ab Dezember 2019 übernimmt er die Aufgaben eines Ökumenereferenten im Kirchenkreises Lübeck-Lauenburg.

Dr. Tatjana FISCHER ist stellvertretende Leiterin des Instituts für Raumplanung, Umweltplanung und Bodenordnung der Universität für Bodenkultur Wien. Sie beschäftigt sich mit den Konsequenzen übergeordneter raumwirksamer Einflussfaktoren auf die Lebensqualität in ländlichen und städtischen Räumen in Österreich und der Formulierung von raum- und planungswissenschaftlichen Handlungsempfehlungen unter Berücksichtigung des demographischen Wandels und der Energiewende.

Dr. Stefan KRÄMER ist stellvertretender Geschäftsführer der Wüstenrot Stiftung mit den Arbeitsschwerpunkten Demografischer Wandel, Wohnen und Wohnformen, Stadt- und Regionalentwicklung, Zukunftsperspektiven kleiner Gemeinden. Darüber hinaus ist er Mitglied im Berufsverband Deutscher Soziologinnen und Soziologen (BDS), in der Deutschen Akademie für Städtebau und Landesplanung (DASL) und im Deutschen Werkbund Baden-Württemberg (DWB-BW).

Ricarda RABE ist Pastorin der Evangelisch-lutherischen Landeskirche Hannovers und dort seit 2014 als Referentin für Landwirtschaft und ländlichen Raum im Haus kirchlicher Dienste tätig. Zuvor war sie elf Jahre lang Gemeindepastorin in Steimbke (Kirchenkreis Nienburg/Weser), einem Kirchspiel mit insgesamt fünf Dörfern.

Wolfgang SCHARL ist ausgebildeter Diplom-Theologe, Diplom-Pädagoge sowie Ehe-, Familien- und Lebensberater. Von 1997 bis 2010 war er Landjugendseelsorger der Katholischen Landjugendbewegung (KLJB) der Diözese Würzburg. Von 2003 bis 2006 leitete er das Projekt „Land in Sicht – Zukunft der Landpastoral in der Diözese Würzburg". Heute arbeitet er als Pastoralreferent im Bistum Würzburg und ist Landvolkseelsorger und Leiter der Ländlichen Familienberatung der Diözese Würzburg sowie Vorsitzender des Vereins Katholische Landvolkshochschule der Diözese Würzburg e.V. Seit 2014 ist er zudem Präsident des Internationalen Weltverbandes Katholischer Ländlicher Erwachsenen- und Bauernbewegungen (FIMARC).

Kirchenrat Dr. Thomas SCHLEGEL (Erfurt) leitet seit 2014 das Referat für Gemeinde und Seelsorge im Landeskirchenamt der Evangelischen Kirche in Mitteldeutschland, einer mehrheitlich ländlich strukturierten Kirche. Zuvor beschäftigte er sich wissenschaftlich mit dem Thema „Kirche in ländlichen Räumen" als Mitarbeiter am Institut zur Erforschung von Evangelisation und Gemeindeentwicklung der Universität Greifwald. Dort hat er an einigen Studien mitgewirkt sowie diverse Symposien organisiert. Er ist Mitherausgeber der Zeitschrift „Rural Theology. International, Ecumenical and Interdisciplinary Perspectives", die bei Taylor & Francis in London erscheint.

Frater Andreas SCHMIDT OSB ist ausgebildeter Bankkaufmann und Betriebswirt und nimmt am Benediktinerkloster in Plankstetten/Bayern Aufgaben als Cellerar, als Geschäftsführer der Klosterbetriebe Plankstetten GmbH, in der Projektleitung Bau sowie in den Bereichen Imkerei und Brennerei wahr. Außerdem ist er Sprecher der bayerischen Arbeitsgemeinschaft „Ökologie auf Kirchengrund".

Prof. Dr. Doris SCHMIED ist außerordentliche Professorin am Geographischen Institut der Universität Bayreuth und im Leitungsgremium des Arbeitskreises Dorfentwicklung aktiv. Ihre Interessen im ländlichen Raum liegen vor allem in den Bereichen demographische und wirtschaftliche Entwicklung und ihren regionalen/dörflichen Ausprägungen, und zwar sowohl in Industrie-, als auch in Entwicklungsländern.

Bernd STEINHÄUSER war nach seinem Studium der Rechtswissenschaften in Bonn zunächst als Rechtsanwalt tätig. 1992 übernahm er eine Stelle als juristischer Referent im Oberkirchenrat der Evangelisch-Lutherischen Landeskirche Mecklenburgs mit dem Schwerpunkt Grundstücksrecht. Seit 2012 ist er Referent im Rechtsdezernat des Landeskirchenamts der Evangelisch-Lutherischen Kirche in Norddeutschland, ebenfalls mit Spezialgebiet Grundstücksrecht.

Dr. Juliane STÜCKRAD studierte in Leipzig Ethnologie und Kunstgeschichte und wurde im Fach Volkskunde an der Friedrich-Schiller-Universität Jena promoviert. Heute ist sie freiberuflich in Forschung und Lehre tätig, übernimmt dramaturgische Aufgaben am Landestheater Eisenach, entwickelt Ausstellungen und kulturtouristische Projekte. In ihrer Forschung widmet sie sich vor allem der religiösen Volkskunde, den Kulturen der Transformation in ländlichen Räumen Ostdeutschlands, der Theaterethnologie sowie den Methoden der Feldforschung. Seit Mai 2019 ist sie für die SPD Stadträtin in Eisenach.

Diese Veröffentlichung wird von Prof. Dr. Doris Schmied und der Wüstenrot Stiftung herausgegeben. Sie basiert wesentlich auf dem Konzept und den Inhalten des 21. Dorfsymposiums des interdisziplinären Arbeitskreises Dorfentwicklung (Bleiwäscher Kreis). Das Dorfsymposium fand vom 10.– 12. Juni 2018 unter Leitung von apl. Prof. Dr. Karl Martin Born in Verbindung mit Prof. Dr. Henning Bombeck und Prof. Dr. Doris Schmied sowie Prof. Dr. Gerhard Henkel und Prof. Dr. Carl-Hans Hauptmeyer in Kooperation mit der Wüstenrot Stiftung statt.

Impressum

Herausgegeben von
Doris Schmied und der Wüstenrot Stiftung

Grafik
Julia Blauhut, Bayreuth

Umschlaggestaltung
Angela Aumann, Berlin

Druck
Druckerei Raisch GmbH + Co. KG

© 2020 Wüstenrot Stiftung, Ludwigsburg
Alle Rechte vorbehalten. All rights reserved

Printed in Germany

ISBN 978-3-96075-007-9

Die Abbildungen erscheinen mit freundlicher Genehmigung der Rechteinhaber/innen. Falls diese nicht ermittelt werden konnten, werden berechtigte Ansprüche im Rahmen des Üblichen abgegolten.